《社会工作硕士专业丛书》学术顾问委员会

主　任：王思斌

副主任：谢立中　陆士桢　张李玺　徐永祥　关信平　史柏年

学术顾问委员会成员（按音序排列）：

蔡　禾　陈光金　陈树强　陈　涛　高鉴国　顾东辉　雷　洪

林　卡　刘　梦　马凤芝　彭华民　钱　宁　沈　原　史铁尔

隋玉杰　田毅鹏　田玉荣　王　婴　向德平　熊跃根　薛新娅

张　曙　张文宏　张友琴　钟涨宝　朱眉华

MSW 社会工作硕士专业丛书

MSW 社会工作硕士专业丛书

企业社会工作

Occupational Social Work

主　编　张　默
副主编　王晓慧　吴建平

社会科学文献出版社
SOCIAL SCIENCES ACADEMIC PRESS (CHINA)

前　　言

　　一般来说，社会服务主要包括两个方面：一方面是针对某一特定人群（如儿童、青少年、妇女、老年人、残疾人、贫困者、失业者、吸毒者等）提供的社会服务。另一方面是在某一特定机构和场域开展的社会服务。如：在大中小学开展学校社会工作，促进学生身心健康发展；在医院和社区卫生机构开展医疗社会工作，调节医患关系，解决影响健康的心理和社会问题；在监狱和社区开展矫正社会工作，帮助犯罪人员回归主流社会；依托社区或非营利机构开展家庭社会工作，促进家庭和谐。当然，在特定机构和场域开展的社会服务也包括针对其中的特定人群开展的社会工作。

　　企业社会工作作为专业化、职业化的助人活动，是在特定机构和场域开展的社会服务，主要针对企业提供相关服务，以维护职工权益、协调劳资关系、缓解职业压力、促进员工职业生涯发展。

　　目前，中国大陆有关企业社会工作的论著已有几部，但还没有从社会服务的视角去阐释企业社会工作，论述如何开展企业社会工作服务。本书可被看作是对企业社会工作服务理论与实务阐释的初次尝试。本书对企业社会工作相关的基本理论，企业社会工作发展的历程与趋势，企业社会工作的服务对象、服务职能、服务模式等理论知识做了系统梳理，并对根据企业劳动关系双方的需求开展的社会工作的服务内容、服务策略、服务的方法与技术、服务规则等实务知识进行了阐释。

　　本书有如下特点。

　　第一，选题视角、内容新。本书在对企业和员工进行整体分析的基础上，着重从横向和纵向两个维度展开论述：从横向看，内容涵盖国内和国际企业社会工作的发展现状;从纵向看,内容涉及企业社会工作从产生至今的发展过程。在内容上,本书以服务为中心,不仅论述与企业社会工作服务相关的理论,而且具体阐释如何开展服务。

企业社会工作是中国劳动关系学院工会学院社会工作专业教学、科研、社会服务的主要方向,本书凝结了各位作者多年的心血,书中的一些理论与实务是作者们亲自调研和实践的总结。

《企业社会工作》也是张默主持的社科基金课题(项目批准号:08BSH025)"中国特色社会工作体系研究——企业工会社会工作在构建和谐劳动关系中的作用"的阶段性成果之一,书中运用了课题组成员最新的研究成果。

第二,强调实务性,突出服务型。在编写本书时,作者们将企业社会工作看作是为企业和员工提供社会工作服务的具体过程,即在介绍企业社会工作服务领域相关理论的同时,力图通过对具体服务内容和方法的描述,清晰地阐释谁提供服务、为谁服务、服务要达到的目标是什么、服务的具体内容及过程、如何协调关系和动员资源、如何评估服务成效,以全面反映目前企业社会工作的现状和实践经验。针对企业社会工作的具体领域,特别详细介绍了具体服务的依据、服务的规则和服务的内容、服务的途径与方法及服务的评估。

第三,案例具有代表性和现实性,突出对鲜活经验的总结。本书不仅有理论阐述,而且增加了案例及案例分析的内容。这样的安排试图帮助读者结合理论对现实问题进行诊断和分析。

第四,立足工会、面向社会的倾向。党和政府通过立法赋予中国工会作为员工代表参与协调劳动关系、承担服务员工的角色,广泛开展企业社会工作。企业工会是企业社会工作的主渠道,这是企业社会工作的中国特色。1950年6月颁布的《中华人民共和国工会法》明确规定:"工会有保护工人、职员群众利益,监督行政方面或资方切实执行政府法令所规定之劳动保护、劳动保险、工资支付标准、工厂卫生与技术安全规则及其他有关之条例、指令等,并进行改善工人、职员群众的物质生活与文化生活的各种设施之责任。"参与本书写作的人员主要是中国劳动关系学院工会学院的教师,这使本书具有对工会开展的企业社会工作进行梳理和总结的特色。

本书共16章,由企业社会工作基本理论和服务领域两部分组成。第一部分(第一章至第四章)主要包括企业社会工作服务体系以及企业社会工作的内容、特点与功能,企业社会工作的发展历程,企业社会工作的相关理论,企业社会工作的实务过程和实际运作模式,其中重点介绍企业社会工作的理论。第二部分(第五章至第十六章)重点阐释当下企业社会工作服务的十二项主要内容:员工福利服务、员工生涯辅导、员工情绪管理、员工素质提升、职业安全与健康、员工参与、员工闲暇生活与服务、劳动关系协调、企业文化与职工文化、企业困难职工帮扶服务、企业社会工作的农民工服务、企业社会责任。

本书编写的具体分工如下:张默提出全书写作框架,负责统筹编写及全书的统稿,并撰写前言、第一章"企业社会工作概述"、第五章"员工福利服务";王晓慧参与全书的审阅和校对工作,并撰写第四章"企业社会工作模式"和第十一章"员工闲暇生活与服务";吴建平参与全书的审阅工作,并撰写第三章"企业社会工作的理论基础"、第十六章"企业社会责任";卢磊撰写第二章"企业社会工作的发展历程";阳辉撰写第六章"员工生涯辅导";原会建撰写第七章"员工情绪管理";张丹丹撰写第八章"员工素质提升";马洪光撰写第九章"职业安全与健康";曹荣撰写第十章"员工参与";王黎方撰写第十二章"劳动关系协调";乔东撰写第十三章"企业文化与职工文化";孟宪红撰写第十四章"企业困难职工帮扶服务";叶鹏飞撰写第十五章"企业社会工作的农民工服务"。

本书的出版是集体智慧的结晶:一方面凝聚了每一章作者的辛勤劳动;另一方面也离不开社会科学文献出版社和中国劳动关系学院科研处的指导与协助。这里特别要感谢社会科学文献出版社编辑杨桂凤老师的指导与协助,感谢科研处彭恒军处长和张楠老师的关心与支持。

张 默

2014 年 6 月 15 日于颐安嘉园

目录

第一章　企业社会工作概述　　1
　　第一节　企业社会工作的界定　　1
　　第二节　企业社会工作服务体系构成　　10
　　第三节　企业社会工作的内容、特点与功能　　18

第二章　企业社会工作的发展历程　　22
　　第一节　美国企业社会工作的发展历程　　22
　　第二节　我国港台地区企业社会工作发展历程　　29
　　第三节　中国大陆企业社会工作发展历程　　36
　　第四节　我国企业社会工作发展趋势　　41

第三章　企业社会工作的理论基础　　44
　　第一节　企业社会工作理论概述　　44
　　第二节　企业社会工作的理论体系　　46
　　第三节　中国企业社会工作理论探讨　　58

第四章　企业社会工作模式　　62
　　第一节　企业社会工作的实务过程模式　　62
　　第二节　企业社会工作的实际运作模式　　68

第五章　员工福利服务　　74
　　第一节　员工福利概述　　74

第二节　员工福利的历史及未来发展趋势　　79
　　第三节　员工福利结构和主要项目　　84
　　第四节　社会工作介入员工福利　　89

第六章　员工生涯辅导　　95
　　第一节　员工生涯辅导的基本概念和理论　　95
　　第二节　生涯发展辅导的理论　　97
　　第三节　生涯发展辅导简史　　104
　　第四节　员工生涯发展辅导的实施　　106

第七章　员工情绪管理　　115
　　第一节　情绪　　115
　　第二节　情绪管理理论　　120
　　第三节　企业社会工作与员工情绪管理　　123

第八章　员工素质提升　　130
　　第一节　员工素质　　130
　　第二节　员工素质提升的实务模式与视角　　133
　　第三节　企业社会工作与员工素质提升　　137

第九章　职业安全与健康　　145
　　第一节　职业安全与健康概述　　145
　　第二节　职业安全健康事故发生理论　　148
　　第三节　企业社会工作介入职业安全健康的路径和角色　　151
　　第四节　企业社会工作开展职业安全健康服务的方法　　156

第十章　员工参与　　164
　　第一节　员工参与概述　　164

| 第二节 | 员工参与的形式 | 170 |
| 第三节 | 企业社会工作与员工参与 | 176 |

第十一章 员工闲暇生活与服务　　183
第一节	闲暇的含义与历史变迁	183
第二节	我国员工的闲暇	188
第三节	企业社会工作与员工闲暇	195

第十二章 劳动关系协调　　199
第一节	劳动关系系统理论、层级结构和历史发展	199
第二节	中国企业的劳动关系及其变迁	204
第三节	劳动争议处理机制及社会工作的介入	209
第四节	社会工作在劳动关系协调中的组织模式	217

第十三章 企业文化与职工文化　　219
第一节	企业文化理论与职工文化理论的产生	219
第二节	企业文化与职工文化的关系	222
第三节	社会工作介入企业文化建设与职工文化建设	228

第十四章 企业困难职工帮扶服务　　234
第一节	企业困难职工帮扶服务概述	234
第二节	企业困难职工帮扶中心	237
第三节	专业社会工作介入企业困难职工帮扶服务	242

第十五章 企业社会工作的农民工服务　　250
| 第一节 | 服务农民工是企业社会工作的天然使命 | 250 |
| 第二节 | 农民工面临的主要问题与需求 | 251 |

| 第三节 | 企业社会工作服务农民工的主要内容 | 256 |
| 第四节 | 企业社会工作服务农民工的模式与方法 | 263 |

第十六章　企业社会责任　267
第一节	企业社会责任的产生、争论与反思	267
第二节	企业社会责任的内容	273
第三节	我国企业社会责任现状与企业社会工作介入	279

参考文献　285

第一章 企业社会工作概述

企业社会工作是社会工作服务的其中一类，与其他以社会系统分类的社会工作服务，如学校社会工作、医务社会工作、家庭社会工作等，或以社会群体分类的社会工作服务，如青少年社会工作、老人社会工作、残疾社会工作等一样，都是社会工作理念与方法在具体领域中的运用。也就是说，企业社会工作主要是把社会工作的专业理念和工作方法应用到企业这一社会系统中，为员工、家庭、劳动组织、社区等对象提供社会服务，以增进企业员工福祉，促进劳动关系和谐，以及实现企业的社会责任以及经济效益的提升。这一章主要围绕如下问题进行讨论：什么是企业社会工作？谁来提供企业社会工作服务以及为谁提供服务？企业社会工作的功能、特点和主要的服务内容是什么？

第一节 企业社会工作的界定

一 企业概念界定

企业是社会生产力达到一定程度，商品经济出现之后才产生和发展起来的。作为经济活动的主体之一，企业在社会工作服务提供方面扮演着重要角色，既是回应社会问题、满足人们需求，以及提供社会服务的重要领域和服务平台，也是社会工作的重要服务对象。企业社会工作的特性与企业的属性、特点、规模紧密相关，要想准确把握企业社会工作，必须从分析企业入手。

（一）企业概念和基本特征

在市场经济条件下，企业是指从事生产、流通、服务等经济活动，以营利为目的，实行自主经营、独立核算，并具备一定法律资格的组织形式。

企业具有以下基本特征：①具有明确的产权；②以营利为目的；③法律上和经济上独立自主的实体；④一切活动都必须以市场为中心；⑤生产经营活动具有风险性；⑥企业之间、企业与其他交易者之间处于平等地位。

（二）企业的类型

企业类型的确定一般有两个标准，即学理标准和法定标准。学理标准是研究企业和企业法的学者们根据企业的客观情况以及企业的法定标准对企业类型所做的理论约束力和强制性，但对企业法的制定与实施有着指导和参考作用。法定标准是根据企业法规定所确认和划分的企业类型。它具有法律约束力和强制性，但因企业类型不同，法律在规定的具体内容与程序上也有很大区别。

1. 企业的学理分类

（1）根据企业所属的经济部门，可划分为农业企业、工业企业、交通运输企业、金融企业；

（2）根据企业使用的技术装备及生产力要素所占比重，可分为技术密集型企业、劳动密集型企业；

（3）根据企业规模，可分为大型企业、中型企业和小型企业；

（4）根据企业内部结构，可分为单厂企业、多厂企业和联合企业；

（5）根据生产资料所有制的性质和形式，可分为国有企业、公营企业、私营企业、合作企业和混合所有制企业；

（6）根据企业在法律上的主体资格，可分为法人企业和非法人企业；

（7）根据投资人的出资方式和责任形式，可分为个人独资企业、合伙企业、公司制企业；

（8）以投资者的不同，可分为内资企业、外商投资企业和港澳台商投资企业；

（9）按所有制结构，可分为全民所有制企业、集体所有制和私营企业；

（10）其他划分。

2. 企业的法定分类

企业的法定分类是国家通过立法对企业所进行的分类。国家通过立法对各类企业进行法律上的界定，使其类别规范化、标准化，并具有法律约束力。一般情况下，企业的设立人（包括企业的投资者）应在法律规定的范围内确定对企业种类的选择，同时还必须按照法律对不同类别企业的具体要求，如设立条件、设立程序、内部组织机构等来组建企业。

（1）企业法定分类的基本做法

按照经济类型对企业进行分类是我国企业的法定分类。根据宪法和有关法律规定，我国目前有国有经济、集体经济、私营经济、个体经济、联营经济、股份制经济、外商投资经济、港澳台投资经济、其他等经济类型，相应地，我国企业立法的模式也是按经济类型来安排，从而形成了按经济类型来确定企业法定种类的特殊情况。

（2）企业法定分类的基本形态

企业法定分类的基本形态主要是个人独资企业、合伙企业和公司。法律对划分依据做了基本概括，即企业的资本构成、责任形式和在法律上的地位。目前，我国已颁布《中华人民共和国公司法》、《中华人民共和国合伙企业法》和《中华人民共和国个人独资企业法》。

二 企业社会工作概念界定

（一）企业社会工作相关概念的起源

社会工作的起源可以追溯到工业革命的初期，从英国巴涅特建在工人社区的汤恩比馆开始，富有社会理想和责任感的社会工作者，在这个领域进行着不懈的探索。一些国家，如法国、德国、荷兰、比利时、波兰、秘鲁、巴西、智利、印度等，早已产生工业社会工作。在美国，系统、规范的工业社会工作始于20世纪70年代，并广泛运用于工商业和社区，特别是"二战"后美国工会开展的"美国总工会的社区服务部——社区服务方案、劳工联合服务处""大型工会的服务方案——满足不同会员的需要""人性化协约——经集体谈判达成人性团体协约"（苏景辉，1989：2）等。1978年6月美国社会工作界在纽约召开了"全国工业社会工作"讨论会，进一步强调社会工作介入职业制度的价值。

20世纪下半叶以来，工业社会工作在欧美国家、我国港台等地得到迅速发展。其内容也不断丰富，包括职业福利、职业安全、职工权益保障、职业培训、就业和再就业指导、工作压力缓解、工作与家庭平衡计划等多项内容。

企业社会工作是个新兴的专业领域。与此相关的概念有工业社会工作、职业社会工作、工厂社会工作、职工社会工作、工业辅导、工厂辅导、劳工辅导、员工辅导、劳工咨询、员工咨询及员工协助方案（EAPs）等。在学术上，这些概念各具不同意义，服务范围和方法也有差异。从实务的角度看，它们其实是不同阶段所使用的不同称谓，由于早期是以加工制造业作为主体的工厂和工业社区里的劳工为服务对象，故一般多以工业社会工作称之。近些年来，由于第三产业的迅速发展，白领员工不断增加，社会服务范围也因此拓宽到服务业，企业社会工作开始在社会服务领域被广泛使用，尤其是在国内（阮曾媛琪，1994；方隆彰，1995；顾东辉，2005）。

（二）企业社会工作的定义

相较于其他领域的社会工作，以劳动者为主要服务对象的工业、企业、职业社会工作的研究起步相对较晚，随着人们对于工业社会发展所带来的社会问题的关注而逐渐发展。而且随着产业结构的不断调整，人们关注的视角逐渐从工业社会工作转移到企业社会工作。

1. 美国的工业社会工作定义

在1978年美国工业社会工作研讨会上，专家们对工业社会工作下的定义是：工业社会工作是运用社会工作的专门知识，满足工人的需求，以及服务整个工业设施的一种专业社会工作。社会工作人员从多元的环境系统中影响劳工个人，其所提供的服务包括咨询、团体服务、实质性服务、为员工辩护、社区与个人的联结服务，协助管理部门设备与培训人才，以及成为工业社群与工会的决策顾问（苏景辉，1989：2）。

2. 港台地区学者关于工业社会工作的定义

台湾地区学者林联章认为，工业社会工作是"以其专业知识与技术，发现工厂员工在生活、工作上的需求和困难，并运用厂方既有的资源和社会资源，来解决员工的各种适应问题，使他们能安于工作而无挂虑，以稳定其生活，平衡其身心发展，促进人力资源潜能的最大发挥"（林联章，1982）。

台湾地区学者林万亿认为，工业社会工作是将社会工作的专业方法运用到工业体系或工业机构（设施）中，通过社会工作人员与其他相关专家的协助，以增进员工解决问题的能力，创造良好的工作适应关系，充实员工的职业生涯，营造合理且有效率的生产环境（徐震、林万亿，1999：479）。

台湾地区学者苏景辉认为，工业社会工作主要是运用社会工作的知识与方法，以协助和服务工业界（企业界）的劳工（苏景辉，1989：1）。李宗派则认为，工业社会工作就是将解决人的问题的方法运用于工业界，专门协助企业解决劳资纠纷，维护职员劳工的心理健康以及提供家庭福利服务（李宗派，1983：17）。

从台湾地区学者的定义看，工业社会工作包括的内涵有：主体是专业社会工作者；客体是工业企业及工业机构的劳工；工作方式是专业技术和方法；目的是解决劳资纠纷，增进劳工福利。

香港社会服务联会社区发展部1999年5月颁布的《工业社会工作资料及未来发展方向》咨询文件，把工业社会工作定义为社会工作的实务范畴。在其中，社会工作者关注劳动人士就业及工作生活相关的种种需要，策划并推行适合的介入与服务，促进他们的工作生活素质及职业福利的提升（香港社会服务联会社区发展部，1999）。

香港社会服务联会社区发展部对工业社会工作的定义做了展开性阐述：第一，工业社会工作的对象是"劳动人士"，指社会中正参与或准备参与就业的人士；第二，工业社会工作的目标指向是"就业及工作生活相关的需要"，即那些与就业及工作生活直接相关的需要，如就业机会、待遇、权益保障、职业培训、职业安全与健康以及心理及社会需要等；第三，工业社会工作的目标是提高劳工的"工作生活素质及职业福利"，包括就业机会及择业自由，薪酬及雇佣条件，物质待遇，人际社交环境，以及工作生活与整体生活的融合（integration of work life and total life），劳工的各种保障、津贴和服务，等等。

3. 内地学者关于企业社会工作的定义

周沛在《一项急需而有价值的社会工作介入手法——论企业社会工作》一文中对企业社会工作的定义是："企业社会工作是运用社会工作的专业性手法，以工业、农业、商业、建筑运输业以及其他行业的企业单位及其职工为对象，以预防和解决企业及其职工的问题为目标，以企业员工的全面发展和企业组织的科学管理为宗旨，以培养和发扬员工互助精神和自助能力为追求，调动和利用各种资源，提高员工福利，提升企业效率，促进员工和企业和谐发展的专业化介入手法与工作过程。"（周沛，2005）

高钟的《企业社会工作概论》指出，"企业社会工作，就是把社会工作的理念与方法运用于企业界（第二、第三产业），充分发挥社工专业知识技能对企业生存发展的作用，以协助企业员工及管理者解决个人困难，改善劳工关系，发挥人力资源效能，并营造和谐且高效的企业文化氛围"。高钟在其编著的《企业社会工作概论》一书中指出，"企业社会工作是运用社会工作的理念与方法，主要在企业内外从事员工的生产适应、环境协调、福利保障、职业生涯发展的管理工作，其目的是在员工职业与福利发展的基础上提升企业效率。它是企业管理的有机组成部分,是社会工作理念、方法在企业管理中的运用"(高钟,2007:4)。

关于工业社会工作概念,钱宁、张默主编的《工业社会工作》中将其总结为:"工业社会工作是为工业体系中的个人、家庭、工作组织、社区和各种社会群体提供工作/职业—家庭/社区有关的直接服务和间接服务的过程;它包括一套方法和技巧的运用,也包括政策和理念的实践;其目的是增进人们工作和生活福祉,促进工业社会关系的和谐。"(钱宁、张默,2009:8)在我国社会工作实务领域,工业社会工作、企业社会工作这两个概念存在较为密切的关系,它们都与职业(劳动)场域相关,并且都以拿工资的劳动者为主要工作对象。其中,工业社会工作偏重工矿企业,其关注点相对集中于第一产业和第二产业,对象也相对具体,特别是其中的蓝领工人及其所在单位的管理部门和社区;企业社会工作的关注点涵盖了三大产业中的所有企业,对象也不只是蓝领工人,还包括了白领工人、专业技术人员和普通的管理人员及其相关企业的管理部门及社区。

(三) 首届(深圳)全国企业社会工作建设研讨会定义

2011年10月21~22日召开了首届(深圳)全国企业社会工作建设研讨会,经过讨论基本达成共识:"企业社会工作,是指专业社会工作者运用社会工作的专业理念与方法,在企业内外开展与员工的生产适应、环境协调、福利保障、职业生涯发展以及劳动关系协调等有关的服务工作与管理工作,其目的在于通过促进员工发展和福利目标实现的基础上,保障员工利益、提升企业效率、促进企业和员工共同发展。"[①]

本书作者同意研讨会所达成的共识定义。该定义指出了企业社会工作的提供者是"专业社会工作者";核心工作对象是"企业员工";工作的场域是"企业内外";工作内容是"与员工的生产适应、环境协调、福利保障、职业生涯发展以及劳动关系协调等有关的服务工作与管理工作";工作目标是"通过促进员工发展和福利目标实现的基础上,保障员工利益、提升企业效率、促进企业和员工共同发展"。

三 企业社会工作的核心服务对象

企业中的劳动者(职工、员工)是企业生产力的最活跃要素,是企业社会

---

① 《首届(深圳)全国企业社会工作建设研讨会论文集》,深圳,2011。

工作服务的核心对象和主要受益者。

（一）对职工与员工的界定

职工，是指与用人单位存在劳动关系（包括事实劳动关系）的各种用工形式、各种用工期限的劳动者。既含全职、兼职和临时职工，也包括虽未与企业订立劳动合同但由企业正式任命的人员，如董事会成员、监事会成员等。在企业的计划和控制下，虽未与企业订立劳动合同或未正式任命，但为其提供与职工类似服务的人员，也被纳入职工范畴，如劳务用工合同人员。

（1）从类别上说，职工既包括与用人单位签订了有固定期限、无固定期限或是以完成一定工作为期限的劳动合同的劳动者，也包括与用人单位形成了事实劳动关系的各种形式的临时工、学徒工等。试用期内的劳动者，也属于职工的范围。

（2）从范围上说，职工包括我国境内的全民所有制企业、集体所有制企业、私营企业、合伙企业、个人独资企业、三资企业等企业的职工和个体工商户的雇工。

在中文中，职工的包容性极强。计划经济时代，它是在城镇国有或集体所有制企业、事业单位和机关中工作的人员统称（农民、军人、城市无业人员或自谋职业者则不在其列）。在企业内部诸如职工代表大会、职工持股等场合，"职工"一词则包括了在企业中拥有固定职位（而非临时）的每个人。

原劳动部于1993年发布的《〈中华人民共和国企业劳动争议处理条例〉若干问题解释》对职工的具体含义做了说明，即"职工"是指按照法律、法规的规定，依法与企业建立劳动关系的劳动者，包括企业的管理人员、专业技术人员和工人以及外籍员工。

"员工"的法律解释与"职工"相同。这就是说，无论是正式工还是临时工，他们都是"与用人单位存在劳动关系的各种用工形式、各种用工期限的劳动者"，因此，他们都是"职工"，当然也都是"员工"。

（二）对职工和员工概念的选择

1. 职工和员工的差别

职工，指职员（机关、企业、学校、团体里担任行政或业务工作的人员）和工人的统称。员工，指职员（企业中的管理人员）和工人。显然，职员、员工存在交叉关系，员工包含于职工。确切地说，称企业职工为"员工"更为恰当。

2. 将企业职工称为"员工"更为恰当的原因

首先，应打破过去传统的企业职工称谓，有别于国家公务员和社会团体、事业组织的国家工作人员，如此才能从根本上抛弃"国家干部"这一笼统概念，从而从职工类别上解决政企分开问题。

其次，将企业职工称为"员工"，有利于彻底打破企业中"干部"与"职工"的身份界限，从而巩固和完善企业的全员劳动合同制度。过去，企业中有国家干部、正式工、临时工、农民工等。实行全员劳动合同制后，虽然所有从业人员被称为合同制工人，但传统的划分观念依然存在。将企业职工确切定义为"员工"，传统的临时工、农民工、打工者等概念将会逐步消失，企业员工的平等地位才得以体现，这也有利于企业所有从业人员社会保障体系的建立。

最后，将企业职工称为"员工"，有利于彻底打破传统的职工界限。如今，还有少数人认为自己是过去意义上的正式工、国家干部，这种传统的"职工"意识也因此引起了一些无端的矛盾与纠纷。通过对企业员工的确切定义，可给这些不求进取的人敲敲警钟，增强其竞争意识和紧迫感，使之自醒、自警、自律，自觉接受全员劳动合同制度的管理。

四 企业社会工作的不同取向

（一）服务对象价值判断上的问题视角与优势视角

从企业社会工作专业发展过程来看，同其他领域的社会工作一样，一直存在着两种传统价值取向：以功能论、行为主义理论为代表的实证主义传统和以韦伯的理解社会学为代表的人文主义传统。基于这两种不同的理论取向，社会工作者往往在实务上也采取两种不同的价值取向，即以问题为核心的取向和以案主为核心的取向。前者强调将关注点聚焦在案主所面临的问题和困难上，基于对案主所遭遇到的问题的分析，首先对问题进行界定，然后再根据问题属性制订一系列的帮助和改变案主的计划；而后者强调将关注点聚焦在案主身上，尽可能地发挥案主自身的能力和优势，从而实现案主的自助和发展。问题视角是以"什么是真实的情况"为思考问题的切入点，因而在实务操作中往往以案主所遇到的问题为关切点；而优势视角则是以"怎样的方式去构筑现实的意义"为思考的切入点，在实务操作中更多地强调利用案主的优势和潜在能力，协助案主通过自己的努力、以一种主动的而非被动的姿态去实现自己的目标。

（二）与雇主关系上的对抗斗争取向与合作共赢取向

根据社会工作的实践，与企业相关的社会工作服务模式在理念上存在两种极端观点（周永新，1997：306）：一种看法多是受结构论影响，认为劳工问题的根源是资本主义对工人阶级的剥削，故此，解决的方法必须从宏观层次出发，直接针对社会和雇主不平等对待职工的现象，而绝不能与雇主协商解决。这些社工反对与雇主合作，不赞成"工厂社会工作"和"雇员辅助服务"等与雇主合作的模式，主张采用与雇主抗衡的相对独立的企业外的"社区发展"，或者"劳动组织"模式，提高职工对本身权益的醒觉，动员职工为自己及其所属群体争取合法权利和地位。

另一种看法则认为社工可以和雇主合作。持这种观点的社工，一般重视处理人与环境之间的相互关系，认为社工的最终目标乃是协调个人与环境之间产生的问题及矛盾。故此，他们会主动协调劳资关系，以实现雇主与职工间的和谐与平衡，而较少使用冲突和对抗的方式。较少采用冲突和对抗的方式，主要采取雇主与职工之间的和谐及平衡。他们认为，雇主和雇员是在同一"工作社区"内的不同系统，二者是相互依靠和相互影响的。因此，社工的介入对象应该不只是职工，也应包括"工作社区"内的其他系统。只有与雇主合作才能把社会工作的直接服务带到"工作社区"里的职工中去，使职工能够得到社会工作服务。社工只有和雇主合作提供社会服务才能让社工对职工的工作和生活情况有较深入的了解，在"工作社区"介入职工的工作和生活，提供较全面的有效的服务。

（三）服务提供者的人力资源取向和工会取向

企业要实现可持续发展的目标，就需要拥有一支高满意度和高素质的员工队伍，而员工对企业是否忠诚取决于企业有无提供优质的人力资源服务产品，这就要求企业进行人力资源管理的更新。近些年来，越来越多的企业人力资源部门，使用企业社会工作的方法，为员工提供了必备的人力资源产品和服务，力求发挥员工的最大效用，使其安心在企业工作。如国际500强企业引进了"员工协助计划"，境外的一些大中型企业甚至用人力资源部门提供的社会工作服务抵制工会的发展。

以争取员工权益和员工整体地位为己任的工会，近些年来采取与雇主合作的视角，而且，社工只有和雇主合作，才能深入了解职工的工作和生活情况，并为他们提供较全面的社会工作服务。并通过开展多项员工服务方案提升员工素质，稳定员工队伍。但由于受传统所限，工会较重视宏观政策和制度改善，而较少关注员工个人发展及员工间的关系协调。

人力资源与工会开展企业社会工作的立场不同，其中人力资源部门多是从雇主管理企业的立场出发，故其提供的企业社会工作往往着眼于企业的效益。

（四）服务模式上的"个人发展取向模式"和"社群权益取向"

企业社会工作的服务模式及介入方式，需要充分考虑所处地区的实际情况。通常来说，主要表现为"个人发展取向模式"和"社群权益取向"两种服务模式。其中，"个人发展取向模式"是与工作生活相关的心理—社会服务模式，如劳动者支持小组、压力舒缓课程、人际关系训练、职业培训或再培训、与就业相关的服务等。而"社群权益取向"服务模式则是从宏观上针对社会政策环境等方面的企业社会工作，其内容主要为劳动法律方面的咨询与宣传教育、劳资纠纷以及工潮过程中的介入、劳工权益政策方面的倡导与帮助等。这两种模式只是服务的重点有所不同，二者是可以相辅相成的。

第二节 企业社会工作服务体系构成

一 企业社会工作的服务对象

企业社会工作者的服务，根据服务对象所处环境，面对的问题和需要，以及所能运用的资源情况，针对不同的服务对象提供不同的服务内容和采取不同的介入策略。故讨论企业社会工作首先要明确企业社会工作面对的不同服务对象系统。

企业社会工作在不同层面介入时，将面对不同的服务对象，具体可划分为以下五个层面。

1. 以企业内的员工个体及员工家属为工作对象

与其他领域的社会工作服务对象不同，企业社会工作的对象不是环境各不相同的单一个体，而是环境相同、面临问题相似的一个群体——企业员工。员工个体的问题往往源自个人的心理障碍、环境不适应、能力和技巧或资源不足等，而通过个案辅导或引入相关资源，这些问题就得以解决。这些服务或是企业内提供，或是企业向外购买服务或转介。例如对个别职工因工作压力太大而出现心理问题的辅导，或是对某一职工因在工作中与用人单位发生争议的法律援助等。

此外，企业员工的情绪和工作态度不仅受企业本身的影响，也受其家庭生活及家庭关系的直接影响，为此，企业社会工作的服务对象也必须扩展到员工的家属。

2. 以企业内的员工群体为工作对象

企业内针对较多员工出现相似问题或需要而设计服务。如针对同一劳动过程的员工，在同一劳动自然环境和制度环境中出现的情绪问题，又如企业针对女工或新入职的外来工等设计的专项服务。这些群体处境不一定是因为企业的运作或政策出现问题，而可能是由一些特定处境所滋生的，或有可能是企业员工面临着同样的个人问题，如婚恋问题、人际沟通障碍问题、文化技术素质与企业发展不适应问题等。对此，社工可使用社区工作法为他们提供服务，如协助他们建立朋辈互助网络的形式，或是举办培训班帮助他们提高素质和技能，或是通过举行比赛等大型活动或实施主题项目计划等工作方式来满足他们的需求。

3. 以企业整体或企业内的管理部门为对象

企业管理者的管理理念、管理价值观和管理水平对职工的影响很大，如何协调好管理部门与企业运行以及和企业职工之间的关系，是企业社会工作的重要内容。企业高层的决策、中层的管理以及基层的实施过程与职工之间的关系，都需要社会工作者的积极介入，以求得企业和职工之间良好的互动，达到既提高管理效率，又提升职工福利的目的。针对企业雇主和管理层的社会工作服务有助于改善企业雇主和管理层对员工的管理理念和技巧，创造有利于员工工作和生活的体面的、人性化的工作环境氛围，建设和谐劳动关系，促进员工福祉和企业效益的提升避免出现员工权益受损和激烈劳资冲突等问题。如针对某部门经常有员工因工作压力过大而请假和离职的现象，或是企业管理者与职工间冲突的经常性发生，以及某部门不断有工伤事故出现等情况开展服务，以满足职工需求。

员工的问题，特别是群体性问题往往是由于企业本身的管理制度、劳动环境、企业文化、企业运作方式而引发的，故应寻找企业制度、管理和运作方式方面的问题。企业社工需要透过制度、管理和行政方面工作方法的改善，促使企业重视人性化管理，重视企业文化建设，重视职工参与，推动企业改善企业制度，改善工作环境、生涯发展条件和职业福利，并建立各种沟通机制和权益保障机制。

4. 以行业或社区为对象

同一行业或同一社区内的企业或员工普遍存在一些共通的问题或需要。社会工作服务将针对他们所面临的这些相似问题，寻求解决方法。例如，社工在发现楼宇的中小企业（竖起来的社区）或工业开发区的中小企业员工普遍感觉交友困难之后，设立了活动中心或员工俱乐部，并组织了相应的群体联谊活动；又如某地区餐饮业工人流失率很高，而且经常发生劳资冲突，对此社工介入其中协调劳动关系，促进企业和员工间的沟通和协商。

目前，已有一些专门服务劳工的 NGO 尝试为工人提供一些活动空间，如图书借阅、打乒乓球，或是组织一些培训班、兴趣班或小组逢年过节也会举行一些小型的晚会。

面对行业的整体情况，社工也会以一些行业协会或商会作为介入层面，以寻求改善行业中与员工相关的政策、制度、行政运作、行业文化、企业行为和群体社会行为等。

5. 以整体社会为对象

如发现整体社会在政策、法规、社会制度、社会文化和社会行为方面需加以改善，将可减轻或预防某些对劳动者可能产生的影响或问题，又或者社会的某些改变可以满足一些人的需求。对此，社工将首先对因各种与工作相关的政策、法规、社会制度、社会文化和社会行为等原因所产生的相似问题进行分析，然后寻求解决方法。通常而言，是运用宏观或间接的社会工作方法介入，如调查研究与企业员工相关的社会问题，倡导制定新的与企业员工相关的社会政策，倡导推行新的与员工相关的社会服务计划或项目等。

二 企业社会工作服务的提供者

（一）企业社会工作者

社会工作，由英文 Social Work 翻译过来，它指的是非营利的、服务于他人和社会的专业化、职业化活动。在国际社会，这类活动还被称为社会服务或社会福利服务。由于各国各地区的经济社会结构不同，具体问题不同，解决问题的方法不同，因此人们对社会工作内涵的表述也不一。国际社会工作者联会（IFSW）曾于 20 世纪 90 年代进行全球调查，发现各国对社会工作的定义大同小异。言而总之，社会工作即是在一定的社会福利制度框架下，根据专业价值观念、运用专业方法帮助有困难的人或群体走出困境的职业性活动。

企业社会工作者，是指利用工会资源把社工专业服务延伸到企业领域，运用社会工作的方法服务企业员工和管理者、劳动组织乃至整个社会，倡导企业的社会责任和与企业有关的社会公共政策，以员工身心健康、职业发展与规划、职业福利、员工参与、员工数值提升及员工权益保障等为服务的主要内容，以推动社会、企业与员工的共赢发展为目标的企业社会工作服务的提供者。

(二）企业社会工作者的类型

提供企业社会工作服务的主体是多元的，根据社会工作者的隶属关系和工作平台，主要分为以下四类：企业内的企业社会工作者、政府部门的企业社会工作者、工会等人民团体中的企业社会工作者以及社区服务中心（社会工作站）中的企业社会工作者。

1. 企业内的企业社会工作者

企业内的企业社会工作者主要有三类不同的组织载体，或是在独立设置的社会工作部门，或是在工会内的社会工作部，或是在人力资源部门。

企业内的企业社会工作者无论设在哪个组织中，只要是在企业内都会隶属于企业，是企业的员工，由企业为其支付工资和提供各种福利待遇，同时他们也要接受企业管理者的领导。企业内的社会工作者最大的优点在于其内部性的特点，对企业生态有清楚的了解和认识，同时在开展工作的过程中容易得到企业内部各方面的支持，因此无论从及时全面地掌握案主的情况、有效解决案主问题的角度，还是从切实落实企业社会责任、建立企业良好的外部环境的角度来看，企业内的社会工作者都具备了一些明显优势。但任何事物都是矛盾的统一体，这一"内部性"的特点在有些情况下也会成为企业社会工作者开展工作的绊脚石。比如，当企业管理层出于维护企业利益的目的，要求社会工作者做出有违社会工作价值理念的决定时，会常常使社会工作者感到困扰，工作的开展也会因此受到影响。

在企业内部，专门从事规划企业员工福利与保障的部门是人力资源管理部门，该部门在开展工作的过程中，多是从企业雇主的视角出发，以"管理主义"为工作理念，以提升工作绩效为着眼点，缺乏服务的理念和思维，忽视对影响员工个人工作绩效的个人心理、家庭、社区或工作环境等方面的关注，这必然影响员工生活质量与工作福利的全面提升。社会工作者介入人力资源管理部门的工作，一方面可引入"以人为本"的理念和管理方式，适应企业改革和员工队伍变化的需要；另一方面也可更新人力资源管理的理念和具体的管理内容、方式等，以便其适应企业改革和员工队伍的变化。

2. 政府部门的企业社会工作者

随着社会工作的专业化和职业化，以及政府部门对社会工作认识的深化，社会工作者正逐步走进政府机构与企业员工利益相关的业务部门。例如，民政部社工司有社会工作背景的干部、深圳社保局劳动监察大队专门设置了企业社工岗位。政府部门中的企业社会工作者在倡导、监督企业落实社会责任方面具有不可替代的功效。随着我国社会服务事业的发展，将会有越来越多的企业社会工作者进入政府中劳动保障、职业教育、医疗卫生、职业安全、文化娱乐等相关的业务部门，运用其专业和职业优势，倡导和推动企业社会工作，提高员工福利待遇，促进企业履行社会责任，建设和谐劳动关系，实现企业和谐和可持续发展。

3. 工会等人民团体的企业社会工作者

工会、青年团、残联等人民团体，尤其是以维护员工权益为主要职责的工会在为企业员工提供服务方面起着特殊作用。

从这些团体的企业社会工作开展情况来看，它们主要是以维护员工合法权益为服务宗旨，侧重劳动用工、工资福利、劳动保护以及帮困救助等员工整体利益，而相对缺乏对员工个人发展的延伸服务和全面服务，员工在工作适应、心理健康、人际交往和职业生涯发展方面的微观需求很难得到关注。而且这些团体的工作方式长期以来带有行政性、非专业化特征，可以说是一种与专业企业社会工作性质截然不同的工作实践。随着企业社会问题的日益复杂化，这些组织在解决员工问题、缓解劳资矛盾上已难以满足现实需要。以工会为例，工会是企业中以维护员工利益为宗旨的正式组织，主要通过与企业开展对话、谈判等方式帮助职工解决诸如增加工资、减少工时、改善工作环境等问题，以达到维护员工整体利益的目的。但针对当前社会形势下企业员工出现的新问题，如在社会转型期出现的心理问题、希望得到人性化的对待等，这些团体则缺乏专业训练的人员和专业有效的方法来解决，难以满足员工需求。

4. 社区服务中心（社会工作站）的企业社会工作者

社区服务中心作为我国广泛联系各类社区服务企业、服务人员的社区服务网络，是承载政府、企业购买的社会工作服务项目，以及企业为职工及其家属提供的转介服务的重要载体，特别是社区中心或工作站中的企业社会工作部的专业社会工作者，也提供着专门的、多元化的企业社会工作服务。服务经费多来自社会政府、企业、基金会等组织的资助。

（三）企业社会工作者的主要角色

企业社会工作者对企业社会责任的实施具有重要影响，也可以说，企业社会工作者是企业社会责任的具体落实者和承担者。企业社会工作者在其中所扮演的角色主要有支持帮助者、沟通协调者、倡导推动者。

1. 支持帮助者

企业社会工作者对企业员工的帮助和支持主要包括如下四个方面。

第一，企业社工为企业员工提供心理辅导与情绪管理等咨询服务，以缓解其心理压力和情绪困扰。企业职工面对着工作及其他方面的压力，心理上的不适必然会通过多种形式表现出来，比如焦虑、郁闷、烦躁、不安、易怒，甚至有厌世轻生或暴力对抗等极端行为。从某种意义上说，一般企业的生产经营性活动对诸如此类的心理不适表现并不会给予关注和重视，因此，这种心理不适不仅不能得到有效的控制、缓解和解决，反而变得越来越严重。心理问题的存在和严重化趋势，必然影响到职工的身心健康，这不仅关涉职工本人的工作与生活，还会直接影响企业的工作效率甚至企业的形象。

第二，企业社工协助员工争取平等的就业机会、培训机会、升迁机会。企业要为员工提供平等的就业机会，在人员选择上要反对各种各样的歧视。在教育与培训机会方面，企业要为员工创造良好的条件，使其在为企业工作的同时有机会提高自身的科学文化水平，以促进自我发展和完善。在升迁机会方面，企业社工要与员工一起争取不同性别、年龄、民族、肤色和信仰的员工在企业中都有平等的职业升迁机会，不得人为限制。

第三，企业社工督促企业经营管理者为员工提供参与企业管理与决策以及自我管理企业的机会。员工在企业中虽然作为劳动者、被管理者，但是同样有参与企业管理的权利，以及对企业的重大经营决策、企业的未来发展和与职工福利等权益相关的重大问题有发表意见和建议的权利。企业尊重员工民主管理企业的权利，重视员工的意见和要求，有助于调动员工的劳动热情和工作积极性，从而有益于工作效率的提高。

第四，企业社工督促企业经营管理者为员工提供安全和健康的工作环境。员工为企业工作是为了获得报酬以维持自己的生存和发展，但企业不应因此而忽视员工的生命和健康。很多工作会对员工的身体健康产生伤害，如化工、采矿和深海作业。对于工作本身固有的伤害，企业必须严格执行《劳动保护法》的有关规定。另外，工作环境的安排也必须符合健康标准，如工人不得在阴暗潮湿的环境下长期作业，工作间要通风透气等。

2. 沟通协调者

企业的经营活动中有很多利益相关者，他们之间会存在矛盾和冲突。作为企业社会工作者，一项重要任务就是沟通协调多方面的利益相关者，以确保企业的和谐发展。具体内容包括如下方面。

第一，对员工利益的维护与协调。改革开放以来，由于多个利益相关者共存及某些企业对利润的过度追求，使员工（包括农民工）利益屡遭损害，企业违反《中华人民共和国劳动法》甚至国际相关法规的情况也屡见不鲜。维护利益受损员工的权益，成为企业社会工作者的一项重任。但是，如果把企业社会工作等同于维护员工利益，向企业主"索债"，那实在是一种误解。比如，美国的福利秘书其实是应资方邀请来主动为劳方服务的，第一个福利秘书 Aggie Dunn 女士的工作也得到了劳资双方的肯定，被称为唐妈妈（Mother Dunn）。据此，企业社会工作也应该受到企业主的接纳，并服务于和谐企业的建设。

第二，对股东、商业伙伴、消费者、政府部门的利益协调。股东作为企业的投资方，商业伙伴作为企业的合作方，消费者作为企业的购买方，政府作为企业的管理者和支持者，都与企业的经营活动发生着直接或间接的联系。他们与企业既是利益的共同体，但在某种特定条件下又有各自不同的利益重心。当彼此都站在各自的角度维护自身利益时，矛盾和冲突就难免发生。企业社会工作者除了关注员工利益之外，对股东、商业伙伴和消费者等相关利益者群体的关注，也是其沟通协调功能的一个必要延续。

3. 倡导推动者

企业在社会中生存，其社会责任涉及社区、环境以及政府。为了促成企业与社会之间的和谐共生关系，企业社会工作者在其中扮演着倡导者和推动者的角色，可以说是企业和社会之间的桥梁和纽带。

第一，企业与社区之间是你中有我、我中有你的交叉关系，二者相互影响、不可分离。一方面，社区内的人员素质、文化传统对企业的员工素质和价值观有一定影响，良好的社区环境和高素质的人群是企业发展的有利条件；另一方面，企业积极主动参与社区的建设，利用自身的产品优势和技术优势扶持社区的文化教育事业，吸收社区人员就业，救助无家可归人员，帮助失学儿童，这些活动不仅能为社区建设做出贡献，而且会变成企业的无形资产，对其经营发展起到不可估量的作用。这就需要企业社会工作者关注企业与社区的关系，积极倡导并推动企业对社区建设做出贡献。

第二，企业与自然环境的关系如同鱼水，谁也离不开谁。人类进入 20 世纪以来，科学技术飞速发展，同时也严重破坏了环境。环境污染、土壤沙化、稀有物种减少等问题，引起了世界各国科学家的关心和重视，环境保护成为人类面临的迫切而严峻的问题。企业在环境污染中扮演了主要角色，因而在消除环境污染、保护环境中理应肩负不可推卸的责任。企业社会工作者，包括社会上一些NGO组织，已经高度关注了这一问题，并试图通过倡导来积极推动企业保护自然环境。

三 企业社会工作者与服务对象的关系及特点

企业社会工作者与服务对象的关系属于社会工作专业关系。所谓专业关系是指社会工作者以一个专业人员的身份与各种他（她）努力使之发生变化的系统之间所建立的关系，是社会工作者与受助者之间的一种专业协助关系。具体特点如下所述。

1. 助人关系的不平等性

在企业社会工作的开展过程中，社会工作者与员工之间的专业关系以员工的生活需求和工作诉求为基础，围绕着员工如何适应工作环境并在其生涯活动中实现工作目标、取得人生成就与生活福祉这样一个中心。在这种专业关系中，社会工作者与服务对象之间是一种非平等的互动关系，即工作者与受助者的互动存在明显的不对等性。作为超越于企业劳动关系的第三方，社会工作者所具有的某种专业权威，往往会使服务对象自觉或不自觉地陷入某种依从或受支配的地位。这就要求社会工作者对助人过程中对这种专业不平等保持警惕，避免形成对受助者的专业操控。

2. 助人关系的两重性

一般说来，社会工作者与受助者之间的专业关系兼具工具性和情感性。如何平衡这两重属性，防止因过于理性而导致助人过程中的冷漠，或是因过度的情感投入而陷入情绪化状态，这是一个技巧问题，更是一个职业伦理问题。在企业中，员工与管理层的关系通常是不平等的，这主要是由企业的结构和内部分工体系造成的。这种不平等往往使员工处于被动地位，并容易遭受伤害。因而，维护员工的合法权益、争取他们的合理待遇是社会工作者的责任。但在实际工作中，问题并不只是涉及公平，可能牵涉员工关系、工作的适应能力、对管理制度的理解，以及个性和人格方面，也可能是不同利益的冲突、不合理的制度，甚至剥削和压迫等。

面对复杂的企业组织内部关系，社会工作者在确立与服务对象的专业关系时，既要有必要的情感投入，与受助者进行充分的情感交流，表达对其诉求的关切和关注，形成同理心，以便于建立彼此间的信任和理解，同时也要注意到理解的客观性，理性地对待受助者的诉求，帮助他们树立理性解决问题的态度。而对社会工作者自身而言，平衡员工利益与企业利益的诉求，寻求双赢的效果，既是企业社会工作应遵循的原则，也是实现公平正义专业理念的可行路径。要达到这样的理想目标，必须对专业关系中工具性与情感性因素加以调适与平衡，以便于与受助者建立良好的专业关系。

良好的专业关系对于社会工作而言极为重要，它可以深化、增强工作的效果，增强社会工作者的影响力，使工作者提出的意见或建议更容易为受助者所采纳，社会工作也更易于见效。此外，对受助者而言，良好的专业关系可为他们提供安全、有利的环境，使其能够有机会更好地审视自己，分析问题的原因，学习和寻找解决问题的方法。在一定意义上，良好的专业关系本身对受助者的情绪和心理具有治疗作用（王思斌，2004：159）。

第三节 企业社会工作的内容、特点与功能

一 企业社会工作的内容

受特定历史时期和不同社会环境的影响，不同企业社会工作的服务领域和服务项目不尽相同。基于发达国家以及我国港台地区的经验和目前我国的发展现状，企业社会工作可以从如下十二个方面展开服务（因下列内容在本书中有独立成章论述，此处不再展开）。

(1) 员工福利服务；
(2) 员工生涯辅导；
(3) 员工情绪管理；
(4) 员工素质提升；
(5) 职业安全与健康；
(6) 员工参与管理；
(7) 员工休闲生活与服务；
(8) 劳动关系协调；
(9) 企业文化和职工文化建设；
(10) 企业困难职工帮扶服务；

(11) 企业的农民工服务；

(12) 企业社会责任。

二 企业社会工作的特点

由于企业所具有的独特经济属性，企业社会工作也因此具有以下特点。

第一，争取企业内的员工职员福利是企业社会工作的核心内容。为更多地吸引人才，企业均有为员工提供现金或实物的福利项目和福利服务，但与专业的社会工作服务相比，差别在于现阶段企业自身提供的福利并未能较好地满足员工的需求，这也凸显了企业社工介入的必要性。

第二，监督企业落实涉及员工福利的国家法律和政策法规是企业社会工作的主要手段。企业内社会工作的筹资具有明确的规范。对于企业社会工作项目的资金来源，有具体、明确的国家法律和政府部门的政策文件规定，如关于各项社会保险和补充的保险、各项员工现金、实物福利项目与服务、培训与教育经费、工会活动经费、劳动保护与职业安全卫生经费等。

第三，因地制宜开展设计企业社会工作服务项目是企业社会工作的主要策略。不同类型企业的社会工作具有不同的特点。企业在规模、所处社会环境、自身企业文化及发展战略等方面的不同，决定了其在提供和承载的社会工作服务会有很大差异性。

第四，实现公共性、公益性与多方共赢的统一是企业社会工作的重要目标（民政部社会工作司，2013：14）。企业社会工作的服务对象主要是企业员工，服务内容主要是帮助企业员工解决困难问题、促进自我发展和提升，也兼顾服务企业和满足企业发展的合理需求，因此，公共性和公益性应该是企业社会工作服务的主导属性，否则很可能沦为企业的一种管理手段和方法，服务于企业的利益尤其是经济利益的最大化，从而导致其与企业员工的合理利益和社会的整体利益出现背离或偏差，违背社会工作的宗旨、理念和价值观。为此，企业社会工作服务应主要由专业社工提供。

在坚持企业社会工作的服务对象主要为企业员工，并确保服务公共性、公益性的同时，应努力实现政府、企业员工和企业等多主体共赢。在社会主义制度下，政府、企业和企业员工在整体利益上是一致的，而且具体利益上也存在很大的交叉区域，如企业的发展、员工的成长、社会的安定等。对社会工作本身来说，只有获得政府、企业和社会的普遍认同，才能得到有效的拓展和提升。

三 企业社会工作的功能

企业社会工作的功能是社会工作的一般功能在企业这一具体领域的展开,即将社会工作理念、知识和方法、技术运用到企业后,在为企业及其员工提供服务的过程中所显现的功能和作用。具体表现在如下方面。

(一) 提供物质帮助,协助困难员工摆脱困境

扶弱、济贫、帮困是现代社会工作的重要职责,也是企业社会工作的重要功能。随着经济体制改革的进一步深化,原有的宏观利益格局重新整合,社会各阶层之间的贫富差距越来越大,企业中也因此出现了贫困问题。企业贫困人员主要包括失业、下岗工人,以及因各种疾病、伤残意外灾难事故或个人生存、劳动和发展等方面的能力障碍导致的贫困人员等。这些问题的存在严重影响了社会主义和谐社会的建设,成为全面建设小康社会进程中的不和谐因素。要有效解决这些问题,仅仅依靠政府机构及其工作人员的力量已显得不足,因此需要广泛动员社区组织、非营利机构、志愿者组织等多个层面的力量共同参与。

(二) 为企业员工提供心理疏导和支持

企业员工的工作压力和紧张度比较高,加之企业在资源与权限以及利益分布中存在事实上的不对称,职工处在明显的不利地位,为此,他们必然会面临一些问题,如工作环境和条件恶劣、劳资冲突、工资待遇偏低以及其导致的与生理不适心理等。疲劳、头疼、胸闷、焦虑、紧张、情绪低落、注意力下降、记忆力下降、爱发脾气、对子女漠不关心等都是员工可能出现的心理问题。弱势的地位与处境使得他们很难单独通过自己的力量或者企业的力量来解决问题,而企业社会工作的介入则能够帮助他们提升这方面的能力。

(三) 协调内外关系,增强企业组织的凝聚力

企业社会工作的一个突出功能就是促进企业良好的内部沟通,加强对外传播,塑造企业形象,推动实现从业人员的全面发展。从企业外部关系的角度看,企业必须履行社会责任,提供就业机会,资助公益事业,保护生态环境,支持社会保障体系的建立与完善,妥善处理好与股东、媒体、社区、政府、交易伙伴、消费者等特定对象的社会关系。从现实情况看,许多企业未能够有效履行社会责任,主要表现为经常裁减工人,随意排放污染物质,作虚假的广告宣传,不尽社区义务,违章经营作业,搞不正当竞争,制售假冒伪劣产品坑害消费者等。作为解决企业内外各种问题的专业活动,企业社会工作不仅可以有效解决企业组织

的外部关系失衡问题,而且可以促进内部关系的协调,增强组织凝聚力。它能够有效通畅职工之间的信息沟通渠道,并营造出群体内的民主气氛,使员工产生集体感、归宿感、荣誉感和价值感,从而愿意为企业发展承担责任和义务。

(四)维护员工合法权益,体现社会主义公平正义

维护企业员工合法权益是一个社会公平程度的表现,也是企业社会工作的重要职责。当前,员工权益受侵害的事实大量存在,劳资纠纷事件也日益增多。在这一社会背景下,社会工作者可依据《中华人民共和国工会法》、《中华人民共和国劳动法》等相关的法律文献,在民政部门、劳动部门、社会保障部门、企业党团、工会组织、社区机构及社会服务机构广泛开展面向企业职工的维权服务,并通过个案工作、团体工作、社区工作、社会行政、社会政策等方法来提升实际工作的效果。

(五)预防问题产生,保障社会和谐稳定

企业社会工作能够以积极主动的态度对待组织内外产生的各种问题,及早预测、发现、控制和消除那些可能妨碍社会稳定的因素,以保障社会的持久和谐。在企业结构要素变动活跃、动荡不定的条件下,形形色色的问题不断涌现,为保障企业的良性运行发展必须建立预防、抑制、化解矛盾的专业工作机制。

社会工作的预防功能通常在两个领域中付诸实施:一是预防可能在个人之间、个人与团体之间以及群体之间出现的问题;二是预防组织中可能出现的病态现象。企业社会工作还可以通过制度建设来发挥作用,即提出社会政策的修订建议,促进合理社会政策的出台,在制度层面弥补政策缺陷,有效预防企业问题的产生。

(六)促进能力发展,实现社会工作的持续创新

人们要想从事或完成某种活动,必须具备相应的实际或潜在能力,因而能力的缺乏会使个人陷入生活与工作的困境之中,使企业发展与创新失去相应的主体条件。帮助服务对象实现自身发展,并不断促进企业改革与创新已经成为构建社会主义和谐社会视域下企业社会工作的重要功能。企业社会工作作为当代社会中重要的专业性活动,应充分发掘社会资源,积极发挥个人和制度潜能,以确保社会的稳定、社会的发展。

第二章 企业社会工作的发展历程

企业社会工作发展历程是社会工作发展史上一幅不可或缺的影像，它是企业社会工作的基础知识，也是发现企业社会工作发展规律以及以史为鉴推动现代企业社会工作发展的前提。本章简要介绍了美国、中国港台等国家和地区企业社会工作的发展历程，并重点介绍我国企业社会工作的发展历程、主要挑战和未来趋势。

第一节 美国企业社会工作的发展历程

美国企业社会工作的发展是工业化进程中企业追逐经济利益和人们对职业福利追求的产物，其发展阶段呈现企业引入并推动社会工作从被动接受到主动开拓的基本过程。随着不同问题的出现和服务对象实际需求的变化，企业社会工作的服务内容和方法也得以拓展和延伸。

一 美国企业社会工作发展历程

根据美国企业社会工作发展中的重要历史事件，我们将其划分为四个时期：起步萌芽期、成长发展期、全面拓展期和成熟稳步期。演变历程和重要事件如图 2-1 所示。

（一）起步萌芽时期（19世纪末到20世纪20年代）

美国企业社会工作的发展可追溯到19世纪下半叶，由企业界发起的社会福利运动，尤其是社会福利秘书制度的建立，影响着这一时期企业社会工作的发展状况。

```
发展阶段                                重要事件

19世纪末到20世纪20年代:    ➡    企业界发起的社会福利
起步萌芽期                              运动和福利秘书制度
        ⬇
20世纪30年代到20世纪50年代:  ➡    工业酗酒方案
成长发展期                              (Employee Assistance Programs)
        ⬇
20世纪60年代到20世纪70年代:  ➡    员工协助方案
全面拓展期                              (Employee Assistance Programs)
        ⬇
20世纪80年代至今:            ➡    员工增强方案
成熟稳步期                              (Employee Enhancement Programs)
```

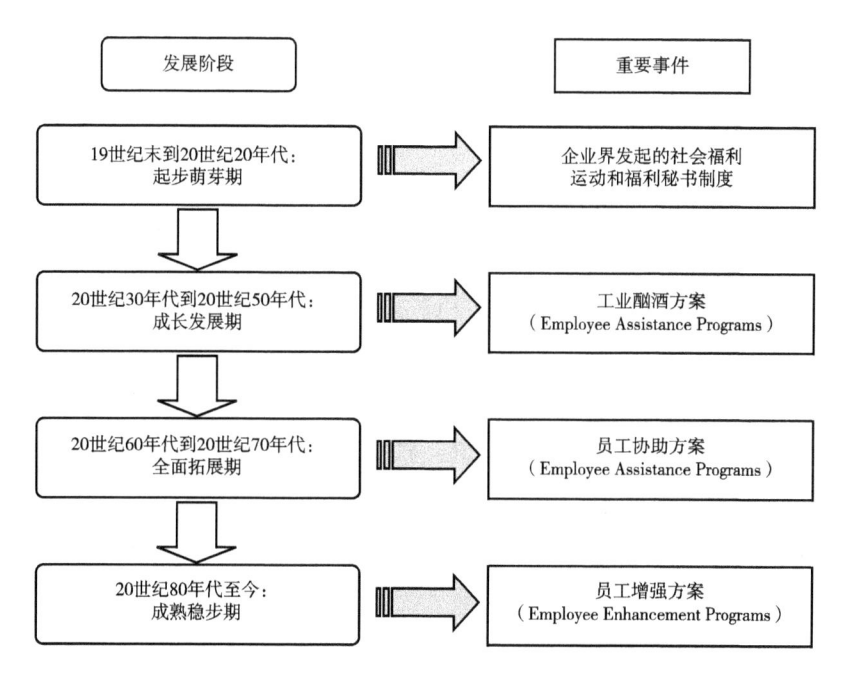

图2-1 美国企业社会工作发展历程及重要事件

1. 企业内部发起的社会福利运动

社会福利运动源于企业管理革新，其发生的背景因素有：一是资本主义工业化发展迅速，企业规模急剧扩大，员工人数增速较快，对企业管理方式提出了新的要求。二是19世纪末工人阶级和资本家存在强烈冲突，迫于劳资关系紧张的局势，为了安抚工人，企业纷纷引入福利计划，建立包括伤残、医疗和困难救济等项目在内的社会保障制度（李晓凤，2008）。三是当时有大量妇女进入企业工作，需要建立适合于她们的一些福利制度，以解决她们的独特问题。

这场福利运动的主要目的在于：一是消除工人不满，提升他们的工作积极性和企业生产效率；二是使工人安于现状，以减少企业经营的风险和损失。据统计，到20世纪20年代，约80%的美国大公司制订了福利计划（苏景辉，1989：16）。

2. 福利秘书制度

社会福利运动催生了一种新型的企业管理岗位——福利秘书，可视为企业社会工作的先驱者。1875年，H. J. Heinz Company雇用的Aggie Dunn女士是美国第一位也是20世纪前美国唯一的福利秘书。1917年，美国明尼苏达州明尼亚波利市的北方州电力公司聘用 Thomapson 女士担任社工员，协助公司处理员工及家属的相关问题。同年，纽约的 Macy 百货公司首创社会服务部门，由 Evans 小姐担任社会及精神治疗工作。1922 年，纽约大都会保险公司聘精神科医生，为员工提供精神医疗服务。

福利秘书承担着企业福利的行政事务和社会工作服务双重职务，主要帮助员工解决个人及家庭问题。行政事务上，主要处理员工的福利事务和进行相关的人事管理；社会工作服务上，主要为员工提供咨询、辅导、治疗和支持等服务。苏景辉将福利秘书的工作概括为四个方面：①物质福利，包括安全保护、医疗卫生、餐厅、宿舍等；②经济福利，包括工资、抚恤等；③文化福利，包括娱乐、体育、教育、出版刊物等；④个人辅导，包括为员工个人及其家庭提供治疗和支持（苏景辉，1989：16）。

从职能和内容来看，福利秘书还不是严格意义上的专业社会工作者，但已具有了企业社会工作的雏形，并成为企业社会工作服务的开拓者。此外，福利秘书的岗位虽然具有服务企业与服务员工的双重使命，但本质上还是以服务企业为主，这是由企业引入福利秘书的主要目的所决定的。

3. 泰勒制、工人运动与福利运动的衰落

进入 20 世纪后，强调生产效率的泰勒制兴起。这使得企业更加关注生产过程，而非员工的需要，因此也使得福利运动和福利秘书失去了实际意义。同时，工人运动逐步深入，提出了新的政治与权力的要求，工会的作用和力量也逐渐增强，具备了法律地位及独立的政治和社会地位。工会组织从更高的要求出发，认为福利秘书制度根本上代表的还是资本家，并且认为它消磨了工人的阶级意识，使得他们安于现状。因此，在工会组织的反对下，很多企业取消了福利秘书制度（钱宁、张默，2009：10~11）。另外，福利秘书制度主要存在于劳动密集型企业，随着西方产业结构的调整，福利秘书制度也随之消失。

（二）成长发展期（20 世纪 30 年代到 20 世纪 50 年代）

"工业酗酒方案"是这一时期的重要事件，直接促使了企业社会工作专业化发展的开始。

1. "工业酗酒方案"的产生背景

在美国，工厂里普遍存在的酗酒问题成为企业社会工作制度建立的直接原因。在 20 世纪 30 年代到 40 年代，工人酗酒的问题相当严重，带来了生产安全等隐患并直接影响了生产力，造成了一定的损失。一些公司和工厂不得不开始重视这一问题,并推行了所谓的"工业酗酒方案",即聘用社会工作者在员工中实施戒酒方案,对酗酒者及其家庭提供辅导和服务,这使得社会工作者以专家身份进入企业开展戒酒者服务。"工业酗酒方案"就是在这样的背景下产生,并逐渐成为企业服务的主流。

2. "工业酗酒方案"的推进过程

1935年,美国第一个"工业酗酒方案"产生。1940年,俄亥俄州柯达公司提出了职业戒酒方案。第二次世界大战更加推动了该服务方案较大范围的扩展。到了20世纪40年代,"工业酗酒方案"已基本得到企业认可,甚至有些企业将方案的适用范围提升至解决员工精神与情绪方面的困扰。与此同时,高等院校也开始介入企业社会工作领域,如1957年波士顿社工学院成立,协助一些企业开展服务。

3. 对"工业酗酒方案"的基本认识

"工业酗酒方案"是企业社会工作因应企业管理的新问题和企业员工需求的变化产生的,是社会工作介入企业领域的一次尝试。它为企业管理者解决员工问题提供了基本思路,但主要还是企业自身解决管理问题的工作方案,本质上讲,这还是基于企业自身发展利益的行为,而员工的实际需求则是其次的。企业社会工作要实现系统化发展,还需要具备自身特有的专业服务方法,"员工协助方案"则具备了这一条件,标志着企业社会工作及其特有方法的形成(钱宁、张默,2009:12)。

(三)全面拓展期(20世纪60年代到20世纪70年代)

这个时期是企业社会工作的全面发展阶段,"员工协助方案"是其中的重要事件。值得注意的是,企业社会工作的发展不是直接从"工业酗酒方案"转变为"员工协助方案",在其中一段时期里两大方案是并存的,在一定意义上,"工业酗酒方案"为"员工协助方案"奠定了良好的基础。

1. "员工协助方案"的推进过程

在第二次世界大战期间,员工协助的雏形开始产生。战争催生并促使了"员工协助方案"的出现。在"二战"期间,有很多企业是为战争服务的,这使得这些企业的员工与家人分离,战争给这些员工带来了大量情感、婚姻以及家庭生活问题。为了解决这些问题,美国政府专门聘用一批社会工作者从事辅导服务,最终演变成为美国企业社会工作的主要实务方法,即"员工协助方案"。在英国,贝弗里奇计划的出现也推动了企业建立工业福利制度,受战争影响的家庭成为救助和服务对象。这时的"员工协助方案"主要是为了满足战争的需要，是战时临时干预的措施。

到了20世纪60年代，药物滥用、暴力和离婚事件层出不穷，职场酗酒也不单是个人行为的问题，还隐含着家庭环境、工作环境和社会环境等外部因素的影响，这使得有些"工业酗酒方案"开始拓展服务内容，并逐渐转向"员工协助方案"，此时的企业社会工作开始注重个体与环境的互动关系。1962年，美国坎波公司将服务对象扩展到员工家属，内容包含了家庭、法律、药物滥用等方面。之后越来越多的企业开始采取"员工协助方案"，并强调更大范围的服务内容和对员工独立处理问题能力的提升。1964年，哥伦比亚大学成立工业社会福利中心（Industrial Social Welfare Center），推动了企业社会工作研究与实务的发展。1970年，美国政府正式成立美国联邦酗酒研究机构和劳工与管理者酗酒咨询机构，负责工业酗酒方案的倡导和员工协助方案的发展。经过两年多的时间，劳工与管理者酗酒咨询机构改名为员工协助专业协会（Employee Assistance Professional Association），开始实行考试与认证制度，由此进入了职业化发展阶段。

2. "员工协助方案"的基本范围

"员工协助方案"的独特性在于它不仅仅关注企业员工的某些问题，更关注他们在不同层面的需求。20世纪70年代，美国最先在企业管理中开展"霍桑试验"，开始认识到员工的情绪可以影响生产效率，从而最先扬弃了古典经济学"人是经济人"的管理理念，引入了"人是社会人"的现代管理理念（高钟，2006：5~6）。这也是美国企业社会工作之所以发展较快的重要原因。

按照谢鸿钧的总结，"员工协助方案"分为三个方面的内容：第一，员工咨商，主要处理可能间接影响工作表现的个人问题；第二，生涯发展，进行对个人的评估、咨询、计划、训练，以协助个人做好生涯规划；第三，健康福祉，主要预防员工生理、心理问题的发生，促使人力资源功效的有效发挥。就需求而言，其实仅这三个方面还难以满足更加多元化和变化着的员工需求。比如，在现实情境中，员工较多地会遇到劳动权益受损、婚姻家庭，以及工作和家庭之间关系的平衡与协调等问题。因此，企业社会工作需要提供更深层次、更多面的服务。

（四）成熟稳步期（20世纪80年代至今）

"员工增强方案"是企业社会工作成熟稳步期的重要事件，并被借鉴到其他国家和地区。

1. "员工增强方案"的生成和发展

20世纪80年代产生的一些新概念，逐渐使"员工协助方案"转变为"员工增强方案"，并使之成为企业社会工作的新主流；到1991年，美国约有45%的全职工作者接受过企业社会工作者的专业服务；到1993年，约有30万家公司开展"员工增强方案"；到目前为止，全美拥有100位员工以上的企业60%以上都有"员工增强方案"。如何调节组织和个人的行为，并将它们置于伦理与法律的规范之下，尽量避免企业行为中经济理性的过度张扬及其对员工、社区甚至消费者的福祉所带来的不利影响，就成了20世纪90年代以来企业社会工作发展的新问题。

这一方案的产生背景，具体来说，主要有三方面：一是全球性贸易竞争日趋激烈的环境下，企业依然以追求利润最大化为首要目标，持续造成了组织与个人、生产与环境、企业与社区等多方面关系的紧张，也引起了国际社会对企业社会责任的普遍关注。二是在企业内部，分工越来越精细，对劳动者的要求越来越高，员工的高流动性一直是企业面临的问题。三是企业员工有了对个人价值实现的更高追求，他们将工作与个人生活视为一体，对工作环境提出了更高的要求（谢鸿钧，1996）。企业管理者因此需要考虑更多的人性化元素。

2. 企业社会工作的新突破

基于企业管理和经济发展的变化，企业社会工作的发展突破了"员工协助方案"的范围，发展出包括对员工服务、对企业管理者服务、对消费者服务、对企业社会责任服务以及对与企业活动相关公共政策服务这五大方面内容在内的专业服务体系。这五大方面的内容也分别形成了企业社会工作各具特色的多种模式，如员工服务模式、雇主组织模式、企业外模式、工会模式、企业内模式、企业社会责任模式、公共政策模式等。企业社会工作的服务对象和服务范围都得到了进一步的扩展。

当前，美国企业社会工作者被称为"职场社会工作者"（Social Workers in the Workplace），这一概念体现出企业社会工作服务范围的扩大和社会工作者角色的多样性。社会工作者可以提供的服务越来越多，涉及家庭问题、经济问题、法律问题、娱乐问题、孩子照顾、员工发展计划、压力管理计划等多方面。可以说，美国企业社会工作的这一趋向引领着国际企业社会工作的发展方向。

二 美国企业社会工作的发展特点

美国企业社会工作发展成为一个独特的社会工作领域，其间经历了百余年的艰辛探索。它以企业管理改革为契机，以解决企业问题和提供员工福利服务为双重目标，通过一个个具体且重要的事件，逐步丰富着企业社会工作服务的范围、内容和形式，也为其他国家和地区企业社会工作的发展提供了重要参考。总的来说，美国企业社会工作的发展具有如下特点。

（一）具有完备的制度保障

美国企业社会工作得以快速和良好发展，其中一个重要因素便是美国社会保障的立法和有关劳资社会政策的推动。美国自20世纪30年代颁布实施了《社会保障法》，强调工作中的安全问题，并在后来逐步通过健康医疗福利保障、就业和失业保障等方面的法律。同时，政府还制定出台了一系列劳动法律法规。

美国总工会社区服务部主任Leo Perlis于1976年积极倡导人性契约理念，即要求企业重视劳动者福利和服务，具体包含财务方面（如紧急救助金）、家庭方面（如亲子关系）、健康方面（如心理卫生等）、其他服务（如法律援助等），这也是美国工会所提供的社会工作服务。

（二）形成了一套专业服务系统

美国企业社会工作的快速发展还得益于社会工作理念和方法在工业服务领域的应用。它保障了美国企业社会工作的品质，从而使其服务成效得到企业和员工的接纳和认可。

美国企业社会工作有一套专业伦理守则，包括以员工利益为先、保障服务对象的隐私权和知情权、保密原则、禁止不当得利等。基于这些伦理守则，美国企业社会工作还形成了具有实务指导价值的工作指引，确立了其专业特征和服务范围，并形成了一系列的实务技巧，包括甄选与离职面谈技巧、特殊形式工人问题面谈技巧、方案评估、转介与咨询技巧等（沈黎，2008）。

（三）多元化和专业化的服务模式

美国企业社会工作的发展还得益于各类不同组织的动员和参与，并以此拓展了企业社会工作的服务模式：第一，公司模式（或厂内模式），主要是指企业在其组织架构中直接成立一个具体实施"员工协助方案"的部门，并聘请社会工作者为员工提供服务；第二，契约模式（或外部模式），由企业出资，以契约方式委托独立的民间社会服务机构为员工提供服务；第三，工会模式，主要是指工会组织为其会员和家属提供辅导服务，由工会聘用社会工作者（刘斌志、沈黎，2006）。

不同的模式都提供了比较丰富的活动，包括为有困难的员工提供咨询辅导，协助解决个人问题；训练一线工作人员，使得他们能观察员工的表现并给予适当的协助或转介服务；整合社区资源以满足服务对象需求，并与其保持长期联系与合作；协助实施员工福利和医疗卫生方案等；推动社区开展有关健康、休闲娱乐和教育等活动；为包括妇女、少数民族、残障员工等弱势群体提供行动策略或计划；动员工人组织起来，共同关心相关福利法律法规等。

（四）注重整体推进和多方协作

整体而言，美国企业社会工作较为注重整体的推进以及多方的协作，其成熟的标志主要体现在：第一，专门的组织和专业人才保障；第二，较为清晰的服务内容，如咨询、企业改革、专项特别方案、相关研究等；第三，工作原则清晰，如对工作成效的掌握、直接服务的能力以及对转介服务的跟进；第四，注重服务对象、方法、成本和效益的量化；第五，社会工作教育界的参与推动和理论总结，包括课程设置、人才培养、理论研究和学术研讨等。

第二节　我国港台地区企业社会工作发展历程

在20世纪70年代前后，我国港台地区在借鉴西方发达国家企业社会工作发展的基础上，基于企业员工问题的日益突出化和复杂化，引入和发展了企业社会工作，这对中国大陆企业社会工作的建立与发展有着重要的借鉴意义。

一　香港企业社会工作的发展历程

香港企业社会工作主要源于劳工福利服务，就此可追溯到20世纪20年代，中华基督教会及基督教女青年会为当时的劳工阶层提供住宿服务和个人成长训练。但真正的企业社会工作则是在20世纪60年代末发展起来的。本书主要根据香港学者阮曾媛琪对香港企业社会工作的阶段划分进行介绍，分为工业社会工作、工厂社会工作和员工辅导服务三个阶段（阮曾媛琪，1994），如图2-2所示。

（一）萌芽与发展期（20世纪60年代末至80年代初）

香港企业社会工作服务是从民间社会服务机构开始的。20世纪60年代后期，香港就有一些社会服务机构和劳工组织开始尝试为工人提供专业服务，主要

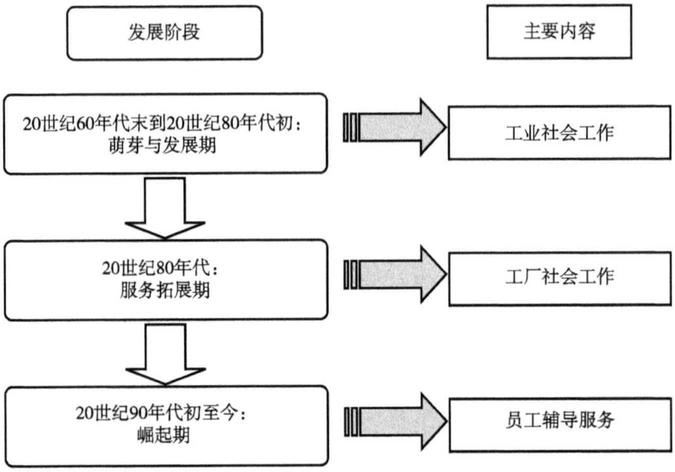

```
发展阶段                                    主要内容

20世纪60年代末到20世纪80年代初：
    萌芽与发展期               ──▶    工业社会工作
            │
            ▼
    20世纪80年代：
      服务拓展期               ──▶    工厂社会工作
            │
            ▼
   20世纪90年代初至今：
        崛起期                 ──▶    员工辅导服务
```

图 2-2　香港企业社会工作发展历程

是帮助工人解决他们面临的各种个人及群体问题。早期，香港工人的工作保障、业余生活和社会地位都比较欠缺，政府部门和工会组织对于这些问题也没有积极地介入，这样就使得有需要的工人没能得到适当的帮助和服务。源自民间力量的一些具有较强社会问题意识的宗教团体和民间服务机构，便开始尝试为工人们提供服务，这些服务的开展则成为香港企业社会工作的萌芽和起点。到了20世纪70年代，有了更多的民间社会服务机构参与到为工人提供服务的行列之中，在既有的服务中心内增加为工人设立的服务项目，这促使了当时工业社会工作服务对象和范围的扩大，服务内容也更加丰富。

工业社会工作开展的主要策略是将工人服务嵌入既有的社会服务体系之中，即以社区服务中心为主要载体为有需要的工人提供服务活动，并在获得认可的基础上吸引工人主动参与活动。这一阶段的服务较为广泛，包括劳工相关法律咨询服务、劳工教育倡导性活动、劳动权益维护以及要求改变劳工政策的工人运动等。其突出特点是工作目标较为明确，除了提供工人需要的各类服务外，重在开展工人的公民教育，并进一步巩固和提高工人的社会地位。

（二）服务拓展期（20世纪80年代）

香港企业社会工作的服务拓展期主要是把之前依托社区服务中心的服务模式延伸到工厂范围内，尝试探索以工厂为载体的服务模式，与企业合作推行相关服务，即企业社会工作的企业内模式。这一时期的香港企业社会工作得到了新的发展。一方面，它打破了原有以服务机构为中心载体的工业社会工作模式的限制，主动走进工人群体及其工作场所，拓展了服务范围，并开启了社会服务机构与企业的合作；另一方面，社会工作者通过工厂内服务的提供，有了对服务对象的工作环境以及企业管理模式的全面认识，一定程度上提高了专业服务的策略选择和有效性。

另外，当时的香港正处于经济高速发展时期，对劳动力有较大需求，很多企业尤其是劳动密集型企业出现了劳动力短缺的情况，这也促使企业不得不以增加员工工资和福利为砝码来减少工人流失率和吸引新员工的加入。企业基于自身利益，对工厂社会工作予以开放和接纳，并与社会服务机构一起在企业内为工人提供服务。

工厂社会工作服务模式的基本特点就是以企业和社会服务机构合作的方式，由社会服务机构聘用社会工作者并在企业内为员工提供服务。服务活动主要面对企业内的员工，在企业内开展，活动时间基本是午休时间或下班后，服务内容由企业代表和社会工作者共同策划，员工参与决策的机会非常少。这一服务模式也较容易遭受质疑，其中讨论最多的就是社会工作者的立场问题。

（三）崛起时期（20世纪90年代初至今）

20世纪90年代的香港，受到不少冲击和挑战，比如劳动力短缺、劳资关系紧张等。这些新老问题的集中出现对企业发展和员工需求的变化都带来了一些影响。因应外部环境的变化，香港企业社会工作也在服务内容和方法上实现了发展，一些敢于创新的社会服务机构拓展了一套协助员工个人及其家庭的服务计划，即"员工辅助计划"。该计划的核心目标是增强员工对企业的归属感、改进管理者与一线员工的关系以及提升员工的工作投入度和对企业的忠诚度。这一计划的实行也被看作是企业践行社会责任的具体表现。

员工辅导服务是一种新的企业社会工作方法，香港很多社会服务机构都开展了这项服务且内容十分全面。这些服务旨在提升员工的工作和生活品质，推动企业实行人性化管理。这些服务的设计和运作方案大都是由社会工作者提供，并可根据企业的特点和需求有针对性地进行，运作活动资金源于受益企业，主要用于社会工作者的工资、活动费用和行政费用等。员工辅导服务已不只是在工厂开展，还包括银行、酒店以及公共事业机构等。

企业社会工作在促进香港社会经济发展和缓解劳资矛盾方面发挥着较大作

用,其发展也逐步趋于多元化,但却一直未被香港政府列入政府资助领域。这与香港的公民社会基础和企业社会责任紧密相关。

二 台湾企业社会工作的发展历程

随着社会变迁而产生的复杂需求,历经半个世纪的发展,台湾企业社会工作愈发呈现多元化趋势,专业服务的内容和方式也更加丰富(沈黎,2009)。服务主体也逐渐多元化,更多企业与外部专业机构合作,进而扩展服务范围,提供更完整、全面的服务。其中,宗教团体和社会工作教育界的参与是台湾企业社会工作发展的重要推动力。

1958年,台湾天主教职工青年会提出促进青年劳工的人格发展的主张并引发社会对青年劳工的重视,这可以说是台湾地区企业社会工作的开端(De Vido,2006)。但台湾企业社会工作的专业发展则始于20世纪70年代,当时正处美国社会工作发展系统而强劲的阶段,在经历了民间回应期、政府推动期和整合服务期后,台湾企业社会工作发展已基本成熟,具体发展阶段如图2-3所示。

```
┌─────────────────────────────────┐
│ 20世纪60年代中期到20世纪70年代末: │
│           民间回应期              │
└─────────────────────────────────┘
                 ↓
┌─────────────────────────────────┐
│ 20世纪70年代末到20世纪90年代中期: │
│           政府推动期              │
└─────────────────────────────────┘
                 ↓
┌─────────────────────────────────┐
│      20世纪90年代中期至今:        │
│           整合服务期              │
└─────────────────────────────────┘
```

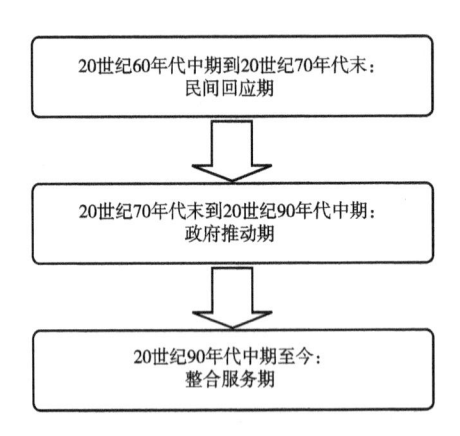

图 2-3 台湾企业社会工作发展历程

(一)民间回应期(20世纪60年代中期到20世纪70年代末)

这一阶段主要是企业和民间社会服务机构回应员工需求,协助他们解决工作或生活上的问题。主要得益于三方面力量:一是有些在台湾的美国企业援引美国企业社会工作的做法,设立企业社会服务机构并引入社会工作人员;二是一些宗教团体建立各种用于满足员工生理、心理和文化需求的团体;三是一批留学生将蓬勃发展的美国企业社会工作的理念和方法引入台湾(高钟,2007:78)。

1. 企业最先开启台湾企业社会工作服务

最早关注员工辅导议题的是台湾松下电器,它于 1972 年成立了"大姐姐协助组织"(Big Sisters),选任资深女性以搭建员工与管理者的桥梁,开启了台湾企业组织开展企业社会工作的开端。1974 年,美国设在台湾的"美国无线电公司"管理者考虑到企业年轻女工较多且集中居住在员工宿舍,她们如若休息不好将会影响工作,因此引入了美国企业社会工作的经验。在企业员工关系部下设了"生活辅导组"并组建了专业团队,除主任外,工作人员均为女性且多数具有专科以上的社会工作专业学历。其主要服务内容包括收集工人意见、培育宿舍领袖、举办各类比赛、开展个案辅导及设立大姐姐制度等。1976 年,东元电机公司设立"心桥信箱",协助员工解决生活与职务问题。此后,不少企业相继推行了不同的员工服务活动。

2. 社会服务机构的探索与推动

与此同时,台湾社会服务机构也关注和投入了对员工的服务。1974 年,"青年救国会"推动了一系列工厂青年活动,成为台湾地区第一个推动员工服务的民间社会服务机构。1977 年,在经过几年的工厂青年工作实践后,"青年救国会"下属的《张老师月刊》辅导研究组的人员走出办公室,积极了解工厂青年的需求并加强相关服务。1978 年,"青年救国会"总结出"加强推展工厂青年服务工作的服务要点",归纳出诸多服务原则,比如一般性教育、娱乐活动与专业性职业辅导工作并重,根据地区、工厂的不同需要安排活动等。

(二)政府推动期(20 世纪 70 年代末到 20 世纪 90 年代中期)

这一阶段政府部门积极参与,推出了一系列相关政策,并大力推广劳工辅导人员体系。同时,宗教团体和高等院校也积极参与推动企业社会工作发展。

1. 政府以制度建设推动企业社会工作发展

1978 年,台北县"社会局"社工科率先成立了"劳工辅导组",负责推行、检查企业社会工作,成为地方政府运用社会工作推行劳工服务的范例。1980 年,桃园与彰化两县设立"劳工服务组"。此后,在台湾各"社会局"的参与下,大量劳工服务组织成立。1980 年,台湾"行政院"青辅会甄选工厂辅导员,在对其进行职前训练之后将他们分发至各厂从事工厂辅导工作。1981 年,台湾明确将社会工作者的工作内容加入劳工服务中。随后各市县陆续成立劳工局(科)

开展相关劳工服务。

台湾还注重通过政策法令来大力推进劳工服务。1980年出台《加强劳工福利重点措施》，1981年出台《加强工厂青年服务要点》和《厂矿劳工辅导人员设置要点》，1982年出台《劳工辅导人员训练标准》，1988年出台《现阶段劳工政策纲要第一期执行方案》等。这一系列的政策法令大大地推动了企业社会工作的发展进程，其中《劳工辅导人员训练标准》分为专业课程和一般课程，包括劳工立法、劳工辅导原理、团体辅导、劳工职业调适、劳工休闲活动设计、领导与沟通、家庭生活计划等19个科目，48课时的培训课程实际上就是社会工作的系列培训，涉及个案工作、小组工作、社区工作三大服务方法，心理测验与咨询等系列技巧以及劳工政策与社会福利等内容。经过这样的系统训练，再加上之前的专业学习，"劳工辅导人员"已能够在企业中顺利推进社会工作服务。

2. 台湾宗教团队对企业社会工作的推动

这段时期，台湾宗教团体继续积极推动企业社会工作的实务和组织发展。20世纪80年代，"天主教职工青年会"已发展为5个分会、19个支会。其宗旨虽带有一定的宗教色彩，但大部分都是"助人自助"理念的具体化，体现了企业社会工作的目标。这些宗旨包括使青年职工相互认识、建立友谊，促使社会各界对青年职工的尊重和价值认可，坚持自助原则等。同时他们还开展多方面的服务活动，如生活检讨、专题讨论、休闲活动、困难救助等以满足青年职工的不同需求。

1983年创办的"怀仁职工青年中心"进一步拓展了服务项目，包括建立业余青年职工之家、技艺学习、成长团体、演讲与座谈会、劳工法律服务、图书借阅及郊游活动等。此时的服务内容已较为全面和完善。可以说，宗教团体对丰富和促进台湾地区企业社会工作发展起到了不可忽视的作用（高钟，2007：89~91）。

3. 台湾社会工作教育界对企业社会工作的推动

台湾社会工作教育界也积极发挥自身职能，在教材编定、人才培养和学术研究上推动了台湾企业社会工作的发展。

台湾的社会工作专业发展几乎同步于工业化发展。在早期阶段，台湾社会工作的发展一直困扰于"缺乏一套完整的、由自己编撰并取材于本土文化的基础教材"。在1978年美国、英国、德国、日本及中国台湾地区"社会工作教学方针比较学术研讨会"上，台湾教育界决定，"商请桂冠图书公司编印一套社会工作丛书"，共分七个子目，在第三个子目"社会工作实务"中，将工业社会工作列入其中。也就是说，在台湾社会工作起步发展阶段，企业社会工作就得到了教育界的重视。

之后，在台湾开设有社会工作专业的大学基本上都设置了工业社会工作课程，每年向社会和企业输送社会工作专业人才，为台湾企业社会工作发展提供了人才保障。同时，高等院校也积极发挥了其学术研究优势，为社工的发展提供理论支持，如辅仁大学设立了"工业社会工作咨询中心"，主要举办工业社会工作研讨会、出版《工业社工通讯》、提供咨询服务和开展企业社会工作研究。台湾社会工作教育界对企业社会工作的研究、倡导和支持也促使了台湾当局对企业社会工作发展的重视，比如促使政府举办"社会工作与劳工服务研讨会"，这些均有助于台湾企业社会工作的经验总结和理论提升。

（三）整合服务期（20世纪90年代中期至今）

本阶段也可称为纵深发展和系统化阶段。这一阶段主要由企业配合台湾劳工委员会积极推动，并且强调整合人力资源管理发展、劳资关系、员工心理辅导及员工协助方案的企业社会工作服务系统。

为应对社会经济的迅速发展以及劳工服务需求的不断变化，1994年台湾"行政院"劳工委员会将过去所推广的"劳工辅导"改名为"员工协助方案"，将原先着重于个人心理动力方面的工作内容扩展到员工的生活、家庭与社会适应，建立了整合型的企业社会工作模式。同时，有诸多学者投入企业社会工作研究，为台湾企业社会工作本土化知识的形成与积累做出了贡献。总之，这一阶段的台湾企业社会工作的视角从解决问题转为预防为主，服务内容也从狭义的劳工福利转为对整体需求的关注。

三 港台地区企业社会工作的发展经验

港台地区企业社会工作的发展历程是有规律可循的，对逐步形成和推进内地企业社会工作的发展模式有一定的借鉴意义。

一方面，港台企业社会工作较为注重发挥民间服务机构的专业价值，在港台企业社会工作发展过程中，民间社会服务机构都发挥了不可忽视的作用，甚至在早期的服务探索中往往要早于政府和企业。同时它们敢于创新，积极发挥自身优势，承接政府或企业购买的职工服务，根据实际需求制订服务方案，开展有效的服务。

另一方面，社会工作教育和研究在推动企业社会工作发展中起到了重要作用。港台地区的高等院校有开设企业社会工作相关课程、编写企业社会工作教材、举办企业社会工作研讨会，以及推动企业社会工作的专业实习与社会实践等。这都有助于推动企业社会工作的发展。

第三节　中国大陆企业社会工作发展历程

中国大陆企业社会工作的发展过程与经济体制改革、企业福利制度演变紧密相联。在计划经济时期，单位福利制是企业福利制度的主要表现。市场经济制度的建立冲击和瓦解了传统的单位制。社会转型时期，企业员工需求的变化向传统的服务理念和方法提出了挑战。因此在借鉴既有经验和国际经验的基础上，引入企业社会工作的理念和方法成为重要的选择。这对满足员工实际需求，破解企业发展困扰，实现劳资关系和谐都有着重要意义。

一　传统企业福利制度时期：单位福利制

一般认为，新中国成立后到1995年中共十四届五中全会期间，我国一直处于计划经济时代。这一时期，企业既是经济组织，也是社会组织，可以说是一个内含了经济功能和社会功能的微型社会。员工的需求基本都由企业包揽，以单位福利制度为基础的传统企业福利制度和工会组织在保障企业员工就业、生活及解决员工困难等方面发挥了重要作用。

（一）单位福利制

所谓"单位制"是指大多数社会成员都被国家组织到具体的、由国家建立的"单位组织"中，由这些单位组织给予他们行动的权利、身份和合法性，满足他们的各种需求，代表和维护他们的利益，当然也控制着他们的行为（李路路，1996）。在单位制下，国家的单位组织对人们社会生活的几乎所有方面都具有重要意义。

单位福利制度指的是劳动者作为单位（企业）员工，其在住房、医疗、养老和子女教育等方面的需求全部由所属单位（企业）承担，也就是说，员工的生老病死等一切事务都由单位包揽，这便是计划经济时代特有的单位福利制度。它包括了三个层面的意思：第一，单位福利制度是一种再分配机制，其目的在于保障成员获得资源的公平性，增强其归属感；第二，单位福利制度是一种结构性的福利制度，它为单位成员提供全方面、多层次的支持与服务；第三，单位福利制度是一个强大的安全网，身在其中的成员会有较强的安全感（史铁尔，2007）。

（二）单位福利制度的功能与局限

单位福利制度是特殊时期的产物，其在计划经济时代发挥了不可忽视的作用，当然也具有明显的局限性。

1. 单位福利制度的功能

单位福利制度最主要的功能在于国家依托单位（企业）对员工提供的家长式的全方位照顾和服务。它主要包括了三个基本要素，即终身就业（俗称"铁饭碗"）、平均主义（俗称"大饭锅"）和福利全包（岳经纶等，2009：156~157）。国家与员工之间本应是一种比较特殊的契约关系，但由于当时缺乏综合性的社会政策支持，因此企业员工的福利和服务全由单位负责提供，虽然当时企业所提供的福利水平较低，但它却是一种全面的、体现平等原则的福利制度。

单位福利制度可以说是一种具有中国本土特色的制度，并在一段时间内发挥过重要作用：其一，它促使了单位成员人际关系的和谐，并使成员得到了各种需求的基本满足；其二，它增强了单位成员的凝聚力与归属感。

2. 单位福利制度的局限

单位福利制度的局限性具体表现在以下方面：①福利水平还处于较低阶段。②缺少普适性。单位福利制度的依托是单位，而单位之间又是存在差异的，因此从本质上讲，单位福利制度是"小群体主义"的福利追求。③忽略了个体差异化需求。名义上，单位福利制度是企业向员工个人提供的基本福利照顾。但在实际中，福利的提供则主要从共性的、最基本的需求出发，而较少考虑个体需求的差异性。

二 企业员工福利与服务的传统组织形态：工会组织

工会组织曾经在我国早期的政治运动与社会运动中发挥了重要作用，而作为企业员工的共同体，其在过去和当前的企业员工服务中都起到了一定的作用。但是我国工会组织的职能和作用在实然与应然两种状态下存在较大差异，工会服务亟须进行改革创新。

1. 工会的性质定位及社会职能

《中国工会章程》规定："中国工会是中国共产党领导的职工自愿结合的工人

阶级群众组织。是党联系职工群众的桥梁和纽带，是国家政权的重要社会支柱，是会员和职工权益的代表。主要职责是：维护职工合法权益和民主权利；动员和组织职工积极参加建设和改革，完成经济和社会发展任务；代表和组织职工参与国家和社会事务管理，参与企业、事业和机关的民主管理；教育职工不断提高思想道德素质和科学文化素质，建设有理想、有道德、有文化、有纪律的职工队伍。"简单地说，中国工会的四大职能即维护职能、建设职能、参与职能和教育职能。

2. 工会在企业中的福利功能

工会作为企业员工服务活动的组织者，扮演了企业福利的监督者和实施者的双重角色。也就是说，一方面它要以维护员工合法权益的立场代表企业员工向企业提出合理性的福利要求，对企业在员工福利方面的做法和行为提供意见和建议；另一方面，工会又是一个服务载体，需要关注企业员工在生产安全、社会保障、女工特殊保护、休闲娱乐等方面的需求并为之提供服务。因此，在一定意义上，工会工作者还承担了福利工作者的角色。

3. 工会工作的困局与突破

工会工作的变化与企业管理体制的变化紧密相连。随着单位福利制度的消失，工会工作面临着巨大的挑战：其一，工会工作的方式方法有待专业化。工会原有的工作方法有一部分还具有一定的价值，但是在内容和方法上都没能因应社会发展和员工需求的变化而进行创新；其二，企业工会是非生产部门，因此它在企业中的地位和作用往往不被重视，很难实现其工作目标；其三，我国工会组织的行政化色彩浓厚，缺少员工的参与以及需求为本的工作方法，工会队伍也亟须专业化和职业化。

三 社会转型时期的抉择：企业社会工作的专业发展

我国正处于社会发展的重要转型期，面临着诸多问题，劳资矛盾就是其中的重要内容之一。当前，我国企业社会工作已开始进入专业化发展阶段。

（一）社会转型期的新问题和新需求

我国正处于社会转型的关键时期，面临着较大的挑战，包括企业转制带来的新问题，劳动关系呈现的新变化以及城镇化过程中农民工及其子女问题等。

1. 社会转型下的员工问题和需求

从服务介入的层面看，转型时期的新问题和新需求主要表现在以下几个方面。

（1）企业员工的合法权益得不到有效保障。目前我国大部分企业，尤其是劳动密集型企业，都在不同程度上存在着工资低、劳动强度大、工作时间长等问题。企业在追求经济利益的过程中忽略了企业员工的合法权益，而员工自身维护权益的成本比较高，再加上相关法律法规的不完善，最终造成劳动权益难以得到保障的局面。

（2）企业员工流失率较高。员工流失已经成为企业的一种常态现象，尤其是在劳动密集型企业。这一问题是由多种因素造成的，包括企业人性化管理缺失、基本的工作条件得不到保障、员工业余生活单调等。

（3）员工心理和情绪问题日益突出。当前的企业员工不仅面临着工作上的压力，而且生活和家庭方面的压力也较为突出，可能因此产生一些负面情绪；比如无聊、焦虑、烦躁甚至厌世轻生等。这无疑会直接影响到员工正常的工作和生活，当然也会对企业生产造成影响。

（4）企业员工需求层次提升，呈现多元化、个性化特点。当前，企业员工的文化程度、公民意识都在不断提升，他们对服务需求提出了更多更高的要求，这就需要企业社会工作的介入和开拓创新。

2. 农民工及其子女问题

农民工作为一个新兴阶层已成为我国产业大军中一支不可或缺的力量，农民工及其子女问题是当前社会转型期和城镇化建设过程中的最重要的问题（卢磊，2014）。他们理应成为我国企业社会工作的主要服务群体。

据国家统计局调查，2011年《我国农民工调查监测报告》显示，农民工总量达到25278万人，其中外出农民工15863万人，广泛分布于各个地区和就业领域。2013年全国妇联发布的《我国农村留守儿童、城乡流动儿童状况研究报告》显示，流动儿童规模达到3581万并持续增长。随着社会经济的发展和相关政策的鼓励，农民工流动逐渐呈现家庭式迁移的特点，并不断涌现出新问题和新需求且趋于复杂化、多元化。这种新的问题和需求涉及社会保障、文化娱乐、子女教育、人际关系、心理疏导、社会融入等多方面。同时，他们的受教育程度和公民意识均在不断提升。上述的种种变化迫切要求政府、企业和社会组织为农民工及其子女提供实质性的政策支持和福利服务（民政部社会工作司，2010：2）。

中国大陆企业社会工作快速发展的标志性背景事件就是2010年的"富士康跳楼事件"，跳楼者都是新生代农民工。这一事件直接警醒企业管理者和有关政府部门要积极主动地回应农民工的实际问题和需求，因而成为我国企业社会工作发展的重要契机。

（二）企业社会工作的实践模式探索

1. 厂内模式

2000年，裕元公司迫于不良用工事件，聘请了具有社会工作专业背景的专门人才作为其部门主管经理，开始探索以社会工作方法来推动企业社会责任的实施。2002年4月，该公司成立了员工活动中心，内设3名全职工作人员并组织了大量志愿者。同时，还建有图书馆、温心驿站等社会责任部门。

2. 社区模式

2009年开始，珠海市协作者社会工作教育推广中心立足于并依托工业园区为企业员工和社区居民提供社会工作服务，强调企业员工作为"社会人"的理念。服务内容包括紧急援助、权益维护、情感关怀、心理疏导、文化娱乐、社区融入及志愿者培育等多方面。

3. 项目嵌入模式

2008年，针对金融危机对深圳企业造成的巨大冲击，深圳市政府部门购买了温馨社会工作服务中心组织策划的"风雨同舟——企业社会工作"计划，以项目运作的方式提供了一系列企业社会工作服务。另外，企业资助社会服务机构开展员工服务项目也成为企业承担社会责任的新途径。

（三）企业社会工作的研究与教育

中国社会工作教育协会在我国企业社会工作发展中发挥了示范和推动作用，对我国企业社会工作的相关研究和培训教育工作做出了重要贡献。

2004年12月，周沛在"中国社会工作教育协会成立十周年庆典暨社会工作发展策略高级研讨会"上，做了以"一项迫切而有价值的社会工作介入手法——企业社会工作的推进与展望"为主题的演讲，率先在国内提出了"企业社会工作"概念。2005年8月，中国社会工作教育协会年会在北京举办了"社会工作与职场：工业社会工作实务高级培训班"，直接使一些研究者和高校社会工作院系开始关注企业社会工作领域。2007年，我国第一本企业社会工作教材《企业社会工作概论》问世，为高校企业社会工作教学提供了指导。近年来，全国设立企业社会工作课程的院校逐渐增多，企业社会工作领域已成为社会工作专业实习和就业的重要选择。

（四）政府对企业社会工作的推动

政府部门在推进企业社会工作发展的过程中主要发挥了以下两方面的重要作

用：一是支持社会工作的政策研究；二是举办学术研讨会，发挥了一定的引导作用。

《关于加强社会工作专业人才队伍建设的意见》和《社会工作专业人才队伍建设中长期规划（2011~2020年）》等政策文件的陆续出台，力促我国社会工作迎来了制度化建设时代（邹学银、卢磊，2013：41）。这为我国企业社会工作的发展提供了制度保障。2013年7月底，民政部下发了《民政部关于开展企业社会工作试点工作的通知》，确定18个地区和80个单位为民政部首批企业社会工作试点地区和单位。此外，深圳市民政局和民政部也分别在2011年、2013年主办了两次企业社会工作研讨会。总而言之，政府对企业社会工作的参与和重视有助于企业社会工作更大范围的发展。

第四节　我国企业社会工作发展趋势

一　我国企业社会工作的发展模式和路径

国外发达国家和地区的企业社会工作发展模式和路径选择为我国发展企业社会工作提供了借鉴，同时我国企业社会工作在实践中也形成了不同的发展模式，它们各有优势和局限，因此有必要将国际经验与本地实践结合起来。

（一）企业社会工作发展模式的选择

当前，我国企业社会工作已经发展出不同的实务模式，对于服务模式的选择可以说是个原则性问题，具体而言，应遵循本土性、特殊性及需求导向的基本原则。单一的最好模式并不存在，只要是适合当地的实际情况就是最好的。但同时，整体上也应在全国或地区统筹层面对企业社会工作实务模式有较好的把握。

我国企业社会工作的实务运作模式的未来趋势应是"企业社会工作的社区综合发展"新模式，即政府出资建立企业社会工作综合服务中心，之后委托民间社工机构进行具体运作，通过整合社区不同层面的资源，为企业及员工提供专业服务（李晓凤，2011）。

（二）企业社会工作的发展路径

企业社会工作的发展既要嵌入既有的服务体系，也应另辟新径积累新经验。

1. 以工会为依托开展社会工作：体制内的更新

工会是我国较为传统和成熟的群团组织，有比较系统的组织体系，并且广泛分布在不同类型和不同领域的企业中。但是，工会如要获得企业员工的拥护和支持，还须尽快引入专业的社会工作及价值理念，坚持人文关怀和需求导向的原则，并结合实际在工作中进行创新，这也是符合我国国情的本土化企业社会工作的发展路径（王晓慧，2011）。

企业工会引入社会工作还是一个新课题，因此发展过程中注定会充满困难和曲折，但作为一个新的发展方向，可以首先在有较好意愿和基础的地区或企业进行试点探索，逐步积累发展经验。具体可行的参考做法有开展不同层面的企业社会工作培训、在工会组织内设置社会工作者岗位等，并要紧紧围绕工会社会工作人才队伍建设这一核心。

2. 企业福利责任的承担：体制外的探索

从福利发展的角度来看，企业在现代社会福利体系中应承担起对员工的福利和服务责任，这是企业社会责任的重要构成。进一步而言，如要实现企业员工福利和服务的供给专业化，就需要引入企业社会工作。目前在我国比较普遍的做法有：一是在企业内设立社会工作服务部门或者在企业社会责任部门、人力资源部门设置社会工作专业岗位；二是以购买服务或专项资助的方式委托具有专业资质的社会服务机构运作；三是引入政府力量，争取政府政策和资金的配套，实现企业、政府与社会服务机构的三方联动。

二 我国企业社会工作的发展策略

根据国内外发展经验，要实现企业社会工作的持续发展，需要整合政府部门、企业、民间社会服务机构及社会工作教育界的优势与力量。具体内容如下所述。

（一）政府应完善企业社会工作相关政策法规，加强福利监管力度

制度建设是企业社会工作可持续发展的最重要保障。具体可以从以下三个方面入手：一是注重企业社会工作的试点工作，并结合实践经验，研究和建立企业社会工作制度；二是健全劳动者相关的法律法规和制度政策，及时修订、出台劳动政策法规，强化企业员工的福利要求；三是将监督管理环节与政策制定环节紧扣在一起，加大对企业的监管力度，保障企业员工基本权益。

（二）企业应主动履行社会责任，倡导人文关怀的企业文化

企业社会责任已成为我国企业发展的重要内容，并成为社会公众评价企业形象的重要参考。具体而言，企业一方面应扭转过去只顾企业发展而忽略员工发展

的现状，通过聘用社会工作者或委托给社会服务机构的方式向员工提供多元化服务；二是统合企业价值和社会工作价值，积极倡导人文关怀的企业文化和人性化的企业管理，追求并实现企业与员工发展的双赢目标。

（三）注重民间力量的参与，充分发挥民间机构的创新性和专业性

民间社会服务机构作为第三方参与了企业社会工作发展，能够充分发挥其自身专业力量和创新优势，一定程度上弥补了政府和企业的不足，并与政府、企业形成既相互协作又相互制约的关系，从而有助于企业社会工作的发展。此外，社会组织的草根性和本土性对于探索我国企业社会工作的本土化也具有重要价值和意义。

（四）以培养专业人才为本，丰富相关研究成果

我国当前社会工作的发展是以社会工作专业人才队伍建设为主线，把人才作为专业发展的根本（邹学银、卢磊，2013：24）。因此，企业社会工作的发展同样也不例外，需要以人才培养为根本。其中，专业人才来源有两个重要途径：一是在既有的工会系统内对工会工作者开展社会工作的系统专业培训，从而使其转化为一名合格的企业社会工作者；二是从社会工作毕业生中进行选拔与培养，引导他们到企业社会工作领域工作。

此外，在社会工作教育方面，需要注重开发具有本土特色的企业社会工作教材。社会工作教育界和研究界应始终保持与一线企业社会工作者的紧密联系，组织召开企业社会工作相关研讨会，及时有效地总结企业社会工作发展的经验，并做好研究成果的转化工作。

第三章　企业社会工作的理论基础

社会工作是一门以提供实务服务为主要内容的专业，因此，实务操作之技术或技巧的训练自然是社会工作的重要学习课程。不过，相关理论知识或视角的学习与训练也是必不可少的，因为实务的开展必须以理论分析为前提，后者为前者提供了对服务对象问题性质的理解和判断依据，并为可能的介入方法和途径的选择提供指导。脱离了理论的指导，实务工作的开展很可能抓不住问题之要害，从而难以获得实质效果。本章即主要介绍企业社会工作实务开展中可供借鉴的相关理论。

第一节　企业社会工作理论概述

在这一节中，我们将从现有的各种人文社会科学理论中，选择一些相对来说与企业社会工作联系较为紧密的理论，并将它们整合成一个相对完整的、逻辑一致的理论框架，从而为企业社会工作的实务开展提供较为系统的理论指导。

一　企业社会工作及企业社会工作理论

企业社会工作主要是指在企业中开展的社会工作，而企业社会工作理论自然是指对上述工作进行指导的相关理论。从一般意义上来说，企业社会工作是为企业及其员工提供的专业服务，来帮助企业协调好内部社会关系以及与外部环境的社会关系，从而使企业得到更好的发展，能够为企业内部的成员或外部的环境提供更好的福利。换言之，企业社会工作的服务对象应该包括企业中每一个成员，从普通员工到各层管理者，乃至到企业主，同时还应兼顾企业与外部环境交往时可能涉及的相关对象。对于服务对象的这一界定也符合社会工作的价值理念，因为在价值理念上社会工作将社会中每一个成员的福祉提升作为最终目标。但是，如果按照这种带有终极关怀或价值色彩的服务理念来开展企业社会工作的话，那么就会发现企业社会工作会显得过于宽泛，并且会对各种资源产生巨大需求，难以设想，在当今社会资源并不充裕的情况下去实现社会工作的这种终极价值理念。所以，我们还是应该根据更为切实的现实目标来确立企业社会工作的服务对象。

结合中国的现实情况，我们认为，企业社会工作主要以企业员工（尤其是普通员工）为主要服务对象，通过运用专业的知识和技能，来帮助他们诊断社会问题，并通过发现、挖掘、协调和整合现有的可能资源，来协助他们尽可能地解决问题，或改善他们的工作和生活处境。此外，考虑到企业社会工作的特殊性，因此，在开展上述工作时，必须将个人的问题或需求、企业的经营和管理、行业/区域领域中的问题和条件，以及国家的综合治理目标结合起来，最终落实到企业层面来实现员工的福祉，并兼顾企业、行业/区域及国家的整体利益和长远利益。在这一界定范围下，所谓的企业社会工作理论，自然是指那些有助于企业社会工作者针对企业员工进行问题分析和资源整合的相关理论。

二 企业社会工作的理论体系建构

尽管我们已经将企业社会工作的主要服务对象限定为员工，但是与企业员工相关的理论也是非常庞杂，在理论取舍标准上，一方面要以员工作为核心对象，但另一方面也必须结合企业、行业/区域、国家等多方视角或利益。具体来说，我们认为应该从四个方面来进行理论体系的建构。

（一）员工作为社会成员的相关理论

任何员工首先都是社会中的成员或个体，有着一些共性的问题和需求，在众多针对个体的人性、问题和需求的理论中，我们主要选择了马斯洛的需求层次理论，因为该理论较为全面且系统地阐述了人的需求结构以及内部不同层次间的关系，而且与企业员工的个人需求、问题和发展具有较强的相关性。

（二）员工作为企业成员的相关理论

员工的问题及其需求的满足，始终与企业具有密切关联，特别是考虑到当前中国劳资关系紧张的局势基本上都是在企业层面发生的这一事实，所以我们需要了解从企业的角度来看，员工究竟处于何种位置并扮演了何种角色，以及这种角色和位置对于企业未来的发展又具有何种意义。如此我们才可能了解为解决员工问题和满足他们的需求，企业可能会提供何种帮助与服务。

（三）员工作为工业关系成员的相关理论

员工与雇主的交往既在企业中进行，也直接或间接地发生在工业关系领域中，即员工群体（往往是工会）为一方，雇主群体为另一方。双方群体的集体协商和谈判，为员工在企业中的经济和社会处境，提供了一定程度的基本保障，因此我们理解员工问题和解决他们的需求时，也必须考虑他们身处其中的工业关系结构。

（四）员工作为国家成员的相关理论

任何员工都是国家的成员或公民，因此员工与雇主的关系或者员工在企业中的待遇，与国家的相关法律法规、政策条例及其执行状况密切关联。而且员工与国家之间的关系，看似无关紧要，但却会从根本上影响或决定工业或企业内部的劳资关系。

接下来，我们将以员工作为核心服务对象，分别从以上四个方面来阐述相关理论，以建构起一个企业社会工作理论的理论体系。

第二节 企业社会工作的理论体系

一 员工作为社会成员的相关理论

企业员工，首先是一个普通的社会成员，他们在一定程度上有着相似的需求结构。美国著名的人本主义心理学家马斯洛（Abraham Harold Maslow, 1908 – 1970）对这种需求结构给出了较为全面且系统的阐述。具体来说，马斯洛将人的需求区分为五个层次。

（1）生理的需求：这是人类最基本的生存需求，也就是人们常说的衣食住行等，它们的功能就是维系自我的生存和种族的繁衍。生理需求是人类行动的基本前提，也是最原初的动力，在企业工作领域，最典型的生理需求表现为对工资报酬的渴求。只有当这些需求得到满足之后，人类才可能在此基础上发展出新的需求。

（2）安全的需求：简单说就是人类需要得到保护，免受危险或威胁，从而能够获得安全感。从企业工作领域来说，人类的安全需要就表现为能够免于工作场所中可能存在的危险环境,避免职业病的发生,这就需要在工作场所做好职业健康安全保护工作,尽量使员工减少或远离各种可能危险。

(3) 归属与爱的需求:指人类有被他人接纳、爱护、关心、关注、鼓励和支持等需求。所谓归属感就是人们能够找到一个或多个群体让自己得到感情上的归属和认同,能够被接纳为其中的成员,并获得相互的关心和照顾,这也就是所谓的爱的需要,即每个人都希望自己能够得到他人的爱和接纳。这些已经是一种情感上的需求,因此是比较细腻和复杂的,而且每个人因为各自的特性不同从而对这些情感的需求有程度或性质上的区别。在企业中,员工中形成的非正式群体就是非常重要的归属群体。

(4) 自我尊重的需求:即每个人都有获得并维护自身尊严或自尊心的需求,可以表现为获得体面的工作、稳定的社会地位和周围他人的承认和赞扬。这里既包括个人的自我评价,即觉得自己能够胜任所担负的工作,具有自信心、独立自主,也包括他人对自己的评价,其实每个人都会在不同程度上在意他人对自己的看法。

(5) 自我实现的需求:这在马斯洛看来,是人类的最高层次的需求,主要是指实现个人理想、抱负,将自我潜能发挥到最大程度,完成与自己能力相称的事业的需求。这是一种在物质和精神领域达到完美结合的境界。一些对工作场所进行研究的人员指出,工作的自主性和工作与个人能力的匹配程度等,是一种非常重要的、区别于金钱且不亚于金钱的激励因素,这其中的道理就在于它能够满足人们自我实现的需求。

马斯洛不仅区分了人类的这五种主要需求,而且对它们进行了整合,建立起一种内在的结构或秩序。这种内在的结构或秩序可概括为以下五点。

(1) 五种需求就像阶梯一样,是从低到高逐步进阶的。通常来说,某一层次的需求得到满足之后,人们就会向更高层次的需求发展,由此构成了人们行动的动力或动机,而已经得到满足的需求就变得相对不那么重要了。

(2) 尽管通常的情况下是只有满足了前一层次的需求,后一层次的需求才会得以凸显,但这并不构成一种固定的、必然的秩序,现实中也会出现一些特殊情况,如人们可能会为了追求自我实现或爱的需求,而舍弃了安全需求的满足。

(3) 五种需求可分为两级,其中生理的需求、安全的需求和归属与爱的需求都属于低一级的需求,这些需求通过外部条件就可以得到满足;而自我尊重的需求和自我实现的需求则是更高一级的需求,它们只有通过内部因素才能得到满足，而且相对来说，前一组需求是具有限度的，而后一组需求则相对无限度，能够不断的升级，从而更具有推动人们行动的激励作用。

（4）每个人都有这些需求，但是在不同时期，通常会有某一种需求占据主导地位，对人的行为产生决定作用，但任何一种需求都不会因为更高层次需求的发展而消失，只是对行动的影响会有所降低，因此可以说，它们之间构成了一种相互依赖和重叠的关系。

（5）不同国家或社会有不同的需求层级结构，这与各国在经济、科技、文化和教育等方面的发展程度直接相关。在不发达国家，生理的需求和安全的需求可能是重要问题，相对应的，在发达国家，自我尊重的需求和自我实现的需求可能占据更重要的地位。

二 员工作为企业成员的相关理论

当社会个体进入企业成为企业成员即员工之后，企业与员工之间的关系，就会直接影响上述员工需求结构的满足。换言之。当前员工中存在的各种问题或困难，虽然不能全都归结于企业，但在很大程度上，它会受到企业与员工的关系及其定位的影响。因此，我们需要了解企业如何看待自己的员工，以及这种态度又是如何发生变化的。有研究者曾以非常简洁的方式概括了企业或雇主对员工角色定位的五个阶段性变化（Dobbin & Sutton, 1993），结合这一划分方式，我们将在下文中细致阐述各个阶段中员工的基本处境以及企业社会工作的可能性。

第一个阶段即近代工业化以来直到20世纪初期，企业或雇主将员工看作是一种达尔文式的"动机系统"，即工人的行为动机就是由当下的奖励和惩罚构成，即类似于"刺激—反应"式的机械行为模式。在这种认识下，雇主认为最好的管理方式就是"萝卜加大棒"政策，而由于在工业化初期，大量破产农民与手工业者涌入城市，为自由劳动力市场中提供了充足的劳动力，因此这种"萝卜加大棒"政策往往更多地偏向"大棒"的方式。在生存饥饿的驱使下，以及过剩劳动力的竞争压力下，资本家能够通过强制或胁迫的方式来不断延长工作时间和加强劳动强度，而且在劳动条件和卫生健康方面也完全不顾工人的死活。任何难以承受此种生产要求的工人，随时会被资本家驱逐出工厂，而被其他工人所替代，可以说工人完全就是一种随时可以被替换的生产要素（即劳动要素），他们只能在最基本的生理需求上苟延残喘，从这个意义上看，这一时期并不存在所谓的企业社会工作的可能性，因为所有工人问题都被排除在企业之外，企业根本不需要对他们开展所谓的社会工作服务。

第二阶段则是到了 20 世纪初期，企业或雇主对员工的看法稍微有些变化，不过这种变化并没有在人性预设上有实质性的改善，即仍然将员工看作是生产要素，仍然是建立在胁迫和失业威胁基础上来对他们进行管理。这其中的变化，只不过是资本家及其代理人（管理者们）发现，劳动要素内部的参差不齐可能影响企业的生产效率，特别是在机器被大规模引入工厂的生产流程中后，员工的工作方法和程序，日益成为影响机器效率的重要因素，因此，资本家和管理者开始寻求一种标准化的、程序化的方式对劳动力进行科学管理。正是在此时，美国工程师 F. W. 泰勒（1856~1915）倡导了一种新型的工业管理方法，其目标及方式就是要使作业标准化、规范化，从而提高生产效率，因为它强调使用科学方法对作业流程和分配进行管理，所以又被称为科学管理。基于这种管理理念中，员工被看作是一台大的生产机器中的一个自私自利取向的零部件，因此工厂的效率取决于管理者如何配置这些零部件，以配合机器的运作。

与现在人们的"偏见"相反，泰勒的科学管理并非没有考虑过"人"的因素，反而非常注重人际关系。在这方面，泰勒还特别强调，"任何一种管理制度，不管多么好都不应死板的加以运用，在雇主和工人之间应该经常保持良好的人事关系……如果雇主在检查工作时戴手套，从来不让他的手或衣服弄脏，而在同工人谈话时又摆出一副救世主的样子，或者根本就不同工人谈话，那么这样的雇主就无法了解工人的真实思想或感情……每一个工人都应有机会自由发表意见，并且把他的意见向雇主们讲清楚，这是一个安全阀。如果监工是讲道理的人，并以尊重的态度听取和处理工人发表的意见的话，那么工人就没有任何理由成立工会或举行罢工……工人们所需要的或者器重的与其说是大量的施舍，倒不如说是人的友爱和同情，友爱和同情是可以使劳资之间建立友好感情的纽带……受到公平对待的感情一般来说会使工人们更为果断、直率和诚实。他们工作时将更加愉快，相互之间以及同雇主的关系也会更加亲切"（雷恩，1997：172）。但是，现实的发展却与泰勒本人与他创造的泰勒制或科学管理理论发生了"分裂"，企业雇主和管理者们只看到了科学管理能带来效率的增加，而完全忽略了泰勒强调的"心理革命"，这也就造成了泰勒制后来的"恶名"！总而言之，在第二个阶段，员工在企业中其实仍然是一种可以随时替换的生产要素，如果不能得以科学的改造，那么就只能被淘汰出企业。在这个意义上，我们仍然可以说，这里不存在企业社会工作的可能性，因为员工问题仍被排斥在企业之外。

第三个阶段紧随泰勒制或科学管理其后出现，即20世纪20~30年代，其中的标志性事件即当时非常著名的霍桑实验。它原本是在科学管理的逻辑指导下，试图证明和推广科学管理的，但是在长达8年的实验中，研究者们发现了一些以往可能并没有发现或未得到重视的社会规律（郭咸纲，1999：164~172），即科学管理中有关人性的假定（"经济人"假设）与事实认可存在偏差，更准确地讲，应该将人看作是"社会人"，这不仅是指在需求上他们除了有经济或物质需求，还有诸如尊重和荣誉等社会需求，而且还指人们的行动是受社会关系的制约或推动的，所以他们会特别重视在工业关系中所产生的一些非正式群体的力量。之后，在霍桑实验的基础上，梅耶等人提出了与当时居主导地位的科学管理学派相对的人际关系学派。人际关系学派的重要意义在于，它告诉我们在研究企业组织现象时，不能只看物化的组织结构，如资源的分配、组织的正式等级制度，也要看它的非正式组织（群体）结构，即谁与谁在一起、同事间的关系怎样（周雪光，2003：18）。由此，企业对工人角色的理解开始发生一些实质性的变化，即工人不再被简单地看作是一种随时可以被替代的生产要素，而认为他们对企业的忠诚和情感认同对于企业的生产经营来说具有非常重要的意义：这促使企业主及管理者们开始关注如何避免在企业中出现不利于正式的生产结构及运行的非正式因素，与此同时，企业主开始逐步采取一种家长制式的管理策略，即通过给予工人恩惠来换取工人的忠诚，并让他们远离各种不利于企业生产经营的非正式群体，尤其是工会。

第四个阶段则是随着资本主义进入组织化阶段（Gerber，1988），即工业领域中劳资双方都发展出了自身的社会组织（工会、雇主协会等）。这时，传统的劳资关系理念开始发生重要变化，即最初劳资关系只是被看作是工人个体与雇主之间的个体化的自由契约，工人的工作报酬、福利和劳动条件等，都是以个体化的方式在工人与雇主之间达成，但到了这一阶段，这种个体化的劳动契约的局限性已经凸显，取而代之的是劳资双方集体协商或谈判的方式，以此达成的集体合同或契约开始成为规定工资、工时和劳动条件的重要方式。因此，企业社会工作者在思考员工问题时，就不能将视野仅局限于企业内部的条件或结构，还应该将对员工的认识纳入一个更为宏观的工业关系或产业关系领域中，并且将工人群体看作是与企业存在利益冲突的群体，然后在这种群体关系中来寻找问题分析可能的切入点。当然，这就要借助相关的工业关系或产业关系理论，后面我们还会做更进一步的阐述。

第五个阶段则是以近些年来较为时兴的人力资本理论为标志，可以说人力资本理论在一定程度上开启了一个新的劳资关系时代。因为在此之前，员工在企业中始终是劳动力的所有者身份，只享有劳动力在市场中的价格，即工资，作为自己从企业中获取收益的凭据，这在第一、第二两个阶段表现得最为充分，甚至员工被降低为一种生产要素或机器部件，而不是一个具有自身需求的人；而即使到了第三和第四两个阶段，员工在企业中或许会获得超出自己工资部分的一些奖金或福利，但是上述问题仍然没有在实质上发生改变，即员工仍然只能凭据劳动力的市场价格来获取自己的收入，而其中的奖金或福利，或者工资收入的增加，只不过是企业出于恩惠的考虑，或者是集体谈判过程中达成的工资和福利水平的结果。但是，人力资本理论的提出，则彻底改变了上述的传统利益分配格局，即资本（家）得利润、劳动（者）得工资，而是将员工的劳动也当作是一种非物质性的资本，从而与资金、设备等物质并列，这也就意味着员工可获得利润的分享。换言之，人力资本理论的提出，意味着员工一方面作为劳动力的所有者，应该享有自己劳动收入（工资），另一方面，作为人力资本所有者（和投资者），同时应该参与企业利润的分享，这彻底改变了传统的利益分配模式，由此产生一种利润分享型的劳资关系理念。

此外，人力资本理论的提出，也使企业和员工双方意识到，人力资本是需要像其他资本一样，不断进行投资的，以增强这种非物质性资本的未来利润回报率。由此，员工也就不再是简单地像原材料或设备那样的生产要素了，而是能够不断自我发展、自我增值的资本。同时，他们也不再被看作是一种目光短浅的、只注重当前利益的、狭隘的个体，而是一个有着职业发展愿望、寻求职业流动的，以便实现自我的个体。在这种新的理念之下，工业关系和管理模式也发生了非常重要的变化，诸如内部劳动力市场、职业培训和职业规划、申诉程序等一系列针对员工个体的尊严、发展和荣誉等制度设置开始出现。在这个过程中，企业与员工都成为人力资本的投资者，并共同分享人力资本投资带来的未来高收益。

三 员工作为工业关系成员的相关理论

员工与企业或雇主之间的关系往往被称为工业关系或劳资（动）关系，如何对劳资关系进行协调和治理，在西方有着不同的理论传统，这些理论都可以作为企业社会工作的重要参考。大体来说，西方有关工业关系的理论视角主要包括如下五个（Gospel and Palmer, 1993: 11-33）。

1. 一元主义视角（unitarist perspective）

这种理论视角因为它的几个预设都具有"一元性"，从而被冠以"一元主义"名称：首先，该理论预设了企业内部或工业关系内部的利益或目标的一元性，即认为劳资各方具有一致的利益和目标，即"把蛋糕做大"；其次，该理论预设了关系的一元性，即合作关系是一种自然的秩序，这是由利益一元性所决定的；最后，该理论预设了权威的一元性，认为雇主或管理者在企业中具有唯一的权威性和中心地位，他们的行动决策具有自然的正当性，认为只有他们才能无偏、客观、理性地认清大家的共同利益以及为达成此共同利益的手段。

在这种理论视角下，利益的分歧以及由此产生的冲突，都被认为是不正常的，是偏离了自然秩序的，可以看作是一种"病态"或"病症"，因而需要予以矫治。而这些"病症"的原因，则是来源于员工的各种偏差（deviance），即认为员工在个性、信念、情绪、认知、价值、情感等各方面的干扰，导致了他们在企业中表现出了"病态"的动机、态度和行为，从而影响到企业内部的正常制度安排和运行。因此，企业或工业关系的管理，就在于如何设计更好的管理技术，对这些"病态"现象进行诊断、矫治，让员工"正确"认识自己的问题并纠正这些"病态"想法和行为，从而最终使关系恢复到常态。

这种理论视角包括了早期的泰勒制或科学管理、人际关系学派，以及后来出现的各种人力资源管理理论，它们在实质上都认同了工业关系的一元主义，而强调对各种偏差或病症进行纠正或治疗。

当然，这种一元主义理论视角遭遇了很多批评和挑战，众多批评者们认为，工业关系中的利益一致论是错误的，现实中的雇主和员工不仅存在利益上的分歧和矛盾，而且具有一定的正当性。所以，问题的关键不在于如何去压制冲突，而是如何去协调冲突，让冲突被控制在一定限度之内，从而使劳资双方都尽可能地降低损失。

2. 自由－个体主义视角（liberal individualism）

此理论视角与一元主义视角有一些相似之处，即都认为企业组织最好应由拥有技术和知识的雇主或其代理人来经营管理，但与之不同的是，它承认劳资之间存在经济利益的冲突。换言之，劳资利益冲突是一种常态而非病态的现象，所以问题的关键是在承认此冲突的前提下，如何对这种冲突进行协调和管理。

在协调原则上，此理论视角强调个体性契约的方式，即由市场力量和普通法法则引导。也就是说，经济利益上的冲突，应该由那些自由进入竞争性市场中的人们通过个体性契约协调解决,任何一种买方或卖方形成的联合都会降低市场竞争,扰乱自由市场机制这只"看不见的手"的正常运作。所以,该理论视角强调"自由主义"和"个体主义":"自由"是指这种协商是不需要国家或其他因素的强制干预而自由达成的,"个体"是指避免诸如压力群体、垄断或联合等带来的干扰。

简言之,这种理论视角从两方面确立了劳资利益冲突解决的原则:首先是在市场方面,强调竞争市场中存在一种决定劳动力公平价格的力量,并且能够自主实现生产和分配的最佳效率,而联合垄断等形式则会扰乱此机制;其次是在道德方面,认为联合或垄断等形式会因过于强大的集中化权力而使他人受到胁迫,从而影响其平等权利的享有。

当然,这种自由-个体主义的视角也引发了一些批评:首先,从宏观角度看,当今世界已经出现了数量众多且强有力的各种法团、协会、联合会等组织,它们已经对社会生活的方方面面产生了重要影响,这时如何离开它们来谈独立发生作用的"个体化契约"关系?其次,从劳资关系的现实发展状况看,大型公司、跨国企业已经对许多产品和劳动力市场产生了垄断控制效应,而工会也在每个工业社会中发展起来了。在国家的干预日益兴盛的背景下,我们很难再设想那种自由-个体的劳资关系。

3. 自由-集体主义视角(liberal collectivism)

这种理论视角在"自由"这一点上,与自由-个体主义视角类似,即都强调有限政府的角色以及法律运用的有限性,而注重劳资双方之间通过自由协商达成协议的方式解决利益冲突问题。不过,它在"集体主义"这一点上,与自由-个体主义存在巨大差异。它认为,自由-个体主义传统下,员工个体在面对雇主时处于弱势地位,因而在协商中往往会被迫签订一些不公平的协议,因此,在承认员工组织和雇主组织正当性的前提下,它强调通过劳资群体之间的集体协商或谈判来达成雇佣条件,或者制定出共同遵守的相关规则,从而使个体化的契约以集体契约或合同为保障,避免不公平现象的出现。

这种做法,实际上宣布了劳资利益冲突的常态化和公开化,并试图通过某种集体性的制度安排来使这种冲突得到制度化的疏导、协调和解决。当然,要达成这种制度化的安排,需要满足一些前提条件,比如在政治制度上允许员工自由结社和集体行动,从而使他们能够形成经济压力群体,以独立于雇主或政府;或是需要劳资双方对各自不同利益能够相互认可,并愿意接受妥协;或是需要有一个市场体系，从而让劳动力以及产品和服务的价格能够随供求而变化；等等。如此，集体谈判才可能促成一种力量均衡状态。

自由-集体主义的理论视角有着重要的现实意义：首先在产业或工业上，它有利于产业民主的实现，即通过使员工参与决定其工资及其他基本雇佣条件的集体谈判，从而实现产业民主；其次，在政治上，它有利于社会稳定，可发挥安全阀的作用以避免那些具有破坏性的产业冲突进入政治领域，并以相对和平的方式解决冲突。正因为此，Robert Dubin说，"集体谈判是一项伟大的社会发明，它将产业冲突制度化了"（转引自Gospel and Palmer, 1993：16）。

这种理论视角也同样遭受到了批评和质疑：表面上看，通过自由结社的方式来进行集体谈判有助于抑制个体化谈判中容易出现的不公平现象，但是如果将这种自由结社放到一个更为宏观的结构中来看，我们会发现，这些组织在政治市场中的竞争，同样会出现个体在经济市场中的竞争结果，即有些组织会过于强大，而有些组织会过于弱小，从而难以避免出现不公平现象。换言之，集体化的自由竞争和谈判，最终也会走向垄断结果，从而抑制自由。

4. 法团主义视角（corporatist perspective）

目前国内外研究者主要采用法团主义研究专家斯密特（P. C. Schmitter）对法团主义的制度界定："法团主义可以被定义为是一种利益代表体制，在这种体制中，（社会中）各个构成单位都被组织到数量有限的，具有单一性（singular）、强制性（compulsory）、非竞争性（noncompetitive）、等级化秩序性（hierarchically ordered）及功能分化性（functionally differentiated）等特征的各部门（categories）当中，这些部门得到国家的承认或认证（若不是由国家创建的话），并被授予在各自领域内的垄断性的代表地位，不过作为一种交换，国家对它们的领袖选择和需求表达享有一定程度的控制权。"（Schmitter, 1974）

按照这种制度设置，劳资关系或工业领域将会被划分为数量有限的部门，为便于分析，假设分为劳方和资方两个部门。然后，在这两个部门内，各自的组织必须是单一的，即只有一个工会联合会和一个雇主联合会。同时，该领域中的成员都或多或少基于强制性的要求分别加入这两个组织中，即会员资格具有强制性特征。而且这两个部门之间是一种非竞争性的关系，主要通过协调与合作来促进共同利益最大化。考虑到一国之经济领域通常非常复杂多样，且存在地域上的层级化，因此这两个部门的工会联合会和雇主联合会的内部构成同样较为复杂，有来自不同行业、地域的各种类型的分会，不过，这些分会是按照一种等级化的方式整合起来的，共同遵守着明确的纪律与秩序，以保证整个联合会内部的一致性和统一性。此外，这两个联合会基本上获得了在各自部门中的垄断性代表地位，且这一地位是得到国家承认的，具有合法性，不过作为一种交换，国家也取得了对两个联合会的内部领袖选择及它们的利益表达方面的一定程度的控制权。

在具体运行上，这样的制度设置，则是国家、雇主联合会和工会联合会三方通过顶级代表（peak representations）的协商会议，就工资和价格等事项的集体谈判模式，其实质是资本主义国家将已经组织起来的雇主群体与劳工群体吸纳进国家的决策结构中，从而实现一种劳资之间的合作式关系，这也被看作是资本主义国家对有组织的劳工阶级进行控制的一种新型机制（Gerber，1995）。当然，最后所达成的协议，会通过双方的联合会逐层级落实，以确保基层的劳资双方也都能贯彻执行。

在法团主义模式中，国家扮演了非常重要且积极主动的角色，即对不同利益进行协调和整合，而劳资群体也扮演了不同于自由—集体主义视角中的角色，劳资群体在后者中主要是利益代表的角色，而在前者中，劳资群体不仅作为利益代表者，可自下而上地进行利益的表达，同时也要担当公共责任，自上而下地对社会利益进行控制，换言之，此时的劳资群体承担的是一种利益协调者角色，即在国家与成员之间进行协调（张静，1998）。

法团主义理论视角也同样遭受到一些批评和质疑，其中最主要的担心在于，这种垄断性代表组织很可能会对某些个体成员或者分会进行压制，即为了推行某种利益目标而可能不顾基层成员的切身利益，从而影响到各个社会成员或小群体正当利益的表达和实现。正因为此，法团主义模式具有内在的高度不稳定性特征，很可能因为基层会员及分会不同意全国层级联合会的决议，而导致法团结构的瓦解，最后很可能走向自由—集体主义的模式（Panitch，Leo，1980）。

5. 激进主义视角（radical perspective）

激进主义视角与上述视角有着根本性的差异，后者基本上都默认现有资本主义政治经济体制的正当性，然后在此前提下，探讨如何尽可能地协调劳资关系、化解矛盾，而激进主义视角则恰恰否认了这一前提，尤其是对资本主义私有制及工资制度的正当性持有质疑，认为在这种体制下，工人根本不可能获得真正的解放，而在上述理论视角指导下所采取的各种协调手段，表面上看似乎给工人带来了一些好处，但实质上只不过是帮助资本家掩盖了他们对工人的剥夺，并同时削弱了工人的阶级意识，避免出现阶级行动。基于此，该视角在劳资关系或工业关系问题的解决办法上，也与上述视角大相径庭。

在具体的目标和手段界定上，激进主义视角内部还可以细分为两个子类型：其一是正统的马克思主义，强调通过剧烈的革命的政治方式来夺取政权，建立无产阶级专政国家，并最终消灭阶级和阶级冲突；其二是改良主义或修正主义的马克思主义，认为当前试图通过革命的方式来迅速摧毁资本主义制度的做法不具有现实性，而更可行的方式则是通过议会政治、民主参与等改良主义的方法，来实现资本主义向社会主义的缓慢演化。

不管是何种方式，激进主义视角最终目标都在于通过消灭私有制及雇佣制度来消灭剥削。当然，劳资关系到时也就不复存在了，工人成了自己的主人，工人问题也就不再是劳资问题，而转变为其他问题了，比如官僚主义问题。

四 员工作为国家成员的相关理论

员工问题虽然主要发生在企业之中，但是国家所倡导、提供或发布的意识形态、路线、方针、法律法规、政策等，对员工问题的产生往往具有重要影响，所以我们需要特别关注国家视角下的员工问题，此处，我们只对 T. H. 马歇尔的公民权理论做一个详细介绍。马歇尔的公民权理论是社会工作的重要理论基础之一，对于企业社会工作来说，则更是如此。而且，就当前我国的实际工业领域状况来说，该理论尤其具有重要的借鉴意义。

马歇尔的公民权理论认为，作为国家的公民，应享有市民权（civil rights）、政治权（political rights）和社会权（social rights），而这三项权利作为三个部分或要素，共同构成了公民权（citizenship）（Marshall，1965：71 - 134）。

市民权是由个人自由所必需的权利组成的，包括言论、思想和信仰自由、拥有财产和签署有效契约的权利，以及法律的权利。绝大多数情况下与民事权利直接相连的机构是法院。政治权则主要是指参与行使政治权利，作为政治权威团体的一名成员，或者是作为该团体的选举者，与其相对应的机构是议会和地方政府的委员会。社会权是指，公民不只是享有少量的经济福利的权利，而且具有分享社会和经济发展所带来的福利的权利。换言之，公民有依据社会中流行标准这一种文明生活的权利，与社会权最密切相关的是教育制度和社会服务的发展。

市民权的发展则主要包括人身保护令、宽容法的推行与实施出版审查、阻止工人参加工会的结社法的废除，以及新闻自由的享有等内容。当然，我们这里更关心的是经济领域中的基本市民权利,即工作的权利,也就是一个人自由选择职业的权利,而这项权利曾被成文法规和习惯所否定:一方面是将某些职业的成员限定为某些社会阶级,另一方面,一些地方规定将就业机会保留给当地成员,或者通过使用师徒制的方式排斥外来新成员。市民权的发展实际上也涉及两种不同观点或态度的转变,之前人们认为,地方和团体垄断是为了公共利益,因为没有秩序和政府,商业和交通是无法维持或发展的,后来人们逐渐认识到,这种限制侵犯了个人自由,而且对国家繁荣兴旺会构成威胁,这种个人经济自由的原则到19世纪初期被接纳为无须证明的公理。

政治权的形成始于19世纪早期,在马歇尔看来,这种权利的发展并非是创造了新的权利,而是将古老的权利授予特定人口。18世纪的政治权是有缺陷的,不是内容上的而是分配上的缺陷。英国1882年的法案通过之后,投票者的数量还不足成年男性人口的1/5,不过与之前相比该法案还是有一些进步,即让那些在经济领域中获得成功的人享有政治权利,从而打破了原有的政治垄断,在一定程度上可以说,他们获得的市民权间接地促进了他们政治权的获得。所以,马歇尔认为,19世纪资本主义社会的政治权可看作是市民权的附属品。直到1918年法案通过采用成年人投票权后,这种政治权的享有范围才开始逐步扩大,妇女选举权的获得即是其中的重大进展。

社会权则是到了20世纪才开始占据历史舞台的中心。社会权利最早起源于地方社区和功能协会的成员资格,即地方社区或公社有义务或道义责任来为那些因各种原因(特别是非主观原因)陷入贫困的成员提供福利,使他们能够分享社区的发展成果,并获得自我生存的机会。这种通过社会性的办法来让人们避免生活风险和分享社会福利的做法,逐渐使得"风险社会化"(socialization of risk)(Donzelot,1993:106-138),人们越来越难以以个体的方式来面对未来的各种可能风险。以工作场所中意外事故的发生为例,意外事故的发生往往并非出于个人意志,而是源于社会的分工,这使得所有行动者都无法完全控制其工作,相应的个人也就无法(也无须)承担所有责任,这即是一种风险的社会化。也就是说,社会问题的产生源于人们之间的相互依赖,而非某个人的责任。在这种理念指导下,出现了社会保险技术,被认为是一种更有效的、更具道德性的解决办法。而且它有助于将原来直接的劳资冲突转变成抽象社会(理性)与经济(理性)间的冲突,工人们的努力方向,也就从罢工、革命、运动等转向对这种社会性空间或领域的扩展。

在马歇尔看来，表现为社会保险和福利制度的社会服务体系，是公民权的核心问题，通过这个体系，可使每个公民享有经济福利和社会安全保障；他还指出公民权的另一个核心问题，即教育制度，尤其是义务性的基础教育，可为人们提供平等的教育机会。在这两个核心体系下，人们得以分享社会文化资源，并能够过一种称得上是社会一般水准的生活，从而成为一个文明人（civilized being）。

第三节 中国企业社会工作理论探讨

有了上述对企业社会工作各种可能理论的介绍后，我们将尝试将这些理论进行逻辑上的整合，尽可能呈现一个系统化的企业社会工作理论体系。在此基础上，我们将探讨面对中国的政治经济体制以及相应的工业关系或劳资关系特点，中国的企业社会工作如何从上述理论体系中获得理论借鉴和参考。

一 企业社会工作理论体系

从较为狭义的角度来界定，企业社会工作的主要关注对象是员工，因此我们的理论体系也将以员工的需求结构作为起点，这种需求结构需要相应的手段来予以实现，而且由于它本身具有不同层次，因此所采取的手段也应具有层次性。而手段的获取，则直接取决于此需求结构所处的环境，包括企业环境、工业关系环境，以及更为宏观的政治经济、社会环境，与国家政治制度。这样，我们就获得了企业社会工作理论体系的示意图（见图3-1），从图中我们可以梳理出如下核心议题。

首先，企业社会工作关注的是如何帮助员工实现其需求结构，以不断改善他们的生活福利，而这需要结合企业所能提供的资源和手段，或者说，员工需求结构的实现很大程度上取决于企业或雇主与员工关系的建构方式。比如，对于家族企业来说，员工与雇主的关系是以血缘或姻缘关系构建起来的，而对外资企业的员工与雇主关系完全建立在自由劳动市场的基础上，很显然，不同的关系模式，对员工需求结构的实现会有不同影响。

其次，企业所处的工业/产业关系，也会对员工需求结构的实现程度产生重要影响。通常来说，那些处于初级竞争阶段的行业或产业，及其所可能导致的无序状态，员工之间以及雇主之间的恶性竞争，都会给员工带来不利影响，而如果

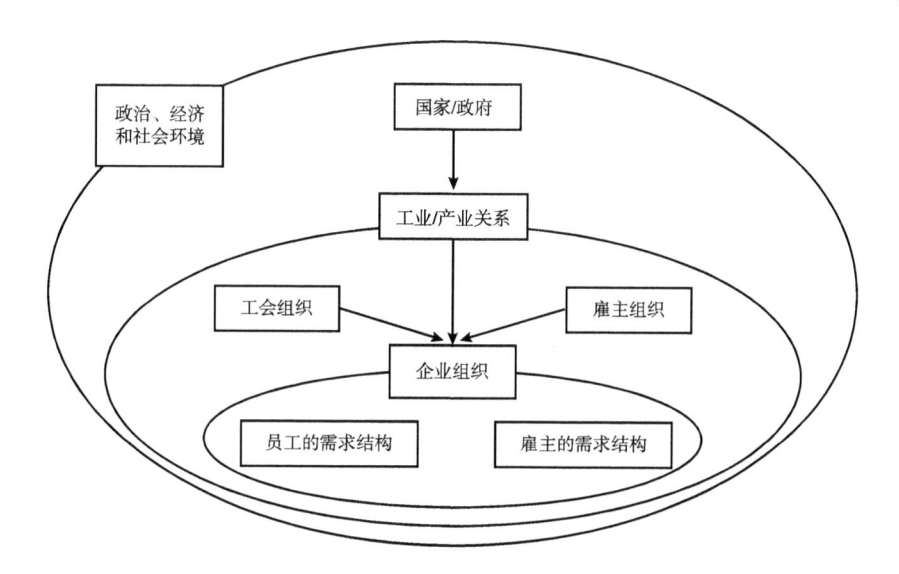

图 3-1 企业社会工作理论体系示意图

这种竞争能够经由劳资双方的协会或联合会整合、协调和规范，那么很可能会使其通过制度化的方式得以解决。

最后，企业所处的政治经济环境和社会环境，同样会对员工需求结构的实现程度产生重要影响。其中，社会环境或社区环境可能对不同类型的企业会有不同程度的影响，比如，乡镇企业或经由乡镇企业改制而来的企业，它们的雇主和员工之间基本上都有较为密切的联系，而且企业最初的创办和发展，也与乡土人情有着复杂关联，在这种情况下，企业的劳资关系自然会受到各种乡土人情或社会逻辑的影响（折晓叶，1996；折晓叶、陈婴婴，2004，2005）。此外，企业所处政治经济环境的影响，集中体现在中央政府和地方政府所塑造出来的制度环境上，前者主要从意识形态、法律法规、方针政策等层面影响企业，后者对企业的影响则更为直接，直接规定了企业得以生产经营的各种具体制度。目前有很多相关研究成果（Oi，1992；张军、周黎安，2008）表明，地方政府对企业的影响如果不能说是决定性的，那至少也是关键性的，因而企业对员工劳动报酬和劳动条件的设定，自然也就离不开各级政府的制度规定。

总而言之，围绕员工的需求结构而展开的上述三个理论议题，共同搭建起企业社会工作的理论分析体系，至于其中具体的理论取舍，则需要根据具体问题具体分析。

二 中国企业社会工作理论探讨

在本节最后,我们会对中国的企业社会工作理论做一些简单的探讨,不过,此处更多的是把一些可能的问题提出来,而并不给出明确结论。当然,我们的整个讨论仍然是在前面提出的理论体系中进行,即仍然从员工的需求结构出发,只不过是结合中国当前劳资关系或工业关系的实际情况来展开讨论。

在员工需求结构上,我们需要结合中国当前实际来进行明确定位,虽然如前面介绍的马斯洛需求理论所述,每个员工都应该在五个需求层次上得到先后的满足,但这只是一种理想的设定。从目前中国员工的实际处境来看,对于大多数员工,特别是那些劳动密集型产业中的农民工来说,生理、安全上的需求是他们目前最为迫切的需求。我们可以不时地从新闻媒体中接收到这样的信息,即目前一线员工不仅工资低、工时长,劳动条件恶劣,而且还经常出现工资拖欠、严重的工伤事故等事件,这严重影响了很多员工的日常生活和工作及其家庭。因此,我们认为,目前中国的企业社会工作者们应该着力于协助员工解决他们的生理和安全等低层次的需求。当然,我们也不否认高层次需求的重要性,事实上,对于那些处于技术或资本密集型产业的员工来说,他们期望的是自我实现这一高级需求,不过总体来说,目前中国绝大多数员工仍然需要专业社会工作者们帮助他们解决低层次的需求。

那么,究竟该如何来对这种独特需求结构的实现进行考察和分析呢?与前面理论体系的建构逻辑不同,我们认为,在中国当前的政治经济体制下,对问题的分析需要将逻辑过程稍微反过来,即从国家的制度环境出发,然后依次考察地区或社区环境、产业或工业关系,最后回到企业中来分析劳资关系。

首先,企业社会工作者需要对我国的政治体制特点有准确的理论认识。在前面的理论体系分析中,我们所介绍的相关理论都有个共同的政治体制背景,即资本主义政治经济体制,而我国在国体和政体上都不同于西方资本主义国家,自然就不能简单移植或套用西方现有理论,而只能将它们作为一种借鉴,比如在视角切入点和逻辑分析上予以参考借鉴。特别需要指出的是,我们所介绍的有关产业关系或工业关系的理论,都是以西方资本主义国家的市民社会为前提而发展出来的,而这与我国的国情存在根本差异,我国强调的是"党委领导、政府负责、社会协同、公众参与、法治保障"的社会管理格局,换言之,员工问题的解决,特别是员工维权问题,必须在党的领导下开展。而这其中,在党的领导下,通过立法和政策制定等途径进行源头上的参与，即是一种非常重要的利益表达和维护方式，也是目前企业社会工作者在解决员工问题时迫切需要学习的方式。

其次，企业社会工作者需要对我国的产业关系或工业关系特点有准确的理论认识。中西方政治体制的根本差异，必然使得我国的产业关系呈现不同于西方产业关系的特点，尤其表现在雇主和员工的社会组织上。在我国，中国工会是工人阶级的群众性组织，是中国共产党密切联系职工群众的桥梁和纽带，是国家政权的支柱，是工人合法权益的代表者和维护者；而相应的，雇主方面的组织，主要有工商联合会、企业家协会、个体劳动者协会等，也都是党领导下的群众性组织。不管是工会还是雇主组织，都具有与西方工会或雇主组织不同的政治属性，这也就使得我们在解决中国的产业关系所存在的问题时不能简单地套用西方产业关系理论，尤其是市民社会或公民社会相关理论，而必须密切结合党和国家在工人问题上的意识形态、法律法规和方针政策，来对产业关系的协调方法进行理论探讨。

最后，企业社会工作者需要对我国的企业现状，以及企业内部雇主与员工的关系有准确的理论认识。我国是一个典型的劳动力供给丰裕的国家，这就决定了就业问题不仅是一个重要的经济问题，而且是一个重大的政治问题，因为这直接关系到国家社会与政治稳定的全局。因此，企业社会工作者在开展工作时，要注重就业问题的重要性，之所以要提及这一点，主要在于人们可能会比较关注员工的工资、工时等雇佣条件方面的问题，而忽略其与就业问题之间存在的复杂关联。此外，在员工与企业关系问题上，企业社会工作者们也需要有正确的立场和指导原则，要注意以创建"规范有序、公正合理、互利共赢、和谐稳定的社会主义新型劳动关系"为工作目标，即要以企业和员工的共同利益发展为基本职责。[①]

[①] 2006年7月中华全国总工会第十四届执行委员会第九次主席团全体会议审议通过的《企业工会工作条例（试行）》第一章第四条明确规定："企业工会围绕企业生产经营，依法履行维护职工合法权益的基本职责，协调企业劳动关系，推动建设和谐企业，促进企业健康发展"（全总基层组织建设部，2006：3）。

第四章 企业社会工作模式

企业社会工作作为社会工作重要的服务领域之一,既具有社会工作的一般特点也具有自身的独特性。企业社工在开展工作,为职工提供服务的过程中,会使用个案工作方法、小组工作方法、社区工作方法、社会工作行政方法。无论何种方法,均有理论依据,其实务过程也遵循着一系列有计划的基本程序。这套基本程序被称为企业社会工作的实务过程模式。企业社会工作起源于欧美,在上百年的发展历程中,产生了多样化的服务输送来源,出现了不同的重点服务对象,形成了多种实际运作模式。

第一节 企业社会工作的实务过程模式

受系统理论影响,社会工作形成了通用过程模式。企业社会工作实务的开展亦是一个过程。借鉴社会工作的通用过程模式,企业社会工作的实务过程模式大致可以划分为四个阶段,即接案阶段、预估问题阶段、计划与介入阶段、结案阶段。

一 接案阶段

这是企业社会工作实务过程开始的第一步,如能与服务对象建立良好的关系,将会为以后阶段的顺利开展以及最终目标的实现奠定基础。在这个阶段,社会工作者和有可能成为案主的人进行沟通,并初步达成协议一起来解决问题。企业社会工作者与服务对象都有个初步的评估,双方都在估量能提供的服务与想获得的服务是否匹配。达成共识后,社工要与服务对象建立良好的关系。这个阶段要了解服务对象的来源和类型、对服务对象进行初步评估、建立专业关系。主要内容包括以下三方面。

（一）了解服务对象的来源和类型

不同来源和类型的服务对象对助人和受助会有不同的看法、态度和感受。而这种内在的心理状态会影响他们与社工专业关系的建立。服务对象的来源主要有主动求助、外展、转介三种途径。其中，主动求助是指服务对象主动向社工寻求帮助，主观上愿意接受社工的帮助，改变自己的处境；外展是社会工作者主动与服务对象接触，为可能的对象提供服务；转介是指服务对象由另一个服务机构、社区组织或社会工作者介绍而来。企业社会工作者进入企业后，前期要开展一些调查工作，了解企业的内外部环境、性质、特征、企业组织架构、员工特点与需求等。目前，企业社工还属于新生事物，主动求助的途径在企业社会工作中并不常见，更多的是需要社工主动接触服务对象。社工通过走访宿舍或者召开座谈会，了解员工需求，同时也要通过各种方式，比如发放企业社工宣传手册等宣传社工及社工服务。根据服务对象的来源，可按照案主寻求服务时的意愿将服务对象分为两种类型，即自愿性服务对象和非自愿性服务对象。一般说来，服务对象如有求助意愿，社工较容易与其沟通及建立关系。而非自愿性的服务对象则对社工的认同度不高，甚至会很排斥，对其提供的服务一般也会比较抗拒。社工要谨记服务对象的感受和主观经验没有真假对错，要尊重他们，同时做好充分的专业准备，以便比较顺利地建立初步关系。

（二）对服务对象进行初步评估

初步评估在专业关系建立之前进行，主要任务是界定服务对象的问题，并对照机构的功能确定是否接受其为案主或进行转介。如果机构有能力、有资源满足服务对象的需要，具备解决其问题的条件，那么企业社工可以继续提供服务，与服务对象建立专业关系；如果服务对象的需要与机构所能提供的服务不匹配，工作者不能勉强，要诚实向服务对象说明，做出中止服务的决定，或者在有可能的情况下对其进行转介。

（三）建立专业关系

建立良好的专业关系的重要性，是实现助人目标十分重要的一环。贝斯提克（Biestek）提出了建立专业关系的七大原则：个别化、有目的情感表达、适度的感情介入、接纳、非批判态度、案主自决、保密（见顾东辉，2005）。

在企业场域中，因为社工进入企业途径的差异，社工的身份会有所不同，这会影响专业关系的建立。有的是企业内部设立社工岗位，或管理者兼任社工，社工是内部雇员的身份；有的是企业购买社工机构的服务或聘请社工，社工是外部人。但不管如何，在企业社会工作实务过程中，更重要的是要建立专业关系。不同于一般的同事关系、朋友关系，它以服务对象为取向并为其提供服务。专业关系聚焦在问题的处理上，社工有责任帮助当事人处理他的问题。传统上，一旦实现了这些目标，社工与案主关系就会中止，因而是一种有限的关系（多戈夫等，2005）。

二 预估问题阶段

预估问题阶段是收集资料和认定问题的过程，是把有关服务对象的所有资料组织起来并使其具有意义的专业实践活动，它的工作成果将成为今后行动的依据。经过预估，社工可以找到解决问题的焦点与方向，从而为之后制订计划与介入做准备。

（一）预估的含义

预估是事先的评估，主要是指企业社工在收集服务对象的资料的基础上，识别、发现服务对象的问题及问题形成的主客观因素，运用人在环境中的视角，对服务对象与所处环境的互动进行综合的分析判断，以决定适合服务对象的服务类型基本评估过程。

（二）预估的特点

企业社会工作者在预估阶段要明确识别服务对象的问题和需要，在收集各种资料的基础上，清楚地认识和判断服务对象的情况。预估在很大程度上决定着助人活动的最终成效，对实务工作者而言是一项必须掌握的核心技巧。具体而言，预估具有持续性、互动性、多面向性等特点。

持续性是指预估是一个持续性的动态过程。预估不仅存在于最初的阶段，随着时间的推移以及企业社工和服务对象交往的深入，以往收集的资料和信息会有所补充和增加，基于以往资料所做的判断，可能并不正确或需要做很大调整。所以，企业社工要抱有开放、谨慎的心态，不要对服务对象存有刻板印象，更不要故步自封，而应尽量多地收集资料，并在服务过程中时时地进行评估。互动性是指预估是社会工作者和服务对象互动的过程。助人不是一蹴而就的事情，它是社会工作者和服务对象互相影响、互相建构的过程。无论是收集信息，还是在此基础上对问题进行的分析和判断，都是双方共同参与和合作的过程。离开了服务对象的配合，社工将难以获得真实的信息并加以分析判断，更难以与服务对象形成对其问题的共识（朱眉华，2003）。多面向性是指预估是多面向地分析和整合各种资料的过程，涉及和案主的问题相关的种种因素。

（三）预估的步骤

1. 收集资料

"人在环境中"是社会工作一个很重要的视角，即认为服务对象问题的产生是人与环境互动不当的结果。因此在收集资料时，应该包括三方面的内容：第一，有关服务对象个人方面的资料，具体有服务对象的基本资料、服务对象存在的问题及其成因、服务对象对问题的认识与应对、服务对象对问题解决的期待等。第二，有关环境的资料，主要收集与服务对象相关的环境资料，具体环境包括家庭、学校、社团、工作单位、社区、社会等。第三，收集服务对象与环境相互作用的资料。

2. 界定与确认服务对象的问题

收集大量与服务对象有关的资料后，社工在分析与解释资料的基础上，应对服务对象的问题进行界定与确认。在界定服务对象的问题时，社工应该以服务对象为中心，不能过于主观、草率。之后，社工要与服务对象进行核对，取得对方的确认。因为助人是双方共同参与的过程，只有双方对问题的界定和确认达成共识，才有可能解决问题。

3. 做出评估报告

做出预估报告是预估工作的最后一步。预估报告是通过预估而提出的一份整合事实和理论的有关服务对象个人、家庭及其生态系统的摘要报告，其没有固定样式，不同服务机构的要求不太一致，一般包括两个部分，即资料和事实、专业判断。

三 计划与介入阶段

在对服务对象的问题进行预估后，企业社会工作者需要与服务对象就问题的解决制订一系列方案，并正式开展服务计划。

（一）拟订计划

计划阶段是服务对象基本状况评估工作的延续，它是一个理性思考及决策的过程，重点在于设定介入行动的目标，介入方案也要围绕着目标来设计。

1. 目的和目标

目的和目标是企业社会工作要达到的介入效果。其中，目的是介入工作的长远目标，是抽象的，具有不可测量性。而目标是对目标的逻辑引申，是具体的、可测量的，是每个阶段的近期具体计划。目的和目标为企业社会工作者提供了工作方向，使得服务对象可以清晰地知道自己所要达到的状态。目的和目标的设定需要社会工作者与服务对象的共同参与，在服务对象不清楚设定的目标时，社会工作者要进行澄清与解释，确保服务对象的了解与认同。

2. 关注的问题与对象

计划不仅要确定目的和目标，还要详细说明关注的问题和对象。其中，关注的问题是社会工作者和服务对象在预估阶段所共同认定的。而关注对象主要指介入行动所要改变的系统，即目标系统，它是整个介入工作的核心焦点。一般说来，包括个人、家庭、群体、组织和社区等对象。由于企业社会工作的服务对象是一个案主体系，因此，所关注的对象不能仅仅局限于直接服务对象本身（周沛、高钟，2010）。

3. 构建行动计划

对每一个关注对象的介入，都必须有相应的实施策略。其中，实施策略主要指的是社会工作者介入服务对象的需要与问题时实行的整体方案，是改变服务对象态度和行为的一套方法。在制定介入策略的过程中，企业社会工作者需要注意介入过程对企业利益相关方可能产生的影响。

（二）企业社会工作者的介入

这个阶段是社会工作者把服务计划付诸实施的过程，是整个企业社会工作实务过程中的关键阶段。社工能否实现所设定的目标，解决服务对象所面临的问题，取决于其在这个阶段的工作。

1. 实施服务计划

如要把服务计划变成行动，社会工作者一方面需要协助服务对象做出改变，增强服务对象的力量，另一方面需要改善服务对象所处的环境，激活服务对象环境系统中的各种资源。在这个阶段，社会工作者所具有的知识、经验、技巧将得以全面展示。在干预的过程中，社工在明确大方向的同时还要保持适当的灵活性，在推行计划的同时，如需调整，也要适时地进行改进。

2. 介入的方法

根据企业社会工作者在开展实务时所涉及的服务对象及其环境的不同层面，可以把企业社会工作方法分为直接介入和间接介入。根据企业社会工作者所使用的具体工作方法，又可划分为个案工作方法、小组工作方法、社区工作方法等。

以企业社工介入职业健康领域为例，企业社会工作者在介入之后，可发挥专业优势，使用个案、小组、社区的介入方法，在三个预防层面开展工作。其一，可利用个案工作方法，为工人提供咨询和辅导，对患病的职工进行慰问并落实补偿，为他们的康复提供全方位支持。其二，可利用小组工作方法对职工进行培训，培育其健康意识、权益意识，并教给他们自我保护的知识和方法。其三，可利用社区工作方法，向广大职工宣传《劳动法》及劳动安全与卫生方面的法规，在企业内进行职业健康预防的宣传展览，推动企业管理方改善工作环境及健全制度体系。

四 结案阶段

这个阶段被视为社会工作实践过程的最后阶段。所包括的类型有目标实现的结案、因服务对象不愿继续接受服务而必须终止关系的结案、存在不能实现目标的客观和实际原因的结案、社会工作者或服务对象身份发生变化时的结案。其中，目标实现的结案主要是指在介入计划已经完成，介入目标已经实现，服务对象的问题已经得到解决，或者服务对象已有能力自己应付和解决问题，在没有社会工作者的协助下可以自己开始新生活的情况下，社会工作者和服务对象双方根据工作协议逐步结束工作关系所采取的行动。

（一）评估总结的目的与内容

1. 评估总结的目的

这里的评估总结主要是对介入结果的评估。通常在结案之前进行，有时也会在结案之后进行。评估总结的目的在于：第一，帮助工作者反思工作过程，总结成败得失，以提升其工作水平和质量；第二，帮助服务对象回顾改变的过程，检查双方达成一致的目的和目标是否实现。

2. 评估总结的内容

总结评估的内容主要有：第一，制定的目的、目标是否恰当，是否有效地达到；第二，工作方法和技巧是否运用得当；第三，工作者的角色和任务的完成情况（王思斌，2004）。

（二）巩固服务对象已有的改变

此前的实务过程中，在社会工作者的协助下，服务对象已经有一些改变和进步。结案以后，服务对象将在没有社会工作者的帮助下开始新的生活。这对于服务对象来说是一个挑战，假如社会工作者处理不当，很可能已经取得的改变和进步会消退。社会工作者需要在此阶段，继续巩固服务对象的进步，既可以与服务对象一起商量结案后的计划，也可以通过强化服务对象正面的态度和行为，增强服务对象自信的方式来巩固其已有的改变。

(三) 终止解除工作关系

专业关系并不总能顺利结束，尤其当社会工作者与服务对象建立了比较密切的关系时，这段关系的结束通常会带来比较复杂的情绪反应。结案时，服务对象可能充满着对未来的信心，对自己取得的进步感到喜悦，并能够体验到个人的力量和独立等，这些属于正面的反应。与此同时，服务对象也可能表现出悲伤、失落、矛盾、痛苦、愤怒、抑郁等负面反应。社会工作者在结案时也可能会出现负面的情绪反应，如失败感、内疚感、失落感、罪恶感等。对于服务对象的反应，社工要理解并接纳，并运用一些方法和技巧来减少可能的负面反应。而对于自身出现的反应，社会工作者应该保有警惕和反思，必要时可接受督导的帮助。

总而言之，上文所介绍的从接案到结案阶段，是一个完整的企业社会工作实务过程，相对来说较为理想化。考虑到企业社会工作实施时所处环境以及服务对象可能具有的复杂性，在具体的实践中，企业社会工作者在遵循既有程序的同时，也要根据实际灵活地进行调整与应对。

第二节 企业社会工作的实际运作模式

企业社会工作，源于欧美，距今已有上百年的历史，是社会工作最早发展起来的实务领域。国外企业社会工作的模式多种多样，依据服务输送来源可划分为企业外模式、工会模式、企业内模式。按照服务对象重点又可划分为员工服务模式、顾客服务模式、企业社会责任模式（顾东辉，2005）。我国的企业社会工作目前已经在珠三角地区开展，北京、苏州等地也在积极推进，已经有一些经验积累，并初步产生了多种实际运作模式，下文中将对此进行介绍，但需要注意的是，企业社会工作在我国的发展时间并不长，目前还处于摸索阶段，而所谓的工作模式也还是个雏形，仍在发展变动中。

一　按照服务输送来源划分的模式

（一）企业外模式

该模式又可称为"契约模式"，主要指企业与外部社会服务机构或顾问签约，由外部专业人员为员工提供服务，具体分为"驻厂服务"及"机构（厂外）服务"两种。在这种模式中，社工不属于企业员工，但为企业提供服务。

2010年7月，深圳市GX电子有限公司与某社工事务所签约，购买两名专业社工。二者联手的首要目标就是降低员工流失率，解决员工在工作和生活中遇到的矛盾纠纷。此举开创了龙岗区企业自主购买社工服务的先河，也是深圳社工"主动断奶"无须政府出资购买第一例。社工进驻企业，先通过"扫楼"的方式，在员工闲暇的时间，一个宿舍一个宿舍地走访，调研员工需求，宣传社工服务，与员工建立关系。组织了一系列员工活动。社工在员工情绪支持和员工申诉与调解等方面起到了很大作用。至今，该社工事务所在GX公司建立了60多种服务与行政表格，服务逾万人次；社工也和企业一起处理突发事件与危机干预等。（《探索适合中国土壤的企业社工成长模式，"至诚"三块"试验田"长势喜人》，《深圳商报》2012年10月15日A10版）

（二）工会模式

该模式是由工会聘用专职的社会工作者，或与社工机构签约，引入社工服务为工会会员服务，具体可分为提供直接服务和间接服务两种方式。

在西方企业社会工作发展历程中，社工与工会的关系在各历史阶段有不同的变化。早期的社工先驱，如Jane Addams等都声称支持工会会员，并且在工人与雇主集体谈判的过程中用社工的技能努力帮助工人（Maiden，2001）。1875年，第一位福利秘书出现在匹兹堡的海因兹公司，1900年之后，福利秘书人数开始增长。她们由管理方雇用，工人认为她们是反工会的，是管理者控制劳动者的工具。"二战"期间，社工Bertha Capen Reynolds为美国海员工会提供社会工作服务，基于工会的福利开始普遍实施。随着美国劳动力市场结构的变化、立法的逐渐完善，劳动者不再只有经济方面的需求，他们希望被平等对待，其心理和社会需求凸显。工会和管理方都认识到工人工作世界与生活世界的不可分割性，工会由此开始雇用社工，或与社工机构建立联系，引进社工服务。为了吸引会员，工会开始了与管理方的雇员协助项目 EAPs（Employee Assistance Programs）及其他员工组织的竞争，推行了工会会员援助项目 MAPs（Member Assistance Programs），并在集体谈判中，加入了人性化契约。

20世纪40年代，劳联开展了工会辅导项目，在这个项目中，地方工会干部接受了专家培训，要在识别可得的社区资源的基础上，提供服务给工会会员。1972年，美国制衣与纺织工人联合会开放了位于纽约市总部的社会社会服务部。这个部门雇用了全职的专业社工，主要工作内容包括：①训练工会辅导者的社会服务项目；②做社会拓展的退休会员项目；③组织会员做志愿者的社区服务项目；④针对大量的聚焦于工作场所的问题，包括情感压力和心理疾病等，提供保密性的、个人的、短期的人性化咨询服务项目（Martin，1985）。

工会是发展企业社会工作的重要力量，中国工会与社会工作的结合具有一定的基础，两者在本质上有很大程度的契合性。在实践上，我国本应由企业社工承担的职工福利与保障工作，一直主要由工会承担，可以说，工会具有服务职工的传统经验，传统的企业工会工作内容上包括了女职工权益的保护、帮助困难职工、组织职工互济会等福利服务，工作方法上有工会小组工作、个别谈话、座谈会、职工代表大会等。但不能否认的是，工会服务具有行政性和半专业性的特点。工会工作者主要依靠行政架构开展工作，偏重管理，而且许多工会工作者没有受过通行的社会工作专业培训，主要凭借自身的人格魅力和自己摸索出来的工作经验来做事情。然而随着劳动关系市场化、非公经济组织的大量涌现，职工构成渐趋复杂，企业职工因此出现多层次的需求。在这样的时代背景下，固有的工会工作模式需要有所改变，向专业化方向提升，引入企业社会工作是一种可行的途径。

（三）企业内模式

此种模式的组织形态可分为三种工作方式：类似同辈辅导员的做法；企业内成立相关部门的做法；由人事相关人员或高层主管兼任相关工作。

Y集团公司的实践可作为企业内模式的代表。在20世纪90年代前期与中期，Y集团公司伤害员工的一系列严重事件被媒体大量报道，比如员工经常长时间加班、员工长期没有休息时间及工伤事件频繁发生等，并在全世界引起了轩然大波。于是，2000年Y公司聘请了社会工作硕士学历背景的专门人才作为其部门主管经理，开始寻找社会工作资源以开展企业社会责任工作。在 2002 年 4 月 7 日，该公司成立了员工活动中心，内设 3 名专职人员与多名义工。同时，公司还建有图书馆、温心驿站等具体部门，开始探索企业社会工作的"厂内模式"运作方式。当时，企业社会工作的服务内容主要涉及生命辅导、安全、环保、保健等四个部分，以此协助企业与员工解决各类相关问题。值得一提的是，Y 公司自发地在企业内部运用社会工作方法协助员工解决日常生活问题，不仅使企业福利项目的成功率大幅度提升，而且使企业社会工作者得以提供人性关怀的专业服务。（李晓凤，2011）

二 按照服务对象重点划分的模式

（一）员工服务模式

企业聘用社会工作者在员工服务部门如，人力资源部门、工会甚至生产营销部门等任职，负责员工心理协助与发展、企业文化建设、弱势群体的维权等工作（邱爱芳，2011）。该模式关注员工的需求，社会工作者在其中主要扮演咨询者、调解者、训练者的角色，其工作目标是增加员工的生产力及其对组织的使命感。在这一模式下，社工本身也成为企业内部员工，可以全天候提供驻厂服务，因此很受企业欢迎，目前比较常用。但有研究发现该模式在实施过程中面临很大的困境，这主要源于员工利益和企业利益之间的冲突。企业的最终目的是实现经济效益的最大化，而社会工作者则会更加关心员工的生存状态。双方矛盾的根源就在于此。虽然存在困境，但并不意味着合作无法展开，关键是要找到一个可以统筹双方利益的契合点，努力使企业认可社会工作的理念和方法（邱爱芳，2011）。

（二）顾客服务模式

顾客服务模式又称雇主或组织服务模式，即针对顾客的需求提供服务。该模式下的社工不是企业雇员，独立于企业之外，受雇于社会服务机构。社工为有问题的企业或员工提供服务，协助他们辨识并满足需求。在这一过程中，社工主要扮演咨询者、方案策划发展者、顾问及倡导者等角色。

以下案例的服务方式即为顾客服务方式。

广州市 X 心理咨询服务中心于 2006 年 11 月份开展了针对 H 企业的团体心

理咨询活动,主题为心灵成长之旅,目标在于使员工了解真实自我、学习有效的沟通和应对压力的技巧、提升团队合作能力。其服务程序包括:对企业员工进行前期的调查、测量与评估;制订并实行有效的培训服务计划,评估效果;针对员工开展个体咨询服务;协助企业建立咨询服务点长期对员工开放咨询。活动过程中,通过心理游戏和小组游戏的方式,帮助成员顺利融入团体活动,且从团体其他成员处获得了理解与支持,并且增强了团队凝聚力和合作精神。在活动中,老师还开设了缓解职业压力的讲座及有针对性的专业个案心理咨询服务,取得了显著效果。此次员工援助计划是 X 心理咨询服务机构在该领域的一次创新,它让更多的人关注到自身的心理健康问题;让企业基层员工在生活中长期积累的不良情绪得到了释放;让企业的管理者充分认识到为员工提供良好的工作环境和人文氛围对员工和整个企业是有积极意义的,同时也使领导者重视在企业内部建立支持性的工作环境。此种服务模式在企业社会工作领域中逐渐被人们认识和了解,并得到了有效的推广。(邱爱芳,2011)

(三) 企业社会责任模式

20 世纪 80 年代,欧美发达国家企业社会责任运动兴起。企业社会责任(CSR)处于企业与社会的关系中,是指企业在创造利润、对股东承担法律责任的同时,还要承担对员工、消费者、社区和环境的责任。具体而言,企业社会责任包括工作与家庭的平衡、对文化程度低的员工进行读写能力训练、服务贫困员工、商业伦理、雇员教育和职业发展、环境和生态议题。企业社会工作者可以在其中做出专业的贡献,影响和教育公司回应自己的组织和更大的社会、政治环境中关键的人类服务需要。与社区社会工作相比,企业社会责任对社会工作者来说是尚未开发但正扩展增长的领域。在实践中,根据工作方式和侧重点的不同,企业社会责任中的社工实务又可分为公司公众参与模型、客户服务模型、与工作相关的公共政策模型等(Maiden,2001)。在公司公众参与模型中,社会工作者协助企业做出对所在社区的经济和社会福利承诺。这个模型识别公司业务对当地税率、就业机会、住房成本的影响,要求教育服务和对社区居民生活的回应。

我国企业在 20 世纪 90 年代中期后开始逐渐重视企业社会责任问题。将社会工作引入企业社会责任的建设,将能更好地推动企业社会责任目标的实现。社会工作者关注劳动者的权利,维护员工的正当权益,利用专业的方法帮助企业协调与员工的关系，或者通过专业化的公益项目的运作，提升企业的公共形象，回应社会需求。企业社会工作者在推进企业社会责任时，也要善于依托和整合社区资源，在系统的宏观方面，社会工作者与企业、社区和社会一起发展支持个人和家庭的计划，为企业提供咨询服务，评估现有的工作计划和方案，影响社会政策的制定和实施，使其朝着有利于改善员工工作和生活的方向发展。同时，也可利用社区和家庭两大支持系统，通过政府向专业社会工作机构购买服务，以社区为载体开展工作人员及其家庭和子女的相关间接服务，如举办以企业为主题的社区联谊会；开展以社区为依托的有关缓解家庭矛盾、减轻员工压力、进行心理疏导等方面的教育培训等（邱爱芳，2011）。

第五章 员工福利服务

员工福利伴随着工业化的发展和产业工人的增加逐渐兴起，它的历史可追溯到19世纪初，至今已有近200年的发展。员工福利和工资、社会保险共同起着满足员工物质文化生活需求以及促进社会生产发展的作用。早期的福利旨在解决员工的后顾之忧，对员工的一些特殊困难给予支持和帮助。随着社会经济的发展，现代企业的福利支出在整个报酬体系中的比重越来越大，其功能也逐渐扩展为吸引、保留与激励员工的重要手段。

第一节 员工福利概述

一 员工福利概念

（一）员工福利的定义

员工福利（employee benefit）是指员工的非工资性收入。它是雇主责任的产物，伴随企业文化的进步而发展，早期员工福利可以追溯到19世纪初期。自1883年德国俾斯麦政府颁布了世界上第一部《雇员医疗保险法》以后，政府开始举办社会福利项目，员工福利具有了更广泛的意义。

广义员工福利包括社会福利和企事业单位福利。具体包含三方面：①指企事业单位员工作为国家的合法公民，享受政府的公共福利和公共服务；②企事业单位员工作为单位成员，享受单位的集体福利；③除工资外，企事业单位为员工及其家庭提供各种实物和服务形式的福利。

狭义员工福利，亦称为机构福利、职业福利、劳动福利，是行业和单位为满足劳动者的生活需要,在工资收入以外,向企业员工及其家庭成员所提供的待遇。职业福利的内容可分为三类:①福利津贴。一般以现金形式提供,是员工工资收入以外的收入。②福利设施。包括员工食堂、员工宿舍、托儿所等生活福利设施,以及文化室、俱乐部、职工图书馆等文化、康乐设施和场所。③福利服务。福利服务内容相当广泛,既包括与上述各项设施相关的各项服务,也包括诸如接送员工上下班、接送员工子弟上学、提供健康检查等服务。

在我国,员工福利过去更多地被称为"职工福利",二者的内涵和外延基本相同。直至最近几年我们才开始使用"员工福利"一词。从本源意义看,员工福利是机构招揽人才和激励员工并借此赢得竞争的一种重要手段,主要旨在鼓励和刺激生产、工作的积极性,因此,在本质上员工福利属于员工激励机制范畴,是员工薪酬制度的重要补充。

(二) 员工集体福利和员工个人福利

员工集体福利是指为员工提供必要的集体消费和共同性消费设施以及为集体提供服务,主要包括以下两个方面:①员工集体生活福利,主要是指兴建集体生活服务设施,以优惠待遇供员工享用。其中,员工集体生活福利设施有职工食堂、职工医院、职工宿舍、托儿所、幼儿园、子弟学校、浴室、理发室等。②员工集体文化福利,主要是指单位兴建文化、卫生、体育、娱乐等方面的设施,以免费或减费的优惠待遇供员工享用。具体包括兴建文化宫、俱乐部、图书馆、影剧院、业余学校、体育场馆等设施,以及举办各种文化、卫生、体育、娱乐活动等。

员工个人福利主要是指用于个人生活方面的各种福利项目,一般称为员工福利补贴。补贴的形式,主要是发放现金,有时也发实物。补贴的内容主要包括员工生活困难补助、员工探亲期间工资和往返车船票补贴、员工上下班交通补贴等,以及水电补贴、卫生费、洗理费、书报费等。

二 员工福利的类型

目前,为增强竞争力与凝聚力,越来越多的企业开发了新的员工福利资源,员工福利项目已多样化,可根据不同的标准划分为不同类型。

(一) 按是否强制可分为法定福利与非法定福利

按是否由国家立法强制实施,可以分为政府强制性法定福利和企业自主性非法定福利。

根据政府的政策法规要求，所有在国内注册的企业都必须向员工提供政府强制性法定的职业福利，如养老保险、医疗保险、失业保险、住房公积金、病假、产假、丧假、婚假、探亲假等政府明文规定的福利以及安全保障福利、独生子女奖励等。

此外，企业也会根据自身特点有目的、有针对性地提供一些福利。一般有两类：一是常设项目，如带薪年休假、教育资助、各种员工福利津贴（如运动、交通、午餐等）、组织员工旅游、提供方便生活和工作的服务、节假日礼物等；二是特色项目，如员工协助方案、法律性支持服务、职业辅导咨询性服务、工作环境保护、家政和托管服务、组织信用互助会等。近年来，特色项目又增加了一些新型的员工福利，如员工持股计划、员工分享利润、企业（职业）年金、补充医疗保险等。

（二）按福利的表现形式可分为经济性福利和非经济性福利

经济性福利包括社会和企业提供的各种保险、分红、节日礼金、亲属的抚恤补助、健康检查、子女助学补助、伙食补助、带薪假期、特约商店等。

非经济性福利又可分为集体福利设施、娱乐和辅导服务性福利。其中，集体福利设施主要有图书馆、阅览室、食堂、浴室、文化宫、俱乐部、体育场、医疗机构、员工住房和集体宿舍、子弟学校、托幼机构、通勤班车等；娱乐性和辅导服务性福利包括员工旅游、员工教育培训、员工社团活动、员工文化体育活动、咨询辅导、家庭援助等。

（三）从福利享受的对象可分为全体员工福利和非全体员工福利

从福利享受的对象来看，并不是所有的福利项目都是由全体员工享受的，企业或多或少的存在差异性福利策略。从这一角度来看，福利又可以分为三类：全体员工都享有的全员福利；特殊群体享有的特种福利，如出差待遇（轿车、飞机和星级宾馆）、特殊津贴、女职工的特殊休假和卫生费等；特困群体的补助和救济，如特困家庭和特病员工困难补助和劳务服务。

三 员工福利方案（计划）的设计、实施和管理

员工福利项目种类繁多，任何一个企业都不可能为员工提供所有形式的福利项目，一般都是挑选一些适合本企业的项目，提供适当福利。因此，设计一项恰当的员工福利计划并进行有效的管理，是使福利发挥吸引人才、留住人才作用的关键。

（一）员工福利方案的设计

员工福利方案（计划）设计是指一个单位根据自身实际为其员工所设立的各种职业福利项目的组合，包括待遇水平、享受条件、实施时限等。它是对员工福利状况的综合描述，也是员工福利的执行依据。员工福利的设计一般应遵循以下四项原则：第一，为单位发展战略服务原则。员工福利的真谛是为单位发展战略服务，最终目的在于促进企业效益和竞争力的提高。第二，满足员工个性化需求原则。员工福利需针对员工的具体情况设立，满足员工个性化需求。第三，激励性原则。通过员工福利提升员工满意度、责任感和工作热情。第四，适度原则。员工福利必须与国家的政策、行业的生产力水平、单位的实际经济状况、员工的需求状况等相一致。

1. 福利方案的设计步骤

根据设计员工福利应遵循的原则，员工福利设计一般包含以下步骤。

第一步，了解本单位所属社会组织的系统运行规则。单位所属组织的共性规则是其设计员工福利的基础，决定了单位福利的基本方向。

第二步，分析和界定单位的战略目标及主要任务。单位的战略目标及主要任务直接决定了单位需要在什么时候选取哪些福利项目以及多高水平的福利来激励哪些员工。

第三步，调查遴选单位员工的合理需求，提出相应的满足措施。通过科学调查寻找员工的需求共性以及差异性。在此基础上，对员工的所有需求进行甄别，确定在特定时期合理有效、应该由单位以福利方式来加以满足的需求。

第四步，由单位专业人员或委托专业机构来设计福利方案。基于上述工作，由专家小组在科学理论指导下，运用相关的方法与技术，设计符合单位发展战略、富有特色的员工福利方案。

第五步，对职业福利方案的正式确认。按照一定的程序，在征求多方意见并经专业人士反复修改后确认。

2. 员工福利方案的模式

福利方案模式即是员工福利方案的类型，与企业根据自身所处的内外部环境及发展状况所做出的员工福利方案决策有关。一般来说，从福利方案提供的水平、举办项目的内容和形式、福利方案制订的过程、福利覆盖的范围、福利的享受条件以及福利实施的主体等不同角度，员工福利方案均有不同的表现模式（仇雨临，2007：138~149）。

（1）员工福利方案的水平模式。通过企业所提供的员工福利水平与外部市场福利水平的比较，可将员工福利计划划分为市场领先型、市场追随型和市场滞后型三种模式。需要强调的是，此种划分的依据是企业整体福利水平，如果考虑员工个人的福利水平，那么还存在第四种模式，即混合型模式。

（2）按照企业给员工提供的福利项目形式的不同，可以把员工福利的项目模式划分为实物型模式和货币型模式两种。

（3）根据福利方案制订过程中企业和员工所扮演的角色不同，可以将员工福利计划划分成企业主导型、员工主导型和共同参与型这三种模式。

（4）按照企业给员工提供的福利项目对象一致性程度的不同，员工福利方案可以划分为统一型和差异型两种模式。

（5）按照员工享受福利的条件和种类，员工福利方案模式可划分为免费型、绩效型和资历型。

（6）按照员工福利实施主体的不同，可将员工福利方案划分成自主型和外包型两种。

（二）员工福利方案的实施

员工福利方案的实施即是通过员工福利方案的运行，使福利得以具体落实。方案的落实需做好三项工作。

第一，建立与福利相关的工作制度，用制度约束员工福利的落实。

第二，设立专业机构，配备专业人员负责日常的员工福利事务。具体的工作内容包括：对员工的福利需求进行调查分析，提出福利变更和修改的意见，督促与福利相关的部门及时落实员工福利。

第三，发动员工参与员工福利实施过程的效果评估，反馈员工对员工福利方案的意见，结合企业的实际情况提出员工福利方案的调整建议，不断完善员工福利制度，提高员工福祉水平。

（三）员工福利方案的管理

员工福利方案的管理，是通过组织、指挥、监督、调节职业福利工作中的各个环节，以实现既定的员工福利需求。严格说来，员工福利方案的设计、实施、评估和调整等过程皆属于员工福利管理的内容，可分为单位内管理和政府对员工福利支持两个层次。

1. 企业内员工福利管理

企业内员工福利管理具有以下特征：第一，它是一种制度管理。企业员工福利的管理，是企业内部制度的坚持和执行，要求用企业的总体制度来规范其运行过程。第二，它是一种目标效益管理。它要求围绕企业总体发展战略制订员工福利方案，据此明确各个工作阶段的任务，并通过切实可行的措施逐步达到预期目标。第三，它是一种公开管理。企业员工福利管理要求公开化，福利方案应向单位全体员工公开，甚至向社会公开。第四，它是一种动态管理。企业员工福利管理应随着社会经济环境的变化，尤其是劳动力结构以及员工生活方式的变化而不断调整。

2. 政府对员工福利的引导和调控

企业员工福利虽然是企业内部制度安排，但政府可从宏观层面对员工福利进行引导和调控。主要有三种方式：第一，用财政手段、劳资关系、社会保障制度等手段间接调控职业福利的设置及水平，如补充养老保险、补充医疗保险等福利项目通常是在国家有关政策的引导下得以实施的，政府的财税政策实际上刺激了各企业设立补充养老保险和医疗保险福利项目。第二，通过现代社会生活方式引导各企业把员工福利设计重点放在员工生活方式需求的满足上，借此推动员工福利的科学化和现代化。第三，通过制定政策促使各类职业收入同其劳动贡献挂钩，把各类职业间收入差距维持在合理的范围内，同时即使各类职业（各企业）有经济实力提供职业福利，也要保证作为薪酬重要补充的职业福利在不同职业之间的起点是公平的，从而保证职业结构的合理和社会稳定。

第二节 员工福利的历史及未来发展趋势

员工福利是工业化的发展和产业工人不断增加逐渐兴起的产物。自19世纪初至今，已有近200年的发展史，最近十几年在"以人为本"的管理理念下，员工福利不断推出、开展新项目，进入多元化和迅速发展时期。

一 西方发达国家员工福利的形成与发展

（一）员工福利的早期发展

西方员工福利最早出现于19世纪末20世纪初。19世纪后半期，伴随着早期资本主义经济的发展，产业工人和资本家之间的矛盾日益加剧，产生了一系列劳工问题。劳动强度的增加、恶劣的工作环境、工作的单调乏味、工伤事故的增加，引起了工人的强烈不满，工厂里暴力事件层出不穷，罢工也经常发生。1900～1914年，一些思想开明的企业家自觉地采用了一些雇员福利措施，如在公司设置澡堂和餐厅，公司内容所提供的医疗保健服务以及营养和卫生方面的咨询。这些企业家们认为，福利工作是提高雇员士气的善举，对改善雇佣关系大有益处。一时间，福利运动流行开来。

（二）员工福利的迅速发展

"二战"期间和"二战"结束后，西方国家的员工福利事业迅速发展。如日本的员工福利制度起始于第二次世界大战期间，当时市场供应严重短缺，为了解决这一问题，企业集中提供食物、衣物和住房及医疗等福利津贴和相关服务。日本的企业像个大家庭，几乎供养其成员的全部需求，包括提供住房、医疗保健、生日红包、结婚礼金、生育津贴、死亡补助等。美国政府在第二次世界大战期间对工资和物价实行了严格的控制，同时，战争期间劳动力短缺问题较为严重，企业为了争夺稀缺的劳动力，纷纷向员工提供优厚的福利待遇并作为一种回避战时工资冻结的手段。由于对福利成本的监督比对工资的直接监督更加困难，政府部门对此采取了比较宽容的态度。这些员工福利制度在战后延续了下来。

（三）员工福利在现代的发展

在 20 世纪末期和 21 世纪初期，随着工业化程度和劳动复杂程度的提高，企业对员工劳动的监督日益困难，而必须依赖员工的自觉性来提高劳动生产率。特别是伴随着知识经济和全球化的继续发展，企业间的竞争日渐激烈，招聘高素质的劳动力并保持一支稳定的员工队伍，成为提高企业核心竞争力的关键。同时，由于生活水平的普遍提高，企业员工对员工福利也提出了更高的要求。出于对一系列因素的综合考虑，雇主们也愿意通过增加福利表示对员工的关心、满足员工的需要，以提高企业的凝聚力和劳动生产率。

二 我国员工福利的发展过程

在中国，员工福利的发展在不同的历史时期有不同的内容和特征。具体说来，大致可以分为计划经济下的员工福利、由计划经济体制向市场经济体制过渡阶段的员工福利与员工福利走向综合服务和人性化管理三个阶段。

（一）计划经济下的员工福利

这一时期，我国企业奉行的是"低工资、高福利"政策，在社会保障制度不健全的情况下，员工福利就成了社会福利的载体，起到了保障全体社会成员基本生活的作用。自 1950 年 6 月《中华人民共和国工会法》颁布后，在政府的不断调整和支持下，企业开始大力兴办福利事业，通过设立学校、医院、商店、食堂等机构来帮助员工解决与生活有关的一系列问题，建起了一个包办员工"从摇篮到坟墓"一切福利的企业社会。员工一旦进入企业，就等于进入了一个封闭的社会，生老病死都有人管，只要象征性地交一些钱，甚至不用交钱就能享受到医疗、教育、住房等福利项目。正是因为有了这些福利项目，员工才能够以微薄的工资收入维持正常的生活开支。由此可以看出，这个时期的企业福利弥补了当时低工资的不足，缓解了企业员工的生活困难，促进了当时生产的发展。但是单位内整齐划一的福利体制使得福利计划原有的效用被削弱。改革开放以后，特别是企业转制以后，这样的福利制度便随着计划经济体制的解体而一去不复返。

（二）从计划经济体制向市场经济体制过渡阶段的员工福利

我国员工福利发展的第二个阶段是计划经济体制向市场经济体制的变革过渡阶段。20世纪70年代末80年代初，我国开始进行市场经济体制的改革，企业在自负盈亏的同时拥有了经营自主权，在"效率优先"的指导原则下，国有企业全方位的福利体系开始解体，一些社会问题也纷纷暴露出来。有些国有企业甚至出现了欠发退休职工养老金的情况；而有的国有企业因冗员太多、效率低下，采取了减员增效政策，让一部分职工离开工作岗位，这便出现了后来的"下岗"、失业员工。

为了妥善解决这些社会问题，政府开始大力推行社会保障制度改革，将养老、医疗、工伤、失业、生育等几大保险及住房公积金等通过法规的形式确定下来，并演变成现在的法定福利。其中，《劳动法》等法规的出台标志着我国企业福利走向了法制化、规范化的道路。但是，由于我国还处在市场经济体制改革初期，很多企业过分关注效率与眼前利益，将企业福利视为企业的纯支出，对其采取能省则省、能逃则逃的态度，即便是法定福利，仍有大部分的城镇职工没能享受到。据国家统计局数据显示，2013年末全国参加城镇职工养老保险的人数是32212万，参加职工基本医疗保险的人数是27416万，参加失业保险的人数是16417万，参加工伤保险的人数是19897万（其中农民工为7266万人），参加生育保险的人数为16397万，而2013年末全国就业人员为76977万人，其中城镇就业人员为38240万人（国家统计局，2014）。

在法定福利遭受冷遇的同时，企业的自主福利就更显得冷清。以企业年金为例，我国企业年金制度建立于1991年，在这20年内，全国共积累企业年金基金2809亿元，参保企业3.71万多家，参保职工1335万人（文太林，2011）。2010

年享受企业年金的人员占职工参加城镇基本养老保险人数的 6.89%，仅占当年城镇就业人数的 4.13%（国家统计局，2011）。

（三）员工福利走向综合服务和人性化管理

我国员工福利发展的第三个阶段是进入 21 世纪后直到今日，部分企业的员工福利已经开始逐步走入综合服务和人性化管理阶段。随着我国经济体制改革的深化，尤其是在正式加入 WTO 后，大量外资企业涌入，国内企业间的竞争更加激烈，而企业间的竞争实质上就是人才的竞争。面对外企"挖人"的攻势，国内企业逐步认识到企业福利在吸引员工、留住员工和激励员工方面的重要作用，从而改变了以前认为企业福利是企业包袱的观念，开始大力发展企业福利，这进一步带动了我国企业福利朝向多元化、自主化发展。在法定福利日渐被企业认同、覆盖面迅速扩大的同时，我国企业的自主福利也呈现快速发展势头。以企业年金为例，据世界银行乐观估计，2030 年中国企业年金市场将达 15 万亿人民币，届时将成为世界第三大企业年金市场（文太林，2011）。

近年来，为了更好地适应员工的需求，越来越多的企业不断探索、积极引进新的企业福利模式，员工福利开始从经济补贴转向综合服务，包括各类的附加保险、培训、旅游、带薪休假以及用来提高和改善员工生活质量的一系列计划和措施，如员工援助计划（家庭冲突问题的解决、职业生涯咨询、法律咨询等）、弹性工作时间及福利套餐等新型企业福利项目。

三 员工福利改革和发展趋势

（一）员工福利以人为本，注重与企业人力资源管理战略匹配

进入 20 世纪 90 年代后，迫于新经济发展的巨大压力，很多企业开始重新推敲他们的用人战略。对于企业来说，重要的是要认识到员工的贡献，并设法留住优秀的员工。在新经济条件下，员工不仅需要较高的工资，还需要长远的获利可能、继续学习和发展的机会以及良好的工作环境。对此，企业应及时调整薪酬管理思路，设计合适、完善、充满人情味的员工福利制度，主动适应和服务员工，力求为其提供一个良好的工作生活环境与可持续的发展平台。在此基础上形成劳资双方对奋斗目标的一致认同，实现企业与员工的共同发展。

（二）员工福利突出服务，满足员工需求的动态管理

在以人为本的管理理念下，最近十几年西方国家在员工福利项目开发上，实行跟随企业战略、紧随员工需求、突出体现服务动态化的管理。以上海贝尔为

例，他们最重要的经验就是做到福利跟随战略，公司主动设计别具特色的福利政策，来营建自身的竞争优势。其次是要替员工着想、为员工服务。上海贝尔认为，要真正获得员工的心，公司首先要了解员工的所思所想以及内心需求，在福利政策上不断设法满足员工变动的需求，如及时为成家立业的员工推出无息购房贷款福利项目，在其工作满期后，此项贷款可以减半偿还。此外，近些年西方国家从满足员工的动态需要出发，不断推出、开展了新的员工福利项目，如牙病保险、视力保险、照料孩子服务、护理老人服务、法律事务保险、咨询服务、员工援助等。

（三）员工福利注重沟通，体现个性化特征

在员工福利计划管理上，重视员工的选择、注重与员工的沟通、满足员工的个性化要求已成为趋势。近年来，在西方国家流行"自助餐式的福利计划"，又称"菜单式福利计划""弹性福利计划"。它源于20世纪70年代，顾名思义，这种福利计划是向员工提供一个可供选择的福利项目清单，允许其在企业规定时间和金额范围内，根据自己的需要和偏好选择其中的福利项目。企业按本人选择的福利组合提供福利，并每隔一段时间，给员工一次重新选择的机会，以满足员工不断变化的需求。自助餐式福利计划，实现了从传统的企业指定性福利到员工选择性福利的转变，将是未来员工福利发展的方向。

个性化特征的另一个重要表现在于，企业在员工福利设计中注重满足员工自我发展的要求，为其提供更多的教育培训机会。如在上海贝尔的整个福利架构中，员工培训是重中之重，公司有一套完善的员工培训体系，在鼓励员工接收继续教育的同时，也为其负担学习费用（李小勇，2004：238～239）。

（四）员工福利社会化趋势

员工福利管理开始强调社会化，突出体现在主体多元化方面：一是企业通过签订合同把自己的福利计划外包给专业性公司，由它们具体负责员工福利的制度设计和实施，如目前流行的"第三方管理"；二是在企业实施的具体福利项目中借用专业机构的力量，包括企业年金计划的投资决策制定与员工协助计划的评估、制订和实施等。此外，越来越多的社会团体开始关注员工福利领域。以美国为例，从20世纪70年代开始，许多学术研究组织都致力于员工福利的趋势研究，包括国家社会保障委员会（NCSS）、养老政策总统委员会（PCPP）、最低工资研究委员会（MWSC）等，而且对于如何改善员工福利项目的问题，这些团体提供了超过1000份的建议报告。

第三节 员工福利结构和主要项目

员工福利是企业基于雇佣关系，依据国家的强制性法令及相关规定，以企业自身的支付能力为依托，向员工所提供的用以改善其本人和家庭生活质量的各种以非货币工资和延期支付形式为主的补充性报酬与服务。从结构上可划分为法定员工福利和企业员工福利两大类。

一 法定员工福利

法定员工福利是国家通过立法强制实施的对员工的福利保护政策，包括社会保险和各类休假制度。

（一）社会保险

1. 社会保险的概念和目的

社会保险是国家通过立法手段建立的，旨在保障劳动者在遭遇年老、疾病、伤残、失业、生育以及死亡等风险和事故，暂时或永久性地失去劳动能力或劳动机会，从而全部或部分丧失生活来源的情况下，能够享受国家或社会给予的物质帮助，维持其基本生活水平的社会保障制度。

社会保险的目的是风险的预防和补偿。现代社会经济生活中的风险类型决定了社会保险的内容。市场经济中能够使人们收入减少或中断的风险有年老、疾病、工伤、生育、失业、残疾、死亡，对于企业员工来说，主要有养老保险、医疗保险、失业保险、工伤保险和生育保险。

2. 企业员工社会保险的主要项目

目前我国企业员工社会保险主要有五项：养老保险、医疗保险、失业保险、工伤保险以及生育保险。

养老保险是社会保险的一个重要险种，也是企业员工的一项基本福利。我国现行的养老保险制度是根据1997年国务院颁发的《国务院关于建立统一的企业职工基本养老保险制度的决定》建立起来的。

医疗保险具有狭义与广义之分，狭义的医疗保险只负担医疗费用的补偿；广义的医疗保险除了补偿医疗费用以外，还包括补偿因疾病引起的误工工资，对分娩、残疾及死亡给予经济补偿以及用于预防和维持健康的费用。目前我国的医疗保险制度属于狭义的概念，只按规定负责补偿医疗费用的开支。国务院1998年颁布的《国务院关于建立城镇职工基本医疗保险制度的决定》是新时期员工医疗保险制度基本构架的基础。

失业保险是国家以立法形式，集中建立的，对因失业而暂时中断收入的劳动者在一定期间提供基本生活保障的社会保险制度。1999年国务院颁布的《失业保险条例》是我国目前执行失业保险制度的法律依据。

工伤保险是国家立法建立的，对在经济活动中因工伤致残或因从事有损健康的工作患职业病而丧失劳动能力的劳动者，以及对员工因工伤死亡后无生活来源的遗属提供物质帮助的社会保险制度。在现代工伤保险制度中，普遍实行"补偿不究过失原则"或"无责任补偿原则"。根据该原则，劳动者在负伤后，不管过失在谁，均可获得收入补偿。另外，与以上三项保险不同的是，工伤保险只由企业缴纳，员工个人不缴纳。自2011年1月1日起，我国开始施行国务院新修订的《工伤保险条例》。

生育保险是国家通过立法筹集保险基金，对生育子女期间暂时丧失劳动能力的职业妇女给予一定经济补偿、医疗服务和生育休假福利的社会保险制度。生育保险一般包括产假和生育医疗服务。现行生育保险执行的主要依据是1988年国务院颁布的《女职工劳动保护规定》以及1994年劳动部发布的《企业职工生育保险试行办法》。

目前以上五项保险制度中，发展较快、相对完善的是前三项保险制度。社会保险制度是员工享受的社会福利，也是员工应有的权益，受到《宪法》和《劳动法》的保护。尤其在中国经济转型时期，社会保险制度对保障员工的切身利益更为重要。

（二）法定假期（休假）

法定假期即企业员工依法享有的休息时间。在法定休息时间内，员工仍可获得与工作时间相同的工资报酬。我国《劳动法》规定的员工享有的休息休假待遇，包括6个基本方面：劳动者每日休息时间；每个工作日内的劳动者的工作时间、用膳、休息时间；每周休息时间；法定节假日放假时间；带薪年假；特殊情况下的休假，如探亲假、病假休息等。这是国家关于法定假期（休假）的母法规定，并针对法定节假日、公休假日、探亲假、带薪年假做了详细规定。以法定节假日为例，法定节假日，又称为法定休假日，是国家依法统一规定的休息时间。根据2014年开始施行的《全国年节及纪念日放假办法》，我国的法定节假日包括：元旦（新年），放假1天；春节，放假3天；清明节、劳动节、端午节、中秋节，各放假1天；国庆节，放假3天；法律、法规规定的其他休假节日，如妇女节、青年节、中国人民解放军建军节等，相关人员可以休假半天或1天。在法定节假日，劳动者可享受休息，而且工资照发，属于带薪休假。按《劳动法》规定，企业如果在法定节假日安排劳动者工作，应支付不低于300%的劳动报酬。

二 企业员工福利

企业员工福利是企业自主建立的，为满足员工的生活和工作需要，在工资收入之外，向员工本人及其家属提供的一系列福利项目，包括货币津贴、实物和服务等形式。现代化企业的福利项目具体体现为不同的企业福利计划，包括收入保障计划、健康保险计划、员工服务计划、员工持股计划及利润分享计划等。

（一）收入保障计划

收入保障计划是提高员工的先期收入和未来收入水平的福利计划，较为常见的有住房援助计划、企业年金、人寿保险等。

住房援助计划包括住房贷款利息给付计划和住房补贴。前者是针对购房员工而言的，企业根据其内部薪酬及职务级别来确定每个人的贷款额度，在规定额度和规定年限内，贷款部分的利息由企业逐月支付；后者则指无论员工购房与否，企业每月均按照一定的标准向员工支付现金，作为员工住房费用的补贴。在我国，企业实行住房公积金制度，企业和员工都要按照员工工资的一定比例缴纳住房公积金，计入员工的公积金账户。

企业年金也可称作企业补充养老保险、私人养老金、职业年金计划等，是企业或行业自主发起的员工养老金制度，亦是企业福利体系中的重要组成部分。企业年金一般由企业缴费或是由企业和员工共同缴费建立保险基金，经过长期积累和运营作为退休员工的补充养老金收入。大多数发达国家都建立了企业年金制度，甚至有些国家通过立法，将企业年金变成国家强制性的养老金制度。我国主要通过税收优惠政策来鼓励企业为员工建立补充养老金。

人寿保险是企业为员工提供的保险福利项目，是市场经济国家较为常见的一种企业福利。团体人寿保险的好处，在于个人能够以较低的价格购买到相同的保险产品。在美国，大约有91%的大公司向员工提供人寿保险。绝大部分的企业（79%）支付了全额保费，其中2/3的保单包含了意外死亡和伤残条款。员工若因意外事故死亡和伤残，就可从保险公司获得一笔经济补偿。

(二) 健康保险计划（商业健康计划）

社会医疗保障范围和程度的有限性，客观上为企业建立补充医疗保险保留了空间。在发达国家，企业健康保险计划亦是企业常见的福利措施。在我国，由于城镇职工基本医疗保险制度的局限性，也有一些企业为职工建立了补充医疗保险计划。这些计划基本上都是针对基本医疗保险费支付封顶线（社会平均工资的 4 倍）设计的补充保险计划，负担封顶线以上的医疗费用开支。商业保险公司经营的补充保险、工会组织主办的补充保险以及社会保险经办机构举办的补充保险即属于这类计划的典型。

(三) 员工服务计划

除了以货币形式提供的福利以外，企业还为员工及其家庭提供旨在帮助员工克服生活困难和支持员工事业发展的直接福利服务形式。

(1) 员工援助计划。这是一种治疗性福利措施，针对员工酗酒、赌博、家庭暴力或其他疾病造成的心理压抑等问题提供咨询和帮助的服务计划。在具体组织和操作方式上，主要有三种形式：一是由公司内部工作人员进行的援助活动；二是公司通过与其他专业机构签订合同来提供服务；三是多个公司集中资源，共同制订援助计划。

(2) 员工咨询计划。此计划与员工援助计划类似，主要是指企业从某组织中为其员工购买一揽子咨询"快餐"，由员工匿名使用，可享受的服务包括：夫妻和家庭冲突问题的解决、丧亲之痛的缓解、职业生涯咨询、再就业咨询、法律咨询及退休咨询等。

(3) 教育援助计划。它是通过一定的教育或培训手段提高员工素质和能力的福利计划，分为内部援助计划和外部援助计划。前者主要是在企业内部进行培训，开设一些大学课程，并聘请大学教授或是经营管理的专家来企业讲课。后者是对到社会上的机构（如大学或其他培训组织）接受培训的员工的学费给予适当补偿的福利。

(4) 家庭援助计划。伴随着老龄化的趋势以及双职工、单亲家庭的增加，员工照顾年迈父母和年幼子女的负担逐渐加重。家庭援助计划即在此背景下，为了保障员工安心工作，企业向员工所提供的照顾家庭成员的福利，主要提供老人照顾和儿童看护服务。

(5) 家庭生活安排计划。企业安排专门部门帮助员工料理生活中的各种杂务，类似于后勤服务。据报道，在微软中国全球技术中心，在员工工作忙碌时，有专门的行政部人员负责帮助他们料理私人事务，甚至包括交水电费等。

(6) 其他福利计划。除了上述福利计划外，一些企业还为员工提供交通服务、健康服务、旅游服务和餐饮服务等福利项目。如不少企业为了改善和维持员工身体和心理健康，不仅为员工提供健身房和各种健身器械，还为员工举办健康教育讲座。

以上的福利计划都属于全员性的福利服务计划，即所有员工都可以平等享受的福利。事实上，企业还有为不同职位和不同需求的员工提供的特种福利和特困福利。前者是指针对企业中的高级人才所提供的，其享有的依据是员工个人的贡献率，常见的特种福利有高档轿车服务，出差时飞机、星级宾馆待遇，股票优惠购买权，高级住宅津贴等。后者是针对特别困难的员工及其家庭提供的，如工伤残疾、重病员工的生活补助等，主要根据员工的需要进行分配。

（四）员工持股计划

员工持股计划是一种新型的财产组织形式和制度安排，是一种长期激励方式，它与重奖、年薪制等短期方式一起构成了对员工和经营者的物质激励体系。在这种制度下，员工（包括普通员工与管理人员）既是劳动者，也是人力资本的所有者以及财产所有者，通过劳动和资本的双重结合与企业组成了利益共同体。因此可以说，员工持股计划是一种具有集资性、福利性、风险性和激励性的特殊薪酬分配形式。员工持股有如下形式：福利型员工持股，员工不需要承担很多风险，而且收益较为稳定；集资型员工持股，将员工视为一般的投资者，可分为自愿和不自愿两种方式；风险型员工持股，员工的收益取决于企业的效益，其激励和约束效力较强。

（五）利润分享计划、收益分享计划、成功分享计划

利润分享计划是指员工根据公司整体业绩获得的年终奖或者股票，或者是以现金的形式或延期支付的形式得到的红利。该计划主要关注企业目标，尤其是财务目标能否达成。它最重要的作用就是在企业利润降低时能够适当降低劳动力成本，其在直接推动绩效改善以及改变员工或团队行为方面所起的作用较小。

收益分享计划是员工基于其所属工作单位或群体总体绩效的改善状况所获得的奖金。该计划与直接的利润指标无关，它所关注的主要是生产力和质量指标。收益分享计划比利润分享计划的激励性更强。其最重要的特征就是具有真正的自筹资金性质，因为收益是经过员工的努力创造出来的，因而不会对企业的收益存

量产生压力。

成功分享计划建基于既定绩效目标的达成情况或者绩效改善的程度，其关键在于每个经营单位能够超越它们自己在上一绩效周期内所达到的目标。另外一个很重要的因素就是让员工理解自身是如何对组织经营目标的达成产生影响的，以此作为其绩效目标的一种承诺。该计划所关注的是员工在团队层次上的表现以及更为广泛的绩效结果。

第四节　社会工作介入员工福利

员工福利是企业社会工作重要的组成部分。企业社工的主要任务包括：在宏观上倡导员工福利政策制度建设；中观上协调社区和工业组织设计、开发满足员工需要的福利设施和提供多样化的福利服务项目；微观上满足不同的员工群体、家庭和个人的需求，提供具体的福利服务，以弥补非人性化管理所导致的疏离倾向，提高企业员工福利的水平，增强企业的凝聚力和竞争力。

一　目前我国企业员工福利中存在的问题

在人才竞争日趋激烈的今天，提供较具吸引力的员工福利，成为越来越多的企业管理战略中至关重要的环节。但我国员工福利在激励员工方面的效果并不理想，存在的问题具体表现在以下方面。

（一）固守公平性原则，缺乏激励性

随着知识经济时代的到来，员工福利计划作为企业人才竞争的一项管理举措，日益受到欧美及日韩企业的青睐。但在我国，大多数企业的福利体系却相对薄弱，即使制定了相关的福利政策也存在平均化倾向。企业福利被员工认为是普惠性的，并不与绩效挂钩，员工享受同样的福利待遇，没有差别也谈不上激励。这种福利管理模式既增加了企业的成本，也无益于调动员工的积极性。

（二）福利项目设计单一，忽视了员工的需求

随着劳动力队伍构成的变化，不同文化、收入层次的员工对福利的需求存在较大差异，传统的福利已无法适应当下的需求。传统型福利的提供与员工需求之间的脱节造成了资源的大量浪费，增加了企业成本，而忽视了员工需求的福利项目又很难让员工接受，因此深入人心的福利关键在于福利的设置是否紧紧抓住了员工的需求。

（三）漠视普通员工的福利，激化了劳资矛盾

近些年，员工福利计划的不健全日趋成为我国企业发展的软肋。我国许多企业除了遵守保障员工利益的法定福利之外，对非法定福利形式普遍不太重视。甚至对于法定福利，企业执行的力度也不够。部分企业轻视员工福利，以及在员工出现工伤后的一系列不负责任的做法，直接损害了员工利益，激化了劳资矛盾。另外，一个亟待引起重视的现象是部分企业只重视"高级员工"的福利，而对中下层职员福利视而不见。

（四）员工福利工作从业人员严重不足，专业性不高

员工福利工作是集社会工作、人力资源管理、心理咨询与企业管理等为一体的综合领域管理和服务领域。员工福利工作人员不仅需要有相关保险知识，还需要有企业管理方面的经验，更需要懂得相关的人力资源管理和社会工作的知识。当前，我国员工福利发展面临的一个重大挑战即是专业人员的严重匮乏。我国于2007年开始举行员工福利规划师考试，专业化进程刚刚起步。当前员工福利工作从业人员的严重不足以及较低的专业性极大地影响了我国员工福利的发展。

上述问题的存在有赖于社会工作专业的介入，依据其对人、家庭、群体、企业、社区及社会的独特理解，并以专业的方式方法来实现我国企业员工福利的创新。

二 社会工作介入员工福利的路径和角色

在未得到普遍化的专业资格认证、在企业还没有合法身份的状况下，社会工作介入员工福利工作有一定的困难，但仍可借助正在提供类似社会工作的一些机构和组织，努力在企业融入社会工作的价值观、专业方法和实务模式，使其提供员工福利更为有效和人性化。就目前的实际情况而言，社会工作与企业内相关组织和机构合作，介入员工福利设计、管理、评估和服务是一个较好的切入点。

社会工作与企业内相关组织和机构合作，则必须充分利用现有机制，特别是工会。中国有世界上最庞大的工会体系，工会的组织率在公有企事业中达到90%以上。长久以来，我国的工会在实际工作中扮演的是一个负责福利和联谊的双重角色，既是多种体育、文娱、教育活动的组织者，又是提供救济和帮扶的援助机构。尽管工会提供的服务与社会工作意义上的服务在工作方法、工作目标上存在差异，但它的存在毕竟为社会工作的发展提供了一种思路和必要基础。这种

非正规的、半专业化工作的存在是企业社会工作达致专业化、职业化之前的一种过渡阶段。

在现阶段和未来一段时间的发展过程中，社会工作可以提供的服务有：建立学校社会工作专业与企业工会的合作关系，通过对工会工作者的价值再塑和有针对性的专业知识培训，使他们具备社会工作者的眼光和价值，并且拥有更多的工业社会工作方面的知识。在对员工进行物质支持的同时，重视其心理需要，根据员工的建议开展心理方面的咨询活动，为处于重压之下的员工寻找排解压力的方法。针对企业中不同员工群体的需要开展不同的工作，比如提供个人及家庭辅导、进行工作培训、帮助其调适心理等。兼顾行政的要求，并借助行政力量解决群体性的问题；加强其倡导者的角色，为处于弱势的员工个人或群体争取福利。

企业社会工作一般有三种形式，包括企业组织聘用专任的社会工作者、工会聘用专职的社会工作者、企业与社会服务机构签订服务契约等。在当前的条件下，由于社会工作并没有成为一个成熟的专业和职业，所以社会工作介入员工福利如采用以上三种形式都会有一定的困难。目前在企业社会工作尚未确立其专业地位的情况下，社会工作应努力创造条件通过具有广泛社会需求的员工福利在上述三种形式上做积极的探索。

三　社会工作介入我国员工福利的改革和创新

（一）员工福利理念和策略的创新

社会工作在企业领域的基本理念和价值，是开展员工福利工作的基本前提，应成为我国员工福利改革和创新遵循的价值，亦是确立员工福利改革和创新发展策略的依据。

社会工作介入员工福利的具体理念和价值包括：①全人的观点，即将员工当作一个独立整体的个体，尊重其独特性和价值；②注重家庭因素的影响及其塑造个人行为的重要性，与家庭合作增进员工的社会功能；③关注不同员工群体的特殊需求以及处在不同群体中的员工的相互影响，运用群体动力解决个人和环境问题；④注重发掘并使用社区资源，将社区推介作为员工服务的一项基本职能；⑤强调"专业关系"的意义和作用，努力发展和建立与员工的良好专业关系；⑥强调从生理、心理和环境（社会）三维视角去分析员工行为和需求，要特别注重精神与心理支持的作用、注重员工如何感受自己以及与他人的关系；⑦强调社会资本和社会网络对员工的作用，注重帮助员工积极培育新的社会支持网络和运用已有的社会资本；⑧注重员工社会互动和社会功能的健全与否，运用社会学、社会心理学相关知识帮助员工解决人际互动与人际冲突的问题；⑨对社会制度与社会政策具有敏感性，认识到社会问题与人类行为和社会制度相关联，尝试从社会政策角度看待、解决问题。

秉承上述理念和价值，社会工作介入员工福利时应强调如下策略。

第一，尊重员工独特性，体现福利的激励功能。企业的福利设计应与员工的绩效挂钩，让员工通过自己的努力来争取福利，从而实现对优秀员工和核心员工工作的肯定。另外，福利水平的设置也应有所差异，打破平均分配的怪圈，充分体现对个人价值的回报。人无我有、深入人心的福利项目才是薪酬制度的有效补充。

第二，充分考虑员工需求，设计丰富的福利项目。福利项目的设计既要站在员工的角度来考虑他们的需求，了解他们所处的环境和他们的真实感受，同时也要尊重员工，了解他们的动机、情绪、信仰、价值观等，更要及时加强与员工的交流与沟通，建立内部正式和非正式互动沟通和反馈渠道，以了解员工的不同需求以及不同时期的需求重点。

第三，协调企业的劳动关系，重视企业的长期效益。首先，促使企业领导加强员工福利意识，在发展经济的过程中，也让员工利益得到保障，做到兼顾企业与员工双方利益。其次，协助员工设计职业生涯规划，充分发挥员工主观能动性，从而帮助其实现自我价值，以实现企业的最终目标。

第四，增加福利的种类，提高福利的效用。在人才竞争日益激烈的今天，企业在追求利润最大化的进程中对人工成本控制的要求和员工在追求自身价值最大化过程中对福利水平提高的要求始终是一对尖锐的矛盾。社会工作在介入员工福利设计时，在总成本不变的情况下，应设法增加福利的种类，提高福利的效用。

（二）员工福利工作方式、方法的创新

（1）运用个案工作方法，视员工及其家庭为个案工作对象，直接面对员工或其家属进行咨询与辅导、家庭治疗、经济援助与救济，也包括针对具体个案的跟踪、转介与服务评估。

（2）运用小组工作方法，处理员工社会关系困扰和群体发展中的一些共性问题，将小组视为治疗的工具。在员工福利服务中，员工从小组中学习和思考，

分享感受与经验，共同计划未来，相互协助，以期达到员工团队建设、相互支持以及赋权的目的。

（3）运用社区工作方法，在充分了解社区资源的情况下，主动与拥有这些资源的机构联系。社会工作者可以视企业为一个功能社区，以咨询者和促进者的角色协助企业计划、协调、整合所有相关的员工福利方案和服务计划。

（4）运用社会政策的理论和方法，将企业的劳工福利政策转变为实际的服务。此外，社会工作者还可以协助企业组织及员工了解国家的劳工政策，同时也要监督相关部门切实执行这些政策。

（5）协助企业组织调查、了解和评估企业员工福利状况、劳资关系实况，以及应该采取的行动，充当企业与劳工的桥梁与纽带；协助企业人力资源和工会等部门寻求、调动和合理运用福利资源。

（三）员工福利内容和服务对象的创新

随着中国改革进程的加快，市场竞争日益激烈，员工对福利的需求越来越高，社会工作介入员工福利服务，在倡导人性化管理的同时，也需要拓展员工福利的服务内容。

（1）在员工个人层面，促进员工身心健康，指导其提高生活品质；对生活、工作上遭受困扰的员工，给予咨询和辅导服务；帮助员工缓解压力；推进员工良好的人际及工作和谐关系；促进员工家庭和睦，改善家庭关系；促进员工工作与生活的平衡；协助员工自我成长，引导其生涯发展，争取工作中的良好表现。

（2）在企业组织整体层面，设计一套未来的工作方向的计划，丰富企业的福利制度，满足员工不断变化的需要，特别是心理层面的需要；提供员工协助方案（EAP），为员工提供多样化的服务；推进企业组织或工会的员工福利及医疗卫生方案，并协助拟订未来的创新计划；改善组织氛围，提高员工士气；降低因相关管理成本而导致的损失等。

（3）在社区层面，要善用社区资源以满足员工的需求，并与这些资源单位随时保持联系；协助社区开展有关健康、福利、休闲娱乐、教育等方面的活动。

（4）在员工群体层面，对不同年龄、工龄、学历、岗位、家境以及不同性别的员工利益和诉求给予关注，协助企业组织拟订切实可行的有关妇女、青年、少数民族、进城务工人员、残障人士以及高学历、高技术、高收入的"白领"等员工的福利策略计划,并给管理者提供人力资源策略,以作为其决策的参考。

(5) 在员工福利专业建设层面,加强对第一线工作人员的培训和督导,培养其专业敏感性;及时了解员工的工作表现并给予适当协助;记录各种服务资料,建立一套档案系统,以供工作分析之用。

第六章 员工生涯辅导

生涯辅导是以职业辅导作为核心发展起来的概念，涵盖内容更为广阔。金树人（2007）认为，生涯辅导是一种人对人的服务，这种服务方式出现的基本条件是整个社会或文化成熟到"对人的尊重"。生涯辅导设计是对人一生当中职业发展的关照，充满了人文情怀。

第一节 员工生涯辅导的基本概念和理论

生涯发展理论是以职业心理学中的相关概念为基础的，想要清楚地理解生涯发展理论，就需要了解职业发展的历史以及相关的概念变迁。

一 生涯辅导的概念

生涯的英文 career 一词，源于罗马和拉丁文，指古代的战车，表示如同在马场上驰骋竞技，隐含冒险、未知、克服困难的意味。生涯的概念提出之后，经历了一系列的变化。舒伯（Super，1957）最初将生涯定义为"贯穿一个人整个工作生活历程的全职职位发展序列"。但是这一概念后来受到女权主义者关注女性生活中不同角色复杂关系的激发以及角色理论的影响，现在已经扩展到与工作无关的其他领域。

舒伯（Super，1990）强调生涯辅导应该不只是在为案主找工作，更应该注重协助案主去规划属于他自己的生涯，从而将职业抉择扩展为终生的生命规划。布朗等人（Brown & Brooks，1991）认为，生涯辅导是一项人际历程，用来协助有生涯发展难题的个体。生涯发展是选择、进入、调适一项职业的历程。这种历程是终其一生的,与其他的生活角色发生动力性的关联。

综上所述,生涯辅导就是专业辅导人员利用自己的专业知识,提供有系统的策略和方案,促使案主结合自身情况,选择合适的生涯发展方向和目标,进行合理的规划,以达致自我实现。

二 生涯辅导的相关主题和内容

(一) 生涯辅导的主题

围绕个体的生涯发展,生涯辅导提供的服务也是多样化的。奥西普等人(2010)认为生涯发展中包括职业选择中的兴趣、能力、人格等要素,社会文化因素中的社会阶级、种族/民族、性别、性取向等因素;生涯选择中的决策、匹配、职业调适等相关问题。林清文(2001)认为生涯规划的理念、目的、生涯的际遇(场景)等都属于规划的相关主题。金树人认为,当代生涯规划的主题包括六个方面:生涯决策能力的发展,自我概念的发展,对生活方式、价值及休闲的重视,强调自由选择与责任承担,重视个别差异和对外界变迁的应对。

当前我国的生涯辅导强调的是生涯目标的实现,却往往忽略了生涯目的这一主题。生涯辅导的最终目的是促进案主能够自己解决生涯问题,增进案主自主决定的能力。从终极意义上来说,生涯辅导是为了促进个人的自我实现,而不仅仅指职业的成功。

(二) 生涯辅导的对象

什么样的人需要接受生涯辅导或者咨询,并无定论。金树人(2010)将生涯咨询领域的对象分为四类。

(1) 生涯已决定者(career decided),是指当事人在发展过程中,完成了一个必须解决的生涯决定。如,一个社工专业的本科生决定毕业后先工作积累几年经验再去考研究生。生涯已决定者基本上完成对自我的探索阶段,并在发展的若干选项中进行了选择。对此类案主,咨询师可帮助其确认或验证选择的正确性;案主则借生涯咨询的协助进一步形成达到目标的具体步骤。需要注意的是:有些表面的生涯已决定者可能是一种假象,是一个实质上的生涯犹豫者。

(2) 未决定者(career undecided),指的是案主对未来的生涯选择没有具体决策。这有可能是探索性的未定向,也有可能是多重选择的未定向。前者是缺乏对未来职业信息的足够了解,通过适当的设计,增加案主对自我和职业信息的了解,未定向的现象逐渐缓和;后者则指的是具备多种才能或选取或者选择无法做决定。

（3）生涯犹豫者（career indecisiveness），也处于生涯未决定的状态，但是背后的原因更为复杂。这类人通常有严重焦虑，由于人格状态或是一些非理性的认知等原因，不能确定自己的发展方向。

（4）生涯适应不良者（career maladjustment）。生涯适应不良指的是工作表现不佳、无法升迁、与同事经常有摩擦的状态，这种状态通常与其人格状态有关。

（三）职业调适

员工生涯辅导是针对已工作群体进行的生涯辅导，重点在于职业调适。克赖茨（Crites，1969：325）将职业调适定义为"个人在进入某一职业后的特定时期内与职场有关的个人状态或情形"。勒夫奎斯特等人认为，个体调适是个体为了维持工作要求与个人需要之间的一致性而付出的努力。调适的概念蕴含着评估的维度，这也意味着个体的职业行为可能或多或少是适应的。

戴维斯和勒夫奎斯特（Dawis & Lofquist，1984）提出的工作调适理论（Theory of Work Adjustment，TWA）尝试对职业调适提出整体的理解。该理论本质上是一致性模型，它假设工作者特质（能力和工作需要）与工作要求/强化刺激之间的最优匹配对预测工作绩效和满意度具有重要影响。克赖茨（Crites，1978）提出了成人早期职业调适动态过程模式，试图说明工作者在工作环境中达到目标的过程。动机强烈的工作者遇到某种障碍时，必然对内在的冲突和外在的挫折产生一些适应性的反应。如果他能够有效地进行了调适，会减轻紧张或者焦虑，而且能够获得生涯度和成就感；如果问题没有被综合解决，那就说明没有很好地进行生涯调适。这一过程的内容虽然会有变化，但是其动力性在生涯发展连续体的各个阶段都是相同的。克赖茨模型的主要角度强调应对过程。这两种职业调适观点互为补充，从不同方面强调了个体与职场的关系。

第二节 生涯发展辅导的理论

目前有关职业生涯规划的理论可以分为两类：结构取向理论和过程取向理论。结构取向理论把生涯问题和决策看作是在一个时间点上发生的事件，即在个人生活当中某一时刻所发生的事。这类理论强调选择的内容以及将个人与环境相匹配。过程取向理论则把生涯问题和决策看作是各种事件和选择在一生中的发展过程,这一发展过程随个人年龄增长变得日渐复杂。这类理论强调最先的选择,然后是指向某一目标的一系列事件或任务——比如,选择心理学作为专业,成为一个咨询师(Reardon et al.,2005)。

一 结构取向的职业生涯理论

结构取向的职业生涯决策理论强调从个体与环境相适合的角度考察职业生涯决策。主要有两个代表性理论:帕森斯(Frank Parsons)的职业匹配理论和霍兰德(J. L. Holland)的个人 - 环境相互作用理论。

(一)帕森斯的职业匹配理论及其发展

帕森斯是强调人与环境相适合的职业生涯决策理论的奠基者。帕森斯在1909年出版的《选择职业》中指出,明智的职业选择中有三种宽泛的因素:①对自身的兴趣、技能、价值观、目标、背景和资源进行认真的自我评估;②针对学校、业余培训、就业和各种职业,考察所有可供选择的机会;③鉴于前两个阶段所发掘的信息,个体应该仔细推敲何为最佳选择(Parsons,1909)。

帕森斯提出了人 - 职匹配的理念,该理论和模型形成了特质 - 因素职业咨询方法和个人环境相适合的职业理论的核心。直到今天,帕森斯的匹配模型还遍布于职业选择和发展理论及职业咨询实践之中。

根据帕森斯的职业指导三要素,美国职业心理学家威廉斯(E. G. Willianson)发展形成了职业选择的特质 - 因素论。该理论提出,每个个体具有自己独特的人格特质类型和能力模型,这种个体差异是普遍的心理行为模式,应该承认其存在的现实性。最重要的是认识到特定的能力模式、人格类型与某些特定职业之间存在一定的相关性,也就是说,每种人格模式和能力模式的个体都有与其相适应的职业类型。

当然,后来也有研究者在此基础上进一步提出人 - 职 - 环境匹配的模型,强调注重组织文化等外在大环境的影响作用。

(二)霍兰德的个人 - 环境相互作用理论

与帕森斯的职业匹配理论不同,霍兰德的理论则强调了独立工作者的性向和本质。霍兰德是著名的美国职业指导专家,他著有《职业决策》(Making Vocational Choices)一书,并编有"职业偏好问卷"(VPI)和"职业自我探索量表"(Self-Directed Search,SDS)。这两个问卷的信度和效度不错,目前已得到较为广泛的应用。《职业自我探索量表》(SDS)现在仍为学校、职业机构和企业普遍采用，能有效地协助企业完成招聘选拔、晋升、职业发展和职业指导工作。

（1）在我们的文化中，多数人可被划分为六种类型——现实型、研究型、艺术型、社会型、企业型或传统型——中的一种；

（2）存在对应的六种典型环境；

（3）人们寻找某种环境，这种环境能让他们施展才能、表达态度和评价并承担他们认可的问题和角色；

（4）行为由人格和环境的相互作用决定，每种人格类型都有自己的特点和适合从事的工作。

二 过程取向的职业生涯理论

过程取向理论关注个人的决策模式、风格和生活情境，强调生涯发展过程和良好的决策制定过程。主要有两个代表性理论：舒伯（D. E. Super）的生涯发展理论和泰德曼（David Tiedeman）的职业生涯理论。

（一）舒伯的生涯发展理论

1953年，舒伯根据自己"生涯发展形态研究"的结果，将生涯发展阶段划分为成长、探索、建立、维持与退出五个阶段。1976~1979年间，舒伯提出了一个更为广阔的新观念——生活广度、生活空间的生涯发展观（Life-span, life-space career development）。这个生涯发展观加入了角色理论，并将生涯发展阶段与角色彼此间交互影响的状况，描绘成一个多重角色生涯发展的综合图形。这个生活广度、生活空间的生涯发展图形，舒伯将它命名为"一生生涯的彩虹图"（Life-career rainbow）。如图6-1所示。

1. 横贯一生的彩虹——生活广度

在一生生涯的彩虹图中，横向层面代表的是横跨一生的生活广度。彩虹的外层显示人生主要的发展阶段和大致估算的年龄，也就是上文中的五个生涯阶段：成长期（约相当于儿童期）、探索期（约相当于青春期）、建立期（约相当于成人前期）、维持期（约相当于中年期）以及衰退期（约相当于老年期）。在这五个主要的人生发展阶段内，各个阶段以及小的阶段，舒伯特别强调各个时期年龄划分有相当大的弹性，应依据个体不同的情况而定。

2. 纵贯上下的彩虹——生活空间

在一生生涯的彩虹图中，纵向层面代表的是纵贯上下的生活空间，是由一组

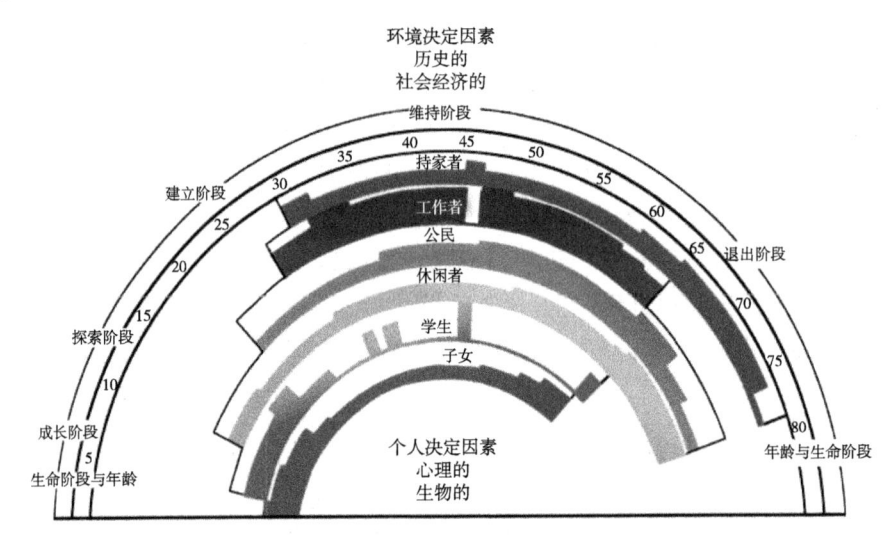

图 6-1 舒伯的生涯彩虹图

资料来源：Super，1984：192-234。

职位和角色所组成。舒伯认为人在一生当中必须扮演九种主要的角色，依序是：儿童、学生、休闲者、公民、工作者、夫妻、家长、父母和退休者。舒伯认为这九种生活角色是我们理解生涯概念的良好途径。每一个人在其有生之年的不同时期担当着一个或多个角色。另外，对每个人来说，每一个生活角色的强度随时间而发生变化。各种生活角色的结合和强度是个人生涯的基础。其中一些角色是从生物学和遗传学的角度来定义的，还有一些可被个人选择（Super，1990）。

舒伯从个人的自我概念、年龄和生活角色的角度来强调生涯发展，帮助我们更清楚地理解生涯发展和决策制定所涉及的内容。

（二）泰德曼的职业生涯理论

泰德曼和奥哈拉（Robert O'Hara）（1963）认为职业发展与人的心理发展是同时进行的，并特别强调自我同一性发展与职业生涯决策发展的一致性，提出了一个以分化与整合贯穿职业生涯决策过程的模式。

泰德曼认为职业生涯决策过程所处理的是一个逐渐形成选择并实施选择的过程。整个职业生涯决策过程可分为两个时期、七个阶段。第一时期是预期（anticipation），可分为四个基本的发展阶段：①探索（exploration），考虑不同选择方向及可能的目标；②晶体化（crystallization），通常代表着一种想法的稳定化。在这一阶段，想法和感觉开始变得更加有序。各种选择的优缺点开始出现；③选择（choice），选定一个能解除目前困扰的目标。个体对选择的信心程度可能会不断地发生改变。选择也根据其明确程度和复杂性发生改变；④澄清化（clarification），个体做出决策以后，接下来将实施决策。然而，在做出决策和实施决策这段时间之间，个体可能体验到对决策的怀疑。如果选择受到质疑，个体可能再次回到探索、晶体化和选择阶段。泰德曼和奥哈拉认为，这四个阶段并不总是按顺序进行的，这些阶段也与年龄不相关。因而，在某个特定的时间，一个人可能处在几个不同的职业生涯决策的各种阶段。职业生涯决策的第二个时期是实施或调整（implementation and adjustment），由三个阶段构成：①推进（introduction），开始执行自己的选择，也是新经验的开始；②变革（reformation），调整步伐与心态，专心致志，肯定在新环境中的角色，全力以赴；③整合（integration），最初的新鲜感消失，个体和群体彼此已经接纳。

三　生涯发展的其他理论

（一）社会学习理论

生涯理论中的社会学习理论是以班杜拉的社会学习理论为基础，强调的是清晰而详细地说明应对过程和结果。克朗伯兹（J. D. Krumboltz）和他的同事们，从社会学习理论观点出发论述生涯发展。

社会学习理论尝试解释个人的教育与职业喜好和技能如何形成，以及这些喜好和技能如何影响个人对各种课程、职业和工作领域的选择。虽然其他的生涯选择理论也或多或少提及这些因素对生涯选择的影响，但不及社会学习理论的阐述分明。该理论探讨的变量如下。

（1）遗传特征和遗传的特殊能力，如种族、性别、外在的仪表和特征；包括运动的、智力的和知觉的行为。

（2）环境事件和背景、人际交往，如社会氛围、个人经验、劳务市场、个体可获得的培训选项和机会，以及影响生涯决策的社会政策，如选拔措施、工会规章和退休政策等。同时，也要考虑到其他的因素，如家庭资源，角色模式，社会和气候性事件，如战争、自然灾害以及教育机会和教育成就等。

（3）学习经验，包括工具性学习经验和联想性学习经验。工具性学习经验与心理学中的工具条件学习的过程颇为类似。强调个体直接对环境产生影响，得到可以观察的结果。联想性学习综合了班杜拉的社会学习理论中的观察学习和学习心理学中的古典条件学习。克朗伯兹指出，我们对职业的刻板化印象，都是通过这种联结学习的经验而习得的。比如，医生都是有钱人，无商不奸，等等。

（4）任务解决的技能。这些技能是遗传特征、环境事件和学习经历之间相互作用的结果。个体在生活经历中形成并学会应用一系列范围广泛的技能和态度，包括工作标准、工作价值观、工作习惯、知觉习惯、认知技能等，这些行为也会随着经验即行为结果的反馈发生变化。

在应用方面，克朗伯兹和贝克（Krumboltz & Baker，1973）提出了生涯咨询的系列步骤，包括界定问题和目标、确定各种解决办法、收集特定问题的有关信息、考察各种决策的可能结果和重估目标、做出决策、将整个过程推广到新问题的解决。

另外一种干预措施是通过帮助个体探索不同的生涯和不同的行为所需的技能。克朗伯兹（Krumboltz，1996）强调案主应该在社会变迁中学习，并指出了影响生涯咨询的三个重点。

（1）生涯决定不能够仅仅基于现有的特质，个体必须扩展其能力与兴趣。基于此，我们应该鼓励案主进一步探索新的嗜好与兴趣。生涯之路就是要学习新的事物，不断充实和整合自己，这样，才能够增进一个人的职业适应性。

（2）各行各业的内容不是一成不变的，个体必须培养自身的职业应变能力。在当社会环境的变化较为快速的信息时代，不能够再依循传统的职业发展方式、职业描述来培养自己的技能，需要接受不同能力的训练，具有一定的职业应变能力。

（3）必须鼓舞人采取行动，而不是坐待诊断结果。克朗伯兹本人反对在职业生涯中找到合适位置就画上句号的做法，他强调行动学习。他认为，生涯咨询师的职责，是鼓舞当事人采取行动。

此外，社会学习理论还鼓励案主在行动中学习，在变动的机会因素中学习。人生有时候是不能够被规划得那么完美的，否则就没有"人生之不如意十之八九"一类的感慨。

总体来说，社会学习理论深入分析了社会中各种复杂变动的因素，在此基础上强调生涯决策能力的培养与学习。长远来看，这种学习能力的培养，能够帮助个体更有弹性地应对急剧变迁的现代社会。

（二）社会系统论

生涯发展的社会系统论的主要观点是：个人不能控制的现实因素对人生产生重大影响——包括教育决策、生涯决策和其他的选择结果。这种观点的支持者主要是社会学家，他们认为个人拥有的自由选择的机会远远比通常认为的要小。他们强调机会的作用，也注重社会结构的变量，比如社会阶级、家庭成员以及相关的资源、局限性，并且期待能够解释个人是如何选择他们的生涯路径的。

与此同时，社会系统理论提出了许多解释生涯和职业选择结果的模型。例如，布劳和邓肯（Blau & Ducan, 1967）提出的地位实现模型认为，职业成就（水平）是教育的直接函数，而教育又是父母社会经济地位的函数。后来休厄尔和他的同事们在此基础上进行了发展，认为除了社会地位，能力和学术成就也会影响教育成就。贝克尔（Becker, 1975）提出了人力资本理论，以更宏观的理论解释职业行为。他把职业行为比作金融投资过程，认为个人拥有的有限资源（如能力、时间、努力等）会以利润最大化的方式投资于不同的项目，如教育、培训和工作。

总之，社会系统论认为个人不能够控制的现实因素包括机会、遗传、社会经济地位、家庭等相关因素。这一理论促使了更加全面的职业现实主义概念的出现。有人认为，这一取向过于强调结构因素，严重偏离了个体。但是如果能够对其描述和关注的概念和问题进行关注，可以帮助更好地理解个体的生涯发展。

（三）女性生涯发展

20世纪70年代以来，关于女性生涯发展研究的探索取得了很大的进步。这些与日新月异的社会变化有着一定的关系。

女性生涯发展早期的研究内容主要是区分愿意工作与不愿意工作的女性，为进一步研究寻找被试。当女性大量进入职场后，研究开始转向考察职业女性之间的差异。母系氏族社会之后的"男主外，女主内"的家庭分工，让女性成为操持家务和抚养孩子的主要力量。家庭角色及其相关期望往往会对女性生涯发展产生影响，尽管这种影响程度往往被低估。

舒伯（Super, 1957）是第一位严格意义上论述女性生涯发展的理论家，他将女性执业行为区分为七种类型：稳定持家型、传统型、稳定工作型、双轨型、间断型、不稳定型、多种尝试型。稳定持家型指那些从校园直接进入婚姻且没有进入职场的女性；传统型指那些在婚前工作、婚后做全职家庭主妇的女性；稳定工作型指献身于事业并且终身未婚的；双轨型指的是兼顾家庭和事业的；间断型则是指那些在家庭中照顾孩子的需求减少的时候就返回工作岗位的女性；而不稳定型和多种尝试型的女性都有着各种形式的不规律、不稳定的工作经历。

20世纪80年代以来，关于女性发展的理论不再局限于简单的描述和分类，以女权主义经验视角为特点的职业心理学家开始建构一些更复杂的模型，来解释女性的生涯行为。菲茨杰拉德等（Fitzgerald, Fassinger, & Betz, 1995）将这些模型称为生产性理论（奥西普，2010）。

第三节 生涯发展辅导简史

生涯发展的过程，反映了社会经济文化的变化，也是对人文关怀促进的结果。职业生涯发展的过程，可以加强我们对生涯辅导本质的理解。

一 西方生涯辅导的发展简史

美国的职业指导从1903年帕森斯倡导至今，已有百年的历史，而职业生涯规划与管理学说起源于20世纪60年代，现已成为西方国家工业社会工作的重要内容。

1. 职业辅导的萌芽

具有"职业辅导之父"的帕森斯（Frank Parsons）最早提出就业指导的概念。1903年，他在波士顿宣传职业指导；1908年，为了帮助年轻人和成年人梳理日渐复杂的职业选择过程，他在波士顿创建了职业局。这就是职业生涯规划的开始（Reardon等，2005）。1909年，在帕森斯去世一年后，出版了他的《选择职业》（*Choosing A Vocation*）一书。

2. 心理测验的发展

生涯发展理论的另一基础就是心理测验的发展。以高尔顿的测验为起始，以个体差异为基础，心理测验发展快速，有力地推动了职业指导运动的发展。心理测验研究的结果，为职业辅导人员提供了有利的职业指导工具。

3. 指导式咨询与辅导式咨询

自20世纪50年代开始，职业指导经历了由指导向辅导观念的转变，即将教导式的职业指导方式变成更加人性化的、强调发挥被指导者作用的职业辅导，导致这种转变的核心人物是人本主义心理学家罗杰斯（Rogers）。

罗杰斯的理论在当时产生了是深入而广泛的影响，这从美国原来的国家职业指导学会1983年更名为美国辅导与发展学会（American Association for Counseling and Development，简称AACD）可见一斑。这一理论强调以人为中心的辅导，辅导者的职责是协助来访者将自我概念转变为相应的职业角色，了解职业自我，认识职业世界。通过辅导调动被辅导者的积极性和能动性，以利于被辅导者择业技能的发展。

4. 近代的生涯辅导运动

20世纪60年代开始，美国发现高中教育内容无法满足学生就业的需求，生涯教育的概念开始化为具体的教育政策。生涯教育是一种新的教育哲学，将生涯的概念统合在学习的历程中，由幼儿园到成人，其内容包括生涯认识、生涯探索、价值澄清、决策技术、生涯定向及生涯准备等。

此外，生涯辅导人员的职业确定性也越来越明显。1972年美国人事与辅导学会（American Personnel and Guidance Association）通过了咨询人员的养成标准；1977年通过了博士阶段咨询师教与课程的基准。通过这样严格的专业认定，让社会清楚地接受并认可咨询这种专业性的社会服务。1984年，美国生涯发展学会（National Career Development Association）通过了生涯咨询师的专业认证标准。

如今，计算机化生涯信息系统与交互式计算机辅导计划的飞跃进步，将生涯辅导与规划的进程又往前推动了一大步。

二 我国职业生涯规划研究简史

与西方国家相比，我国的职业指导运动发展相对较晚。20世纪初，我国的职业指导受美国等西方国家的影响，在黄炎培等教育家的倡导和一些留学生回国的推动下，有一定程度的发展，当时的主要工作是调查职业需求。这是帕森斯模式在中国的最初实践。

1917年黄炎培联合蔡元培、马相伯、梁启超等48人，在上海创立中华职业教育社，大力提倡职业教育，建立了沟通教育与职业。他还投入相当多的精力于职业指导和职业心理实验两项工作，并于1919年成立职业指导部，在《教育与职业》杂志上刊发职业指导刊号、职业心理专号。

1922～1926年，邹韬奋研究和编译了《职业教育研究》、《职业智能测验法》、《职业指导》、《职业指导实验》第二辑、《职业心理学》等著作，还发表了《初级中学应注重职业指导》、《中国职业指导现况》等文章。邹韬奋先生的职业指导简单来说，是指以种种方法助人怎样选择职业，怎样预备职业，怎样加入职业，并能在职业上求进步。

邹韬奋在20世纪20年代就提出了系统的职业指导思想，并进行了大量的实践活动，扩大了职业指导在社会中的影响，为当时职业教育的发展发挥了积极作用。但几十年来，在计划经济下的高校毕业生分配模式中，我国的职业指导思想几乎停滞发展。

进入90年代以后，职业指导发展速度加快。1990年国家教委调整普通高中教学计划，要求各校试行开设职业指导课。1992年国家教委把职业指导列为普通高中必修课，并组织编写了《普通中学职业指导教育实验纲要》。这一阶段，职业指导把促进人的全面发展与职业意识的发展统一起来，从发展的观点来看待人与职业的匹配问题。它适应了改革形势发展的需要，在理论上有了新的突破，以较快的速度向纵深发展。

1994年国家劳动部颁发了《职业指导办法》，使社会的职业指导逐步走向法制化与规范化的轨道。职业指导理论也逐步成型，注重将职前研究与职后研究相结合，强调适应社会的需要和发挥个人的特长，尽可能使职业与人达到优化组合。这一阶段，职业指导从社会到学校，从城市到农村，取得了比较全面、系统的发展，为职业指导理论逐步成型创造了良好的条件。

20世纪90年代后期，国内学者逐渐认识到青年职业生涯指导的重要意义，开始将国外优秀的职业生涯规划理论引入我国青年职业生涯规划的研究中并加以发展，形成了我国青年职业生涯指导的理论雏形。

在实践上，教育部办公厅印发了《大学生职业发展与就业指导课程教学要求的通知》（教高厅〔2007〕7号）等文件精神，不断提升就业指导服务水平，切实提高毕业生的就业能力，各高校根据国办发〔2007〕26号文件关于"将就业指导课程纳入教学计划"的文件要求，切实把就业指导课程作为大学生的基本教育课程体系。

总体而言，我国的职业生涯规划现在仍处于发展初期，但越来越多的有志之士认识到了职业生涯规划在企业社会生活中的重要性。

第四节 员工生涯发展辅导的实施

企业中员工生涯发展的辅导，可以从不同层面依据多种方法来开展。既可以从企业整体层面来进行诊断和规划,也可以针对员工采用小组辅导或者个体生涯咨询的方式,帮助其进行生涯发展的规划与实施。

一 员工个体生涯咨询

案例1

李晴,29岁,已婚,金融专业的研究生,毕业后进入某银行广东分行,现已工作4年。李晴工作中谨慎细致且果敢坚决,很快就获得领导的认可,2年后升任部门主管。现在,她面临着抉择的困境。上海总部发展国际业务,成立了一个新的部门,看重她的业务能力和英语水平(李晴上大学时候就曾经获得省里举办的大学生英语演讲比赛二等奖)。但是李晴的老公在一家跨国外资企业工作,公司目前派他前往北京总部学习,并极有可能在京留任。他希望李晴能够调到北京分行工作,这样夫妻就能够在一个城市。

到底是去上海总部,还是去北京分行,对李晴来说,到底该如何选择?

案例解析

1. 生涯规划问题的评估诊断

生涯应该是与整体的生活、全部的角色有关,而不应该只是有单一角色,或是狭窄的目标。所以在生涯辅导或生涯规划的过程中,生涯角色的选择、调配与权衡是首要的课题。

生涯规划包括两个层次的问题:一是生涯角色间和生涯形态的规划;一是生涯角色和生涯目标的确定。生涯形态问题指的是在时间和空间的向度下,我们每个人要如何确定自己如何来组合各种角色。

案主问题评估

李晴本身在职业发展上的成功证明了其良好的职业适应状态,但是对于如何规划生涯发展,她面临着不同角色间的平衡,以及在不同角色内想要达到怎样的生涯目标的问题。

2. 生涯规划的步骤

生涯规划最重要的是确定自己的方向、充实自己的知识、训练自己的技能,然后选择或者对工作进行调适。

对于李晴来说,作为成人,她面临的并非是职业进入的选择,而是整体生涯中的角色平衡。她愿意在职业上有进一步发展,能够去上海总部工作,是一个更高更开阔的发展平台。在这个中国的金融中心城市，在这个领域，凭借自己的能力和努力，她能够在职业上有更大的作为。

对着这个案例，可以通过职业规划的三个面向（自我探索、职业信息、环境资源）来帮助她进行更清晰的自我认知。

案主规划分析

自我认知方面：通过与社工的面谈，结合李晴在职业兴趣测验、职业价值锚、MBTI人格测验等相关测验的结果分析，李晴认为自己对自己在去上海工作的兴趣、能力、性格等方面上毫无顾虑，认为自己完全可以胜任。但价值观的测验上显示她很重视家庭。李晴不打算做孤家寡人的女强人，她更重视工作－家庭的平衡。

在职业信息方面：李晴曾经被上海总部借调过半年，对于上海总部的工作环境和条件有清晰的了解。在上海期间，当时的领导也跟她提起过将要组建新的业务部门，并且表达了希望她能够在新部门任职的意向，因此对新部门的业务内容和职业需求也比较清楚。而北京分行的工作，李晴调过去的岗位与现在的岗位差别不大，李晴认为自己也能够胜任。在职位发展上，肯定不如上海新平台上那么快速地发展，相对而言，可能较为平缓。

在职业环境方面：就工作环境而言，李晴认为上海的环境相对熟悉，上海的环境对于金融行业也是一个较好的环境，她个人在半年的工作中也积累了一定的人脉资源。北京对于自己来说，确实是一个陌生的环境，在扩展业务资源方面，一切都得从头开始；但是不用夫妻两地分居，家庭比较稳定。

3. 生涯决策

决策与选择在一生中总是会出现，生涯辅导的主要任务是帮助受辅导者完成适当的生涯选择。对于如何完成适当的生涯选择这一问题，不同的理论与实务做法均有不同。特质论强调"人与职业的匹配"，但是不重视决策行为与决策历程的探讨。舒伯的生涯发展理论倒是将决策行为列为发展向度之一，强调职业选择与适应是一种随个人职业喜好、能力、工作、生活环境和自我观念改变的持续过程，却又忽略了对决策行为和决策历程的探讨。格拉特（Gelatt, 1962）等人强调生涯决策教学与辅导的重要，主张通过理性生涯决策的模式增进案主的生涯决策能力，或者降低案主的决策困难。克朗伯兹（1982）提出七个步骤，以各个步骤的第一个英文字母为代号，称为DECIDES模式。具体步骤如下。

(1) 界定问题 Defining the problem
(2) 建立行动计划 Establishing an action plan
(3) 澄清价值 Clarifying value
(4) 找出各种行动方案 Identifying alternatives
(5) 预估可能结果或利弊得失 Discovering probable outcome
(6) 有系统地排除不适用的替案 Eliminating alternatives systematically
(7) 开始行动 Starting action

在生涯决策中，是通过厘清问题之后，找出可能的行动方案，并对这些方案的利弊得失进行评估，从众选择一个可行的方案。在选择过程中，如果过度集中在少数的行动方案下反复，缺乏系统地盯住部分的得失与限制，将不利于生涯决策的形成。

案主决策

结合三方面规划的因素，通过对北京和上海方案的分析，李晴决定调往北京分行，虽然放弃了去上海发展的机会，但是可以避免夫妻分居，工作方面也可以平稳发展。作为一个工作中的女性角色，李晴不愿意一方独大，职业发展固然重要，可以实现自我价值；但是作为女人，她同时看重家庭的稳定，更愿意在家庭和工作的平衡发展中给自己定位，希望自己做到家庭事业两丰收的幸福职场女性。

二 员工团体生涯辅导

案例 2

某企业人力资源部培训部在年末调查中发现部分入职2~3年的员工对未来发展有些迷茫，不知道该如何进行生涯规划设计。培训部工作人员考虑，对这部分员工进行生涯规划的指导，但是每个人反映的情况和困难又不太一样，如何实施，最后他想到请企业里的社工徐明为大家进行团体辅导，这样可以让问题较为充分地展现和处理。

案例解析

徐明首先对员工调查结果进行分析，看员工在生涯规划的迷茫主要体现在哪些方面，有什么样的需求。然后根据这些信息，制订相应的小组计划。小组计划书的基本范例如：

"生涯探索小组"计划书

1. 小组名称：我的未来我做主
2. 领导者：社工徐明
3. 督导者：×××
4. 团体性质：结构式、封闭式小组
5. 成员对象：入职 2~3 年的员工
6. 人数：10~12 人
7. 筛选方式：企业内部网站发布消息，员工自愿报名，面谈说明团体目的，征询参加动机后决定。
8. 团体时间：××月××日至××月××日（18:00~20:00）
9. 团体次数：八次
10. 团体地点：员工活动室
11. 团体理念

在生涯规划的过程中，既要让成员形成"全方位"的意识，也得具备"发展"的理念。因此本小组依据以下相关理论进行设计，通过让成员可以明确自己当前阶段的状态，认清面临的困难，也了解自己的资源、周围的发展环境，从而能够对自我发展的优势和限制有清晰的认知，最终可以结合周围的各种资源，发挥自身潜能，从而实现自我的提升与完善。

（1）霍兰德的类型理论：（略）；
（2）职业生涯发展理论：（略）；
（3）帕金森的职业人匹配理论：（略）。

12. 团体目标

（1）协助团体成员整理过去经验，进行自我探索；
（2）使成员确定自己的生活方式，进行自我规划和决策，计划未来的生活。

13. 团体方案设计表

次数	单元名称	单元目标	主要活动内容	时间
一	天涯相见	团体形成 澄清团体目标 了解成员需求	1. 热身:采访、滚雪球 2. 团体形成:生涯花朵朵朵开 3. 认识团体:生涯花朵大观园 4. 总结与反馈	15 分钟 50 分钟 35 分钟 20 分钟

续表

次数	单元名称	单元目标	主要活动内容	时间
二	天生我才	促进成员之间的熟悉 熟悉生涯的基本概念,让成员开始思考生涯的整体角色 开始对自我进行探索,包括个人性格、兴趣等	1. 暖身:体操、松树与大树; 2. 自我探索:小小动物植物园 3. 追本溯源:家族职业树 4. 潜能激发:自我肯定 5. 总结与反馈	15 分钟 15 分钟 30 分钟 40 分钟 20 分钟
……	……	……	……	……
八	扬帆起航:我的人生我做主	回顾与展望 成员的生涯规划定锚 团队结束	1. 暖身:心电感应 2. 回顾与展望 3. 互送生涯礼物 4. 结束团体与祝福	20 分钟 35 分钟 45 分钟 20 分钟

三　企业整体的员工生涯咨询辅导案例

案例 3

某研究咨询公司已成立 5 年,主要业务范围为市场调查、民意测验、政策性调查和内部管理调查,是国内知名的提供专业的策略性研究咨询服务的集团公司之一,战略目标侧重于为本土企业和国际化企业提供专业调查咨询服务。

对于咨询研究行业来说,工作压力大、人员流动率高已成为普遍现象,很多人都是把它当作青春饭来吃,等到一定时机就转入企业工作。如何让企业内部员工充分发挥潜能、保持高敬业度一直是该公司领导密切关注的问题。公司高层意识到留住核心骨干员工的重要性,也在考虑根据员工的需要提供系列的激励保障来实现其人才发展规划。

公司人力资源部决定结合专家的咨询服务,应用科学的人才测评技术,建设适应组织发展与个人需要的职业生涯体系。

案例解析

组织整体的职业规划与个人职业规划在实施过程中没有本质的区别,但是在目标上有所不同。个人职业规划更多地从自身与环境的匹配、自己对角色的选择权衡上来考虑,组织整体职业规划则不仅仅要让员工达到自我生涯的成就和满意度,更重要的是促使员工将个人发展意愿与企业需求结合,最终通过实现员工的生涯愿望来推动企业的发展。因此,在企业中实施职业规划需要考虑企业自身的组织环境、发展战略岗位需求等因素，然后根据被评估的员工具有的特点，帮助其在企业内部找到自己的发展路线和方向，最后根据员工目前的状况与未来发展目标之间的差距制定培养计划和行动措施。这样一方面员工看到了自己在企业内部的成长空间，感觉到自己的潜力有发挥的舞台，从职业发展中获取工作满足感；另一方面可以帮助企业更全面地了解员工的个性特点、兴趣、理想等，为企业合理安置和调配人员奠定了基础，同时也为企业战略人力资源规划收集了丰富的参考信息。

该咨询公司的组织规划战略见图6-2。

图6-2 企业职业规划的战略四部曲

第一步 环境探索

职业发展的环境信息包括组织内外的信息。组织内的环境信息主要是指企业内部环境的信息，包括企业文化、企业规模、组织结构、企业发展战略、企业中的人力资源状况。组织外的环境信息则指更为开阔的行业和职业信息，甚至包括对行业发展更为宏观的政治、经济政策等信息。

首先要了解公司的发展和管理人员的现状，公司通过访谈、背景调查等方式收集企业、人员的基本信息和相关岗位的基础资料，这些信息的获取，成为实施符合企业发展要求的人才测评服务方案的立足点。

第二步 自我认识

组织需要借助一些专业的人才测评方法来帮助员工认识自我。在这个阶段，可以通过各种方式，如专业化的测评，如性格测验、投射测验、价值观测验等结合背景信息调查表、360°访谈等方式来进行了解，让员工能够借助测评对自己有一定的了解，并通过一些方式引导员工对自己进行深度探索。

第三步　发展定位

在了解了企业的基本信息和员工的详细特点之后，在此基础上将根据双方的现状和需求，帮助员工在企业中规划职业发展路线和方向。这个阶段尤其要注意的是规划和建议的切实可行，这里的切实可行包含两个方面的内容：首先，个人的职业发展目标一定要和个人的特质、能力相匹配，如果个性不适应管理岗位也没有管理潜质，还强行要求自己往管理方向发展将需要付出更大的代价却让组织和个人都得不到相应的回报；其次，个人的职业目标和方向要结合组织的现实环境和发展战略，组织所关注的是员工在为企业目标奋斗的过程中实现的个人成长和职业发展，离开了企业的发展，个人的职业规划将成为空中楼阁。

当然，社会工作者提供信息给员工的同时，最重要的是结合组织人才战略规划的全局，为员工设计相应的职业规划通道。如果员工认识了自我，而组织并不能够提供员工实现自我的途径，那么员工很可能会流失。有的组织根据不同岗位的特点和职务发展层次，设计"三线推进"的晋升系列，包括管理系统晋升系列、技术系统晋升系列和业务系统晋升系列。在这种情况下，社会工作者在提供员工职业生涯规划服务的时候就有明确的针对性。

在此基础上，跟进对员工所开展的一对一的面谈，深入了解员工对公司、部门的认识和观点，获得真实反馈，通过深层的探索，帮助员工走出问题上的误区，最后形成测评报告和发展建议，包括个人层次的、团队层次和组织整体层次的发展建议。个人发展报告方面主要包括个人的整体特点、优势、需提升的方面以及培训建议；而发展建议主要包括个人生涯发展中的关注取向、个人生涯规划层次和目标取向、个人发展综合建议以及企业发展综合建议；团队发展报告则是针对重要部门，从整体团体构成的状态，指出整体团队人员的优劣势，如团队个人状态，团队成员角色组合状态，团队整体人格、能力配合状态，结合团队的定位和目标提出发展和调整建议；企业整体的发展报告则是根据企业的战略发展目标、人力战略，提出企业整体的人员构成的优势和弱点，为组织的人才战略规划提供参考。

第四步　采取行动

生涯咨询师工作中很重要的一个推动就是让案主采取行动。对企业进行行动规划的时候，要考虑企业的整体战略，如市场战略、文化战略和人力资源战略等相关因素。生涯咨询师要结合这些因素设定合理的发展计划，并根据员工的需求和企业的人员规划提供适应的发展空间。同时还可辅以相应的培训、反馈提升、内部督导等相关的管理措施。

从这四步的过程来看，企业给内部员工进行职业规划的过程，一方面是以员工发展促进企业发展的过程，另一方面其实也是一个促进组织和员工互相沟通、互相理解的过程。企业可以了解到员工内心的真实想法和需求，员工也能认识到企业目前所处的发展阶段对人员的需要以及为个人发展所提供的舞台。这种交互和理解提高了员工的工作热情和团队凝聚力，也满足和企业自身人力资源的需求，无疑为实现个人和企业共同发展注入了强大的能量。

另外，企业对员工实施职业生涯管理计划，传达出组织对员工个人发展的重视以及对个人和企业共同发展的追求，这有助于增强员工对企业的归属感，提升其对组织的忠诚度，有利于留住核心员工。基于对员工的深入了解，企业也可以做好人才储备计划，构建合理的后备人才梯队，营造积极的组织氛围和良好的育人、留人环境。

职业生涯规划在美国、欧洲、澳大利亚、新加坡已相当普及。"在美国有接近70%的公司曾经或已经建立起职业生涯规划管理系统，它们中的大部分都有多年的运作经验。在欧洲，则有接近75%的公司建立了职业生涯规划管理系统，25%有两年以上的系统运作经验"。而在澳大利亚、新加坡，分别有75%和60%的公司将职业生涯管理引入平时的管理中。社会工作者可以帮助员工实现自己的职业目标，使员工在为公司的发展做贡献的过程中实现个人的目标，感到自己在企业里"有奔头"、"有价值"。"职业生涯管理是一种动态管理，它贯穿于员工职业生涯发展的全过程和软件企业发展的全过程"。而在我国的企业社会工作中，职业生涯规划的服务工作还刚刚起步，需要更多的社会工作者投身其中，为员工和企业贡献自己的专业力量。

第七章 员工情绪管理

情绪管理是对个体或群体的情绪进行引导和调节的过程，以帮助人们对自身及他人情绪加以认识、协调和控制，挖掘和培育其情绪智商，增强其驾驭情绪的能力，从而使其保持良好的情绪状态。已有学者通过实证研究证实了情绪管理与员工的心理健康、组织绩效、自我成就感、工作满意度等因素密切相关（Morris & Feldman，1996）。介入企业员工情绪管理的社会工作者主要致力于整合不同的资源与力量，运用专业的技术和方法，根据员工的具体问题与需要开展专业化服务，帮助员工疏导情绪、协调家庭关系与人际关系，使企业员工以良好的情绪状态工作和生活，促进个人、家庭、企业与社会的和谐发展。

第一节 情绪

一 情绪

亚里士多德（Aristotle）是最早对情绪进行系统阐述的哲学家，他从机能主义和认知主义的角度出发，指出情绪在某种程度上可以影响个体的行为方式以及其对世界的解释。达尔文从情绪的生理学角度出发，强调外显行为、外部刺激的重要性，并从进化论的角度指出人与动物在情绪及其他方面存在延续性。孟昭兰在总结不同学者观点的基础上将情绪定义为：情绪是多成分组成、多维量结构、多水平整合，并为有机体生存适应和人际交往而同认知交互作用的心理活动过程和心理动机力量（孟昭兰，1994；2005）。

20世纪90年代，戈尔曼（D. Goleman）提出了"情绪智商"（Emotional

Intelligence Quotient)（简称情商，IQ）这一概念，突破了传统对情绪的看法。情商主要包括了解自我、驾驭情绪、自我激励、识别他人情绪、处理人际关系等五大方面。因此，情绪不只是个体的心理现象，同时也是社会现象，有其社会接受、社会沟通和社会支持方式。此外，作为一种主观感受，情绪通过个人的体验和行为呈现出来，具有较强的行为驱动力。在企业中，良好的情绪有助于提高员工的工作效率和工作质量，不良的情绪状态则会损害员工的身心健康，影响员工与家庭、同事、企业之间的关系。

二 企业员工情绪问题及原因

马尔库塞（Herbert Marcuse）在批判发达工业社会时提出，劳动只不过是一些"单调而无聊的"、"翻来覆去的"动作，人不过是庞大社会生产机器中的一个零部件、一种工具。人们疲惫地、消极地、被迫地同生产机器相协调，劳动越来越成为手段而不是目的，从而导致"劳动者自身的丧失"（马尔库塞，1982）。改革开放以来，随着经济社会的加速转型，产权清晰、权责明确、政企分开、管理科学的现代企业制度在我国逐渐建立起来，源自西方的管理模式与理念也被吸收进来，泰罗制、福特制、丰田制等一些倡导科学与精细管理的方法在企业中加以运用，企业员工由此成为工业化大生产链条中的一个环节。现代管理制度在提高生产力的同时，大大加重了企业员工的工作强度和压力，引发了企业员工的诸多情绪问题。主要表现在以下几个方面：第一，下岗职工群体因失业、经济困难、心理落差大而引发的情绪问题。第二，白领员工因职业压力导致的职业枯竭与倦怠。调查显示，近60%的国内企业员工感觉压力较大，出现职业枯竭的员工接近10%。第三，农民工群体，尤其是新生代农民工群体因工作适应、城市融入、人际关系、婚姻家庭等问题而产生的情绪（方舒，2010）。

案例1 通信业员工日渐攀升的自杀率

通信行业重组、3G上马以及三网融合的趋势，让中国的通信业开始真正迈进全业务运营的崭新时代，这是全球通信业共同的趋势也是必然的选择，但同时也带来了更剧烈的竞争压力。由此带来的全员情绪问题，已经成为全球通信行业企业不得不共同面对的难题。以法国为例，因改制、裁员引发的"自杀潮"使法国电信自2008年以来持续性发生了25起员工自杀事件和13起自杀未遂事件。员工以自杀的方式抗议工作压力及企业裁员，震惊了全球通信业，也引发了国内通信业企业管理者的担心。事实上，通信行业竞争压力导致的员工过激行为已经愈演愈烈。2009年5月，北京联通一位员工因基站建设工作压力过大，跳楼自杀。2009年4月广州某电信运营商的员工因不堪工作压力，在而立之年跳楼自杀。这个曾经是高收入代名词的行业，多年来持续快速的发展已严重透支了全行业人员的身心健康。(刘春玲、刘孝全，2010)

案例2　富士康员工跳楼事件

2010年以来，深圳富士康公司发生多起员工跳楼自杀事件。自杀员工的共同特征是年龄在18～24岁之间，入职时间不到一年。同吃苦耐劳的父辈农民工相比，80后、90后新生代农民工在精神生活、情感诉求、生活方式等方面都呈现许多新的特征，这也使得他们产生了更为复杂的心理与情绪困扰。工作压力、孤独、焦虑等情绪问题使他们面临着巨大的心理危机与自杀风险。参与富士康事件调研的心理学家认为，自杀与富士康员工个人的心理状况和情绪调节能力具有较强的相关性。也有一些学者表示，富士康员工的高自杀率与富士康企业密集的人口环境、效率为本的经营理念、半军事化的管理方式、集体联结链条的缺失以及员工心理援助机制的不健全等企业层面的因素有关。

三　情绪管理

1975年，霍赫希尔德（A. R. Hochschild）在她的《感受与情绪的社会学：选择的可能性》（*The Sociology of Feeling and Emotion: Selected Possibilities*）一书中，提出了"情绪工作"（Emotion Work）概念，用来指个体必须根据情感规则来调整外在行为表达及内在情绪感受。这种情绪工作不仅见于日常交往中，更出现在各种工作角色与组织环境中。后来她又在《情绪工作、情感规则、和社会结构》（Emotion Work, Feeling Rules, and Social Structure）一文中提出了"情绪管理"（Emotional Management）概念，认为情绪管理是个人"试图去改变情绪或感觉之程度或质量所采取的行动"。

美国心理学家丹尼尔·戈尔曼（Daniel Goleman）认为，情绪自我管理（self-management）就是调控自己的情绪，使之适时适地适度的能力，建立在自我觉知的基础上，是一种有效摆脱焦虑、沮丧、激怒、烦恼等消极情绪侵袭的能力。情绪自我管理能力低下者会陷于痛苦情绪的旋涡中，而情绪自我管理能力高者则可从人生的挫败和失败中迅速跳出，重整旗鼓。

布莱顿（S. Bolton）和博伊德（C. Boyd）通过半开放式问卷调查和结构式访谈对多家航空公司的机组人员进行了研究，认为人们在工作过程中的情绪表达是在遵循多种规则（包括商业规则、专业规则和社会规则）的前提下所进行的多样化情绪管理（包括利益化的情绪管理、规范化的情绪管理、表象的情绪管理和博爱的情绪管理），而非单一的遵循组织规则的商业化情绪管理。他们详细阐释了不同类型的规则和情绪管理，企业员工们可通过多样的表现方式灵活展现相应的情绪（王丽霞，2010）。

四 情绪管理的意义

情绪具有双重性，积极情绪有利于员工身心健康和工作能力的发挥，而消极情绪累积到一定程度则会使员工表现出不同程度的沮丧、不满、愤怒，导致其工作态度和行为转变，还可能造成免疫力降低和生理疾病。其中，有效的员工情绪管理可以在员工身心健康、员工家庭与人际关系协调、企业工作效率提高、和谐社会构建等方面发挥积极作用。

（一）员工情绪管理有利于员工的身心健康

现代心理学和医学研究发现，人类的很多生理疾病都与人的情绪状态密切相关。在认知、情绪和主观能动性方面的心理活动过程中，只有情绪活动与有机体的躯体反应相联系。躯体的生理机制是情绪反应的生理基础，无论个体产生何种情绪，都会伴随着某种生理上的变化。当生理上的变化过于激烈或持续时间过长而超过躯体可忍受的限度时，就会产生某些躯体疾病。如长期愤怒、焦虑、惊恐会造成心血管机能的紊乱，容易发生高血压、冠心病、脑溢血等疾病。

同时，情绪状态也严重影响着个体的心理健康水平。2012年中国城市居民健康大调查中关于"在您目前的心理状态中，包含哪些情绪？"的回答结果显示，七成多的城市居民被烦躁、沮丧、自卑、孤独等情绪困扰，大部分人在过去一个月内，被一种或多种负面情绪困扰超过5天。忧郁、工作态度消极、疲倦感、对周围事物缺乏兴趣、创造力耗竭、突发恐惧等情绪频频发生。有超过一半的人在对待自己或家人朋友的不正常情绪状态时选择的是忍让甚至漠视。而据世界心理卫生组织的统计，大约70%以上有情绪困扰的人会以"攻击"身体器官的方式来消化自己的情绪困扰。第六届中国EAP年会发布的《2008年中国企业员工职业心理健康管理调查报告》显示，超过46%的企业员工因工作压力而产生不满情绪，30%的员工心理及行为需密切关注。

因此，通过情绪管理帮助员工认识情绪并对其合理疏导、控制，有助于员工摆脱负面情绪的困扰，拥有积极健康的心理状态。

（二）员工情绪管理有利于员工家庭与人际关系的和谐

人际关系的艺术就是调控与他人的情绪反应的技巧，人际关系能力可以强化一个人的受欢迎程度、领导权威以及人际互动的效能（沙莲香，2002）。在人际互动过程中，情绪发挥了十分重要的作用。积极的情绪表达有利于减少成员间的冲突，促进彼此间的合作。国内外关于情绪管理的研究表明，情绪管理水平的高低会影响人际沟通，进而影响人们在沟通过程中的态度和行为（刘咏梅等，2011）。

对于企业员工来说，在面临各种压力及情绪困扰之时，若能够较好地进行情绪管理与控制，必能减少与家人及同事的冲突，增强彼此之间的沟通与合作。

（三）员工情绪管理有利于企业工作效率的提高

员工情绪管理可以帮助员工较好地认识工作压力，合理处理由焦虑、压抑、烦躁、挫折和心理不平衡所引起的思维障碍和情绪不适状况。同时，重视和加强员工的情绪管理，营造和谐、平等的工作氛围，有助于提升员工的使命感、责任感，培养员工的进取心和创造性，从而为提高工作绩效和实现管理目标提供保证。另外，伴随着社会分工和专业化程度的加深，企业的竞争力越来越取决于员工之间的配合协作。通过对管理制度、领导艺术、环境氛围等与企业员工情绪有关的各个方面进行综合管理，员工情绪管理可在一定程度上改进员工的团队工作方式，使员工在互相协作配合、互相激励帮助的环境中尽情发挥智慧才干和创造性，从而更好地为企业服务，提高企业竞争力（孙恩泽，2009）。

（四）员工情绪管理有利于社会问题的化解与预防

近年来，员工个体及群体性事件频发，不仅对员工个体、企业的发展造成了极大的冲击，而且危及社会秩序的稳定。追溯员工行为问题的缘由，可发现其背后的情绪困扰与危机。社会心理学家勒庞（Gustave Le Bon）在《乌合之众》一书中提出，集群行动是一种非理性行为，是个体情绪互相感染的结果。郭晓飞也认为，利益诉求渠道不畅导致的消极情绪、压抑的消极情绪累积造成的宣泄心理、意图扩大事态社会影响的破坏心理、主体意识迷失的从众心理、责任分散的去个性化行为倾向等因素都可能导致群体性事件的爆发（郭晓飞，2009）。因此，从社会工作专业的角度帮助员工有效处理情绪，提升员工情绪管理的能力，不但有利于员工个体的健康发展,也有利于企业生产力的提升及社会问题的预防与化解,从而促进和谐社会的构建。

第二节 情绪管理理论

一 认知不协调理论

认知不协调理论是美国著名社会心理学家费斯汀格(Leon Festinger)于1957年提出的,这一理论的研究主题是社会认知过程的动力问题和态度改变的心理机制问题。它的核心观点是:认知系统中各因素常常存在"不一致"关系,这种认知不协调常常会造成心理上的紧张状态,驱动个人通过某种方式来减弱或解除不协调,从而实现认知系统的协调化。费斯汀格基于"认知系统内部存在着一种固有的维持协调状态的倾向,假若这种倾向受阻或协调状态遭到破坏,个人就会感到不安和紧张而力求排除阻力、解除紧张"的理论,把认知系统中的不协调关系看作是一种动机因素,而认为人的观念、信念、态度和行为的改变都是由此引起的。

企业员工具有个体独特的价值观念和认知模式,同时又受他人、企业和社会价值观念的影响,在认知和行为上既要保持内在的协调和平衡,又要与他人和社会保持一致。而事实上,这种一致和平衡很难同时达成,从而使员工遭受到内心的冲突和情绪的困扰。对此,可以通过改变员工的认知情境或范式来减缓这一负面作用。

二 理性情绪理论

理性情绪理论(Rational Emotive Theory)是美国心理学家艾利斯(A. Ellis)于20世纪50年代提出的,该理论坚持人本主义的价值取向,对个体心理和情绪失调的原因和机制进行了深入探讨,认为人的情绪不是由某一诱发性事件本身所引起,而是源于经历了这一事件的人对该事件的解释和评价。ABC理论是该理论的核心内容,其中,A指引发性事件(Activating Events),是个体当前所面对的事件;B指个体的信念系统(Beliefs),是个体对引发性事件的认知、解释和评价;C指引发性事件出现后所产生的情绪后果(Consequences)。通常人们认为,人的情绪行为反应是直接由引发性事件(A)引起的,即A引起了C,ABC

理论则指出，引发性事件（A）只是引起情绪及行为反应的间接原因，而人们对引发性事件所持的信念、看法、解释（B）才是更直接的原因。也就是说，引发性事件本身不能使个体产生非理性的情绪和行为，个体的非理性信念才是其真正原因。艾利斯认为，与不合理的非理性信念进行辩论从而产生新的情绪和行为效果是情绪管理的主要方法。因此，在 ABC 理论中，艾利斯又加入辩论（Disputing）和行为效果（Effects）而形成了完整的 ABCDEF 理论。

在分析员工情绪问题时，经常会发现员工的不良情绪多源于他们的某一或某些非理性信念。因此，在对员工的不良情绪进行疏导时，可运用理性情绪治疗法帮助员工认识到情绪困扰的认知根源，识别其中的非理性成分，使员工逐渐认识到自己信念的不合理性及非现实性，并以合理的信念取而代之。

三 人际关系理论

人际关系理论（Interpersonal Relation Theory）是美国心理学家乔治·埃尔顿·梅奥（George Elton Mayo）于 1933 年提出的，基于梅奥等人在 20 世纪 20 年代所做的霍桑实验。该理论认为员工不是单纯追求利益最大化的"经济人"，而是有着复杂社会心理需要的"社会人"，员工不是"生产机器"，而是人性化的劳动者；企业中存在以"感情逻辑"为行为规范的非正式组织，它影响着员工的情感与行为、企业内部的人际关系以及企业的生产效率；员工的满意度是决定企业劳动生产率的首要因素，而员工的满意度又主要取决于员工和上级、同事以及其他人之间的人际关系状况。

因此，从人际关系理论的角度看员工情绪管理，主要是将员工视为具有复杂社会性需要的劳动者，强调发挥企业内部非正式组织和其他组织的情感功能，注意协调员工的人际关系，为员工提供感情上的慰藉，以满足员工安全感、归属感的需求。

四 ERG 理论

ERG 理论是美国耶鲁大学的克雷顿·奥尔德弗（Clayton Alderfer）在马斯洛的需要层次理论基础上，通过实际经验研究后，于 1969 年在《人类需要新理论的经验测试》一文中提出的新的人本主义需要理论。奥尔德弗认为，人们存在三种核心需要，即生存（Existence）的需要、相互关系（Relatedness）的需要和成长发展（Growth）的需要，因而这一理论被称为 ERG 理论。生存的需要与人们基本的物质生存需要有关,它包括马斯洛提出的生理和安全需要。相互关系的需要是指发展人际关系的需要,主要通过工作中的或工作以外与其他人的接触和交往得到满足,它相当于马斯洛理论中的感情需要和一部分尊重需要。成长发展的需要是个人自我发展和自我完善的需要,通过发展个人的潜力和才能方可得到满足,相当于马斯洛理论中的自我实现需要和一部分尊重需要。

除了用三种需要替代了马斯洛的五种需要以外,奥尔德弗的 ERG 理论还表明,人在同一时间可能有不止一种的需要,如果较高层次需要的满足受到抑制,那么人们对较低层次需要的渴望会变得更加强烈。不同于马斯洛刚性阶梯式上升结构的需要层次理论,ERG 理论的三种需要没有必然的前后次序,可以同时起作用。另外,ERG 理论还提出了"受挫-回归"观点,即认为当一个人某一更高等级的需要层次受挫时,那么作为替代,他的某一较低层次的需要可能会有所增加。

根据 ERG 理论,在员工情绪管理中,始终要将员工的基本生存需要、人际关系需要和成长发展需要视为激励员工行为、调节员工情绪的综合性因素,不能只关注某一种需要而忽视了其他方面。

五 危机干预理论

危机干预理论在 20 世纪 40 年代由林德曼(Lindemann)和卡普兰(Caplan)首先提出,后来在 20 世纪 70 年代被帕瑞德(Howard Parad)发展为社会工作的干预模式。卡普兰指出,危机打破了个体原有的稳定(平衡)状态,并使重要的生活目标和个人需求无法得到满足。吉利兰德(Gilliland)等人提出,危机(crisis)是一种认识,是危机当事人所认为的其个人资源和应付机制无法解决的困难,遭受危机的人除非得到援助,否则有可能导致严重的情感、认知和行为功能失调(Gilliland and James,2000)。霍夫则认为,危机是一种由情境性、发展性或社会文化性的来源所引起的情绪不安状态,它会导致个体暂时不能用惯常的模式解决机制来加以应对(Hoff,1995)。危机可能是个人遭遇的突发事件,可能是某一群体内的暂时失序,也可能是规模较大的群体性突变。无论危机规模大小,它都会对个体、群体、组织的正常秩序产生威胁,需要在短时间内加以解决,否则会引发更加严重的危险事变。

危机干预(Crisis Intervention)又称危机管理、危机调停或危机介入。林德曼认为危机干预是对处于危机状况中的个体提供短期性帮助的一种方法，以协助个体克服危急情况，重回身心平衡（Linderman，1944）。因此，通过危机干预可以向个体提供紧急心理援助，帮助个体恢复社会功能。它不仅能帮助个体解决当前的危机问题，更能使个体产生新的适应功能，防止出现个体长期的无能。

改革开放以来，随着城镇化、工业化的推进，大量新型的工人被"生产"出来，传统的以农业社会为基础的社会关系发生了结构性断裂，不断冲击着社会结构与社会秩序。具体到企业内部，社会关系的变化使得员工丧失了原有"父爱主义"的庇护，在遭遇危机、面临问题之时缺乏有力的社会支持，这不仅使员工个体陷入困境，更影响到企业内部的社会关系及社会秩序的稳定与和谐发展。通过企业社会工作所实施的危机干预，不仅要致力于协助员工解决当前遭遇的各种危机，缓解员工的心理压力，更要注重在干预过程中提升员工的心理承受能力与社会适应能力，帮助员工构建有力的社会支持系统，使危机转化为员工成长发展的机遇。

第三节 企业社会工作与员工情绪管理

企业社会工作是专业的社会工作者运用专业的知识与技巧，利用企业员工及其家庭、企业以及社会等不同层面的资源，协助企业员工处理各种困扰，增强处理问题的能力，改善人际关系，合理规划职业生涯，并最终提升员工的工作效率（李迎生，2004）。从情绪管理理论角度看，企业社会工作可以运用个案、小组、社区等工作方法在员工个体及家庭、员工群体及社区等层面为企业员工提供情绪管理服务。

一 企业个案社会工作从个体与家庭层面介入员工情绪管理

个案社会工作是专业的社会工作者遵循基本的价值理念、运用科学的专业知识和技巧、以个别化的方式为困难的个人和家庭提供物质和心理方面的支持与服务，以帮助个人和家庭减轻压力、解决问题、开发生命潜能，不断提高个人和家庭的福利水平（许莉娅，2004：4）。具体到员工情绪管理工作中，企业个案社会工作可从协助员工进行情绪疏导、改善员工的情绪认知、帮助员工平衡家庭关系化解家庭冲突等方面进行介入。

(一) 疏导情绪以解决员工的情绪困扰

在现代企业愈发激烈的竞争环境下，企业员工的诸多情绪无法得到及时的表达与宣泄，对消极情绪的压抑、情绪体验和情绪表达之间的冲突，都会在一定程度影响员工的身心健康。研究表明，积极情绪的降低更容易导致员工缺席行为，而消极情绪的增加更容易导致跳槽行为。另外，工作压力所导致的情绪问题还会产生反生产行为（counterproductive work behavior），会直接影响组织的功能，降低组织的工作绩效（张建卫、刘玉新，2009）。

借由个案社会工作服务，通过数次会谈与沟通，可以帮助员工认识自己的情绪状况及可能产生的不良影响，协助员工分析自己在工作中遇到的问题及其原因，探究自己的能力与所期望的工作需要之间的关系，最终使其找到新的工作动力和方向。

深圳富士康员工自杀事件发生之后，深圳市社会工作者协会派驻400多名社工进驻富士康进行危机干预，针对员工自杀带来的影响以及当前员工存在的心理问题，社会工作者运用危机干预理论和方法，为员工提供有效的支持，卓有成效地消除了同事自杀给员工带来的心理创伤，从而成功避免了伤害向纵深方向发展。

(二) 改善认知以提升员工情绪管理的能力

根据认知协调理论，员工产生情绪问题，部分原因在于其自身认知的不协调。因此，在疏导员工的情绪问题时，需要协助他们用全新的、肯定的眼光看待人和事，打破原有的思维方式，重新审视、定义问题。具体而言，可从合理应对生活中的压力、恰当释放情感、进行压力防护训练、进行认知重建、以建设性的思考取代负面的思考等方面开展工作，以提高员工的情绪管理能力。

(三) 平衡家庭关系以协助员工处理家庭冲突

随着现代社会工业化、城市化的发展，社会与家庭结构发生了重大变化，人们的价值观念也随之改变。女性作为平等的社会角色进入职场，颠覆了传统家庭分工模式和权力结构，它在促进性别平等的同时也对家庭提出了新的要求和挑战，即要求家庭为工作提供支持，协助个人提高工作绩效。工作－家庭间的失衡不仅影响员工的家庭关系，易引发家庭矛盾和冲突，损害员工的身心健康，也会使员工的工作状态和绩效受到影响。

从员工的角度看，家庭和工作处于天平的两端，把握不好二者之间的平衡，很容易顾此失彼，导致家庭不和，工作受阻。对此，企业个案工作应以工作－家庭关系理论为支撑，根据员工工作-家庭失衡的原因，提出有针对性的工作-家庭平衡计划，帮助员工协调工作与家庭的关系。在具体的方法上，企业个案工作除了帮助员工疏导因工作和家庭冲突而引发的情绪之外，还可以通过角色扮演、情景剧等方式帮助员工认识到家庭的重要性、夫妻关系的平衡性等。通过个案访视，也可以协助家庭成员了解员工的压力与处境，给员工提供良好的家庭环境和心理支持。

二 企业小组社会工作从群体层面介入员工情绪管理

从企业小组社会工作的角度介入员工的情绪管理可大体分为两个类型：其一是以员工为对象，主要是协助他们适应新的工作环境，缓解情绪压力，增加工作乐趣，学习人际交往的技巧，促进员工福利等；其二是以企业管理人员为对象，主要是促进管理人员的管理与领导能力，帮助他们了解员工心理与情绪，有效处理劳动关系中的冲突等。

在国有企业改革的过程中，企业员工的利益受到了一定程度的冲击，员工负面情绪不断膨胀，企业员工与企业管理者之间的关系异常紧张。企业社会工作者运用小组工作的方法，可以帮助企业建立和谐有序的组织内部关系，增强企业的凝聚力，减轻企业员工对企业的抵触、愤怒情绪。具体而言，企业社工一方面可通过小组工作为企业管理部门的员工提供心理疏导，帮助他们适当减压，以有效地完成企业改组、改制工作。另一方面可通过小组工作疏导企业员工的负面情绪，帮助他们更好地与企业管理人员沟通，为他们争取合法权益提供团体经验与支持。

案例3 普惠社工服务中心开展的企业小组工作

2010年8月18日晚，广东省东莞市普惠社工服务中心驻长安美泰玩具二厂的企业社工开展了以"English Corner——Show Yourself"为主题的小组活动，共有17名来自企业不同部门的员工参加。此次活动的主要目的在于充实企业员工的业余文化生活，增加生活乐趣，帮助员工学习新知识，提升员工个人能力，促进企业文化建设。活动主要内容包括"寄学于玩""学习体验"和"自我展示"三部分，两名企业社工利用小组工作的方法和技巧，借助互动游戏和团体经验的方式，提高了员工学习英语知识的兴趣和乐趣。

2010年11月11日晚，普惠社工中心驻长安企业社工联合美泰玩具二厂团委举办了一次面向单身适龄未婚青年的联谊聚会。这次活动以交友为主题,旨在展现当代年轻人的风采潮流,倡导健康、积极、向上的生活态度和人际交往观念,支持与协助城市外来务工青年寻找与建立温馨和谐的人际关系。

三 企业社区社会工作从企业层面介入员工情绪管理

广义的社区社会工作是指在社区内开展的以提高社区福利、促进社区和社会协调发展的社会服务或社会管理。狭义的社区社会工作是指专业社会工作机构及社会工作者关于社区工作的理论、方法、技能的应用过程,是以社区及其成员为对象的社会工作介入方法,通过组织成员有计划参与集体行动,解决社区问题、满足社区需要。在参与过程中,培养成员自助、互助和自决的精神,加强其社区参与及影响决策的能力和意识,构建更加公平、民主及和谐的社区环境。

社区工作的目标可以概括为:推动社区成员参与解决自己的问题,使其在参与的过程中有机会表达自己的意见,调整或改善成员之间的关系,增进成员之间的交往以改善工业化和城市化进程中人们的疏离感,增强成员的社区意识与归属感,同时通过成员的积极参与改善社区的权力分配状况,减少社会冲突。由此,在社区层面介入员工的情绪管理,社工的主要任务在于,鼓励员工通过合理的渠道表达自己的意见,增进员工之间的互助意识,增强员工对企业以及所生活社区的归属感,为处于危机状况的员工提供广泛的社区支持以避免员工因情绪问题引发的各种过激行为。

通过社区活动的参与,员工不仅仅把企业视为工作场所,还能感受到它与员工生活、交往、成长的密不可分,员工对企业的归属感、认同感会不断增加,员工之间的互助关怀意识也得以提升,员工在遭遇心理、经济及其他方面危机之时也能够因此得到多方面的支持和帮助。

除了通过休闲娱乐活动使员工放松身心、增进交流之外,企业社区层面的社会工作还可以通过组织宣传,汇集员工对企业生产发展、工资福利等方面的意见,引导企业员工能够合理合法地表达自己的意见,提升员工的自我权利意识,帮助员工成为企业公民,消除因沟通不畅引发激烈冲突的情绪根源。

四 整合的企业社会工作方法服务员工情绪管理

个案工作、小组工作、社区工作是传统实践方法(traditional practice

methods）的三个重要组成部分。在社会工作发展的早期，这些工作方法在实践中是各自分立的。1951年，全美社会工作教育协会提出要进行多方法实践取向（multi-method practice）的社会工作教育。1960年以后，社会工作实践方法在若干层面发生了变化，综合取向的社会工作实践模式（generalist practice approach）出现，认为社会工作者应以全方位的观点看待案主的问题，包括个人、家庭、组织、社区和更大的社会环境。后来，针对不同实践领域、问题领域以及高危人群等特殊群体的高级综合模式或专门实践取向（specialist practice approach）的综合社会工作实践模式应运而生（何雪松、陈蓓丽，2005）。社会工作实践的综合发展趋势对于企业社会工作也具有较强的指导意义，因为企业作为一个复杂的场域，员工问题及状况各有不同，单纯的个案、小组或社区等社会工作方法都不足以应对如此多样化的领域和问题。因此，在近年来我国的企业社会工作实践中，将个案、小组、社区等社会工作方法融合在一起为员工开展服务的趋势逐渐成为主流。

个案、小组、社区工作方法为社会工作的三大直接服务方法，虽然有各自的特点及优势，但在具体的社会工作服务中，它们又是密不可分、协同发挥作用的。在企业社会工作服务于员工情绪管理方面，企业社会工作者既可针对每个处于情绪困扰中的员工开展个案服务，也可以将具有相似或不同情绪困扰的员工组织起来形成社会工作小组，运用小组的力量与优势帮助员工疏导或管理情绪。同时，企业社会工作者还可以将整个企业视为一个社区，运用社区工作的方法与策略，为企业员工提供综合性的社区服务，消除员工与企业的疏离感，增强员工对企业的归属感与认同感，使企业成为员工工作、生活、娱乐、成长发展的综合平台。

五　企业员工情绪管理项目策划与督导

企业社会工作者除了运用个案、小组、社区等方法为员工提供直接的情绪管理服务，还可以针对企业员工情绪问题的状况及相应资源策划大型的情绪管理项目，对企业员工的情绪管理进行整体的规划和协调。

员工情绪管理项目的策划可以按照以下步骤来进行：第一，对企业员工的情绪状态进行调查与分析，掌握员工的普遍情绪问题及原因。第二，针对不同问题及个案设计相应的介入方法。群体性、普遍性、一般性的情绪问题可以运用小组的方法通过员工之间的分享与支持使其获得处理情绪问题的能力与动力,如新晋员工的适应问题,员工的职业压力问题等。个别性的情绪困扰可以通过个案辅导的方案帮助员工增强处理情绪的能力,如员工的个人情绪问题、人际关系与家庭困扰等。第三,整合不同的资源以进行项目的实施,主要包括工作人员、活动场地、所需物资及经费等资源,其中要保证工作人员已具备良好的情绪管理理论素养及实践经验。在项目策划时,要充分考虑到员工群体的特点,活动的设计要贴近企业员工的生活。第四,实施项目并对项目进行总结与评估。

在项目策划及实施的过程中,需要有专门的社工对整个服务项目进程、效果进行督导与跟进,针对实施中的问题进行讨论与研究,并不断总结项目实施经验以提升员工情绪管理水平。

案例 4

A 工业园坐落于深圳东南隅,占地面积 1000 余亩,工业园内以中小企业为主,共有 50 余家企业,员工 8000 余人。工业园内设一个社工服务中心,共有 6 名常驻社工,致力于为工业园内的企业与员工提供专业的服务,促进园区的长期和谐发展,赢得了 A 工业园内企业与员工的一致信赖。在工作实践中,社工综合运用专业社会工作的方法与理念,不仅致力于提升企业员工的职业技能、增强员工对 A 工业园的归属感和认同感,更以专业的服务建立了与企业管理方的良好关系,较好解决企业与员工的劳资纠纷,增强了工业园和企业组织的凝聚力。自 2010 年始,社工运用专业知识和技巧为工业园几千名员工提供服务,在企业社会工作道路上不断探索创新。当前,A 工业园已经逐渐形成以丰富企业员工精神生活为主的完整服务体系,社工服务中心开展了"青工学堂"系列活动,活动安排为周一晚"快乐星期一""快乐手工坊",周二、周四晚交谊舞培训,周三晚企业职工英语口语培训,周五晚电影欣赏会,丰富多彩的活动满足了企业员工多样化的需求。

在"快乐手工坊"绚丽丝网花的兴趣小组,社工在其中担任教授者与沟通者的角色,教授员工利用 DIY 制作仿真花、小玩具、小礼物,引导青年员工重视环保、学会生活、崇尚文明。广大青年员工在其中积极参与,达到了员工间快乐交流、共同成长的目标。周二和周四的交谊舞培训由志愿者担任义工来进行教授,这也是 A 工业园"青工学堂"系列活动中最火爆的节目,增进了员工之间、员工和社工之间的交流。周三晚上的英语课培训由成人学校的老师负责教授，社工主要负责多媒体设备调试、课堂秩序的管理和维护，并为员工解答疑难问题。周五电影欣赏会选择经典老片和当前影视代表作品进行播放，继承传统社会文明的同时，宣传进步中的时尚元素，为员工的生活增添艺术色彩。活动中心在所有工作日白天提供阅读、资讯、心理疏导、快乐交友、乒乓球练习、借还资料、场地预约以及其他方面服务。除此之外，A工业园社工中心还定期为企业员工开展心理情绪辅导、个人职业规划指导、社工小组活动、康复训练等日常活动。同时还坚持以节日为依托，每月至少举行一次大型活动，为工业园内员工提供娱乐、交友、休闲的平台，丰富工业园内员工的精神文化生活。

社工服务中心在员工日常生活减压、心理疑难答疑、个人困惑辅导方面取得了一定成效，社工所开展的活动为企业所赞扬，为员工所喜爱，得到了工业园内企业和员工的一致好评。"有困难，找社工"这一口号已经得到工业园内广大员工的肯定和赞同（汤小静，2012）。

六 企业员工情绪管理研究与倡导

企业社工在提供员工情绪管理服务的同时，也可以对专门的情绪管理问题，如员工个人情绪障碍，员工家庭与情绪问题，员工人际关系压力与人际冲突，员工的职业压力与职业冲突，员工与企业在工资、工时、劳动条件等方面的冲突等。进行分析与研究，探讨其产生的根源及有效可行的解决策略。同时，积极倡导改变造成员工普遍情绪问题的制度环境，致力于推动建设公平、公正、尊重、平等的企业工作环境与劳动政策，为员工管理情绪提供良好的外部环境。

第八章　员工素质提升

员工素质的提升是企业健康可持续发展的基础，越来越多的企业将高素质、高满意度的员工队伍建设作为自己可持续发展的目标，员工素质提升和队伍建设问题不仅是企业人力资源管理的重要内容之一，也是工会维护职工权益的重要体现，并且逐渐成为企业社会工作的重要服务领域之一。

在员工素质提升方面，社会工作者的工作主要分为三类：第一类是通过不同形式的教育和引导，促使员工能够认识到争取自己合法权益的手段和途径以达到增权的目的，实现自我权利意识的提升；第二类是引导员工参与职业（技术）教育，为他们提供充实和提高自己技术技能，以胜任工作的机会；第三类是组织开展多样性的激励员工在工作上精益求精、优质高效、开拓创新的活动，培养员工健康的工作态度和提升高效率工作的能力，促进企业整体劳动生产力的提升和经济效益的增长。

这一章将具体讨论下述问题：员工素质提升具体表现在哪些方面？员工素质提升介入视角有何不同？企业社会工作者在员工素质提高方面的具体工作内容有哪些？如何操作？

第一节　员工素质

一　员工素质的内涵

素质在《辞海》里解释为：①人或事物在某些方面的本来特点和原有基础；②人们在实践中增长的修养，如政治素质、文化素质；③在心理学上，指人的先天的解剖生理特点，主要是感觉器官和神经系统方面的特点（夏征农，1999：1022）。

素质又称为"能力"、"资质"、"才干"等，是驱动员工产生优秀工作绩效的各种个性特征的集合，它反映的是可以通过不同方式表现出来的员工的知识、技能、个性与内驱力等。素质是判断一个人能否胜任某项工作的起点，是决定并区别绩效差异的个人特征（彭剑锋等，2003：13）。因此，包含着感知、技能、能力、气质、性格、兴趣、动机等个人特征的素质也是个体完成一项工作与任务所具备的基本条件和基本特点（赵琛徽，2003：3）。

基于以上对素质和员工素质的界定和论述，本书认为员工素质是指员工所具备的基本素质和潜在素质，是员工自身及企业实现可持续发展的重要元素，具体包括员工的人格品质、知识水平、文化专业技能、员工的工作态度和工作能力等。

二 员工素质的内容

关于员工素质提升的具体表现内容，国内工会提出了六大方面的员工素质提升，即思想道德素质、科学文化素质、技术技能素质、民主法治素质、社会文明素质、健康安全素质。[①]《员工综合素质》一书提出，员工的综合素质包括诚信素质、敬业素质、创新素质、合作素质、执行力素质、合作素质、学习素质、勤奋素质、细心素质、自我实现素质、荣誉感素质、适应力素质。从投入产出的角度而言，动机、个性、自我形象、价值观、社会角色、知识与技能等素质的构成要素共同决定并作用于人的行为，并最终驱动绩效的产生（彭剑锋等，2003：7）。心理素质、品德素质、能力素质、文化素质和身体素质等五个方面是相互依存和相互制约的。结合国内外相关研究，本书将提升员工素质的内容归纳为以下四个方面。

（一）人格与品质素质

人格是思想、品德、情感的统一表现，包括个体的气质、兴趣与情感、态度、意志、习惯等方面。品质是指品德素质，主要指政治思想道德素质。人格与品质素质强调个体对真善美的追求，通过个体言行、情感、态度以达到内在气质

---

① 详见中华全国总工会关于印发《全国职工素质建设工程五年规划（2010—2014年）》的通知（总工发〔2010〕21号）。

与外在行为的统一。员工人格与品质素质的提升强调员工内外的调节与平衡，即通过员工个人内在的修养，形成科学的、稳定的价值观，以指导者约束个体的行为。

（二）文化与技能素质

个人文化修养和业务技能素质密不可分，是劳动者参与现代社会生产劳动、物质文化生活及社会各项活动的最基本的素质条件。其中，文化素质主要包括知识的掌握与更新、职业经验的积累、学习能力的提升；而技能素质主要是指在工作中形成的能力，体现为对工作方法与技术的掌握。文化与技能素质是员工顺利开展工作，并在工作中不断成长与创新的基础。只有不断提高员工的文化与技能素质，才能保证企业获得持续不断的创新主体与能量。

（三）工作态度与能力素质

工作态度，是指个体对工作所持有评价与表现的行为倾向，包括个体对待工作的责任度和努力程度等，是人对工作主观能动的表现。古往今来的成大事者，不唯有超世之才，亦必有坚韧不拔之志，这种"志"即良好的工作态度。能力素质是个体在智力、技能、才能方面的综合表现。员工的工作态度和能力在工作开展过程中起着关键作用，只有具备了良好的工作态度，才能形成对企业发展的事业心和责任心，而只有具备一定的工作能力，才能推动企业获得实质性的发展，由此工作能力与工作态度缺一不可，是企业获得可持续发展的保证。

（四）健康安全素质

健康素质包括遗传的体质与精力以及后天形成的体质与精力。安全是人类最重要、最基本的需求，马斯洛认为生理需求和安全需求是最基本的需求，人们只有满足生理和安全上的需求后，才会积极参加生产和社会活动，并从中获得社会的承认以及取得较大的成就。员工的健康安全素质强调员工对自身及工作环境的客观认识，体现了员工对自身身体和工作生产安全的重视与把握，具体包括员工身体健康意识、工作安全意识和安全操作技能、事故防范能力等方面。提升员工的健康安全素质是其他一切素质的基础，员工个人只有拥有健康的体魄并在实际工作中树立安全意识，才能保证自身工作能力的提高和企业的健康发展。

三 员工素质提升的意义

对企业而言，员工素质的提升是企业不断成长和获得成功的重要保障，员工素质的高低直接决定着企业所占的市场份额和企业的生存发展，是企业核心竞争力的关键。同时它也能够通过提高员工的满意度以及对企业的归属感与认同感，调动其工作的积极性和主动性，从而实现公司健康、快速、高效率地向前发展。而对于员工自身来说，自身素质和技能的提高可为今后的职业生涯提供基础性的能力保障。

第二节 员工素质提升的实务模式与视角

企业人力资源管理是从企业利润最大化以及最优化管理的角度，以发挥员工的最大效用为目的，提升员工主要通过企业内部对员工的培训来提升员工素质。国内工会在维护职工权益方面的任务主要是制定宏观政策和改善外在制度环境，力图构建和谐的劳动关系。企业社会工作在员工素质提升方面的作用则更多地表现为运用其助人自助的性质和特点，推动员工实现自我增权或是通过教育和培训活动实现员工能力素质的提升。

从国内的现状来看，人力资源管理和工会的介入服务是提升员工素质的主要模式，企业社会工作的介入模式正在兴起，还未普遍化。下面分别对这三种实务模式和视角做简单介绍。

一 人力资源管理实务模式与视角

企业要实现可持续发展的目标，就需要拥有一支高满意度和高素质的员工队伍，而员工对企业的忠诚度取决于企业有无提供优质的人力资源服务产品，要求企业进行人力资源管理的更新。近些年来，越来越多的企业人力资源部门，采用企业社会工作的方法，为企业员工提供了必备的人力资源产品和服务，力求发挥员工的最大效用，使其安心在企业工作，如国际500强企业引进了"员工协助计划"。

员工素质提升是人力资源管理的重要内容，传统人事管理的内容往往是办理员工挑选雇用、薪资管理、升迁福利、离职解雇等行政程序。但是随着企业规模的不断扩大，政府政策、法律的不断增加，传统人事管理的内容逐渐扩展为"人力资源管理"和"人力资源发展"两大方面（高钟，2007：198~199）。从企业自身的视角来看，员工素质的提升，主要是通过企业对员工的培训来实现的，这种培训工作在一些大型的国有和外资企业中已经形成比较系统的体系与制度。

二 工会服务的实务模式与视角

工会是代表工人利益的机构,它试图通过集体谈判保护工人的利益。在成立工会的组织中,许多人力资源管理决策都受到谈判协议规定的限制。这种协议通常对人员招聘来源、聘用、晋升和辞退标准、培训选拔条件以及惩罚处分等事项都做出限定。美国只有13.9%的员工参加了工会。在其他国家中,这一比例更高,如日本和德国加入工会的员工比例分别有24.1%和32.1%,墨西哥约有25%的员工加入工会。尽管工会可能对组织的人力资源管理实践有显著影响,但没有任何环境限制能与政府法律和条例的影响相提并论(罗宾斯、库尔特,2004)。以争取员工权益和员工整体地位为己任的工会,近些年来采用与雇主合作的方式,致力于和谐劳动关系的规范与创建,并通过开展多项员工服务提升员工素质、稳定员工队伍。工会在员工素质提升方面已有比较成熟和成功的实践经验,主要体现在主题教育活动、劳动竞赛、学习型团队和学习型班组、技术比武、职工技协、"安康杯"竞赛活动、劳模工作室中。

三 企业社会工作介入的实务模式和视角

企业社会工作在员工能力提升方面的服务途径主要有以下三个:一是通过NGO组织实现服务的提供,也有学者将这种途径细分为外部委办、共同委办和联合服务中心形式(高钟等,2012:119~121);二是通过企业内部相关部门设定和岗位设置实现服务提供,即企业设置模式;三是通过工会平台实现服务提供,即所谓的工会购置。

(一) 通过NGO组织实现服务的提供

目前从事企业社会工作服务的NGO主要两大类:一类是专门以企业社会工作为服务目标和服务领域的社会工作事务所,如北京西城厚朴社工事务所、上海星惠社工师事务所、深圳龙岗区至诚社工事务所等。一类是提出企业社会工作服务方向和服务项目要求,并提供一定项目经费支持和项目过程监督的协会、基金会等。

随着企业社会工作实务领域的不断拓展,NGO中的企业社会工作者正在成为一支重要的力量。与企业内的社会工作者相比,它有较大的独立性,其行为不受企业管理层的直接领导,能够自主制定相关决策。当然NGO中的企业社会工作者在具有较大独立性、自主性的同时也具有诸多弱点。NGO 中的企业社会工作者开展工作的方式大致有两类：一是在企业外围为企业员工提供各种相关服务，企业主和企业的管理层对社会工作者持有戒备心理；二是 NGO 通过某种途径与企业管理层达成合作协议，以进驻企业的方式为企业员工及其家属提供社会工作服务，在开展服务过程中会受到来自企业管理层的制约。

企业社会工作通过 NGO 组织介入为员工提供素质提升方面的服务，会使其服务更加专业化和有针对性，同时也能够对特定领域的某一类群体提供素质提升方面的培训。以上海为例，目前以企业社会工作为服务目标和服务领域的社会工作事务所主要是上海星惠社工师事务所和上海乐业社工事务所。

案例1　上海星惠社工师事务所

上海星惠社工师事务所（以下简称星惠）由上海工会管理职业学院与上海浦东星火开发区联合发展有限公司合作建设而成，是一家非营利性质的社会服务单位，是上海市第10000家社会组织，同时也是中国大陆第一家从事企业社会工作服务领域的社工机构。星惠立足于企业及员工的特殊需求，致力于改善员工的身心健康，提升企业的团队凝聚力，缓和劳资关系，提高企业的生产效率，创建和谐健康的企业文化。

星惠的业务范围包括：①为企业职工及其家属组织开展个案、小组、社区和社会工作行政等专业服务，发挥和挖掘职工的潜在能力，丰富职工的精神需求，提高业余生活质量，并协助服务机构改进和完善福利服务；②通过为各级工会组织及职业化工会工作者开展专业培训，广泛宣传社工理念，以更好地为职工提供所需的服务；③为工会、企业提供外派企业社会工作者服务；④发挥企业志愿者项目的优势，整合多方资源，协助开展志愿者服务；⑤承接与企业社工服务相关的项目策划及课题研究。

目前上海星惠社工师事务所承接的项目主要有："星火佳人　健康最美"——奉贤区海湾镇来沪女性健康关爱服务项目、奉贤区"优抚服务对象综合服务项目"、"安全环境，你我共享"——星火开发区安全工作共建项目等。在这些项目中，企业社会工作通过 NGO 组织实现对企业员工素质的提升，主要表现为：通过 NGO 组织企业员工培训，提高员工的适应能力、人际交往能力等。（案例来源：上海星惠社工师事务所网站）

(二) 通过企业内部相关部门设定和岗位设置实现服务提供

目前很多企业为了提高自身形象、降低外在风险、调动员工积极性以及实现最优化管理和效益最大化，在其内部设立了社会责任部门。也就是说，企业不仅要追求经济利益的最大化，也要承担起对于消费者、环境、企业员工的责任。日本有2/3的企业设立了社会企业责任部。① 像PUMA这样的大公司对社会责任部门非常重视，确立了非常明确和系统化的管理与制度，其中的社会责任管理也有针对员工培训方面的内容，是员工素质提升的重要部分。

企业社会责任部门的设立体现了它在追求利润最大化的同时，也注重与外在环境、组织之间的互动，以及员工的成长，某种程度上也是社会工作的理念和方法在这一领域的具体运用。但就实际情况来看，多数企业的社会责任主要还是体现在企业与外在环境的互动关系以及企业员工的安全、职业健康等方面，专门针对员工素质提升的活动还比较少。

(三) 通过工会平台实现服务提供

前文对工会在提升员工素质方面的作用已经做了详细的介绍，应该说工会在维护职工权益、提升职工素质方面有非常完善和全面的法律制度，然而，不可否认的是，中国的工会不可避免地带有浓重的行政色彩，从而也在一定程度上制约了工会在协调职工与企事业单位的关系时的专业化程度。

20世纪70年代香港劳务社工开展之际，民间团体中，除了教会之外，工会即是最主要的平台。在国内，只有深圳以工会为平台开展了企业社会工作服务，进行了具体的实践。深圳总工会于2008年通过购买服务的形式，引入深圳市东西社工服务社的1名社工，派驻艾美特电器（深圳）有限公司，开展企业社会工作服务，取得了很好的成效。

工会购置的主要特点是社工成为企业工会的工作人员，为员工提供社会工作方面的服务，除此之外还要承担工会的其他行政事务，并且企业社工的工作计划、安排、经费等要受工会的审批。这种模式在经费、场地、人力、物力资源等利用方面有一定的优势，但其在专业性、工作内容和社工的价值中立等方面也受到了质疑（高钟等，2012：101~104）。

通过以上三种对于企业社会工作服务提供途径的介绍，可发现NGO组织这一途径不仅在专业性、工作性质和重点以及独立性方面具有不可比拟的优势，而

---

① 资料来源于《菊池敏夫：日本企业管理的新动向——CSR》，2009年8月13日，新浪财经。

且在与外在政府、企业、工会合作的过程中能够争取到更多的资源,从而能够更好地服务于员工素质的提升。

第三节 企业社会工作与员工素质提升

企业社会工作在促进和引导员工素质提升方面起着积极的作用,企业社会工作者可根据企业的运行环境和实际情况,对员工实施教育培训,促使员工提升自我权利意识,提高自身素质与能力。根据国内外企业社会工作的模式和经验,企业社会工作者在员工素质提升方面的工作内容主要有推动员工自我增权、员工辅导和教育服务和促进员工创新与再培训计划等方面。由于企业社会工作在提升员工素质的实践工作中并未充分显现,我们将通过案例分析,在吸取人力资源管理部门和工会在这方面的成功经验和优势,尝试提出企业社会工作在这些方面的回应与对话,从而进一步分析企业社会工作介入的理念、内容、方式、策略和实务操作路径。

一 推动员工自我增权

推动员工增权强调通过不同形式的教育和引导,提升员工自我权利意识,促使他们认识到争取自己合法权益的手段和途径以达到增权的目的。企业社会工作在员工增权方面,主要是通过企业内部的工会来实施的,专业化的企业社会工作方法还未充分显现,以下案例将通过企业内部的工会在员工增权方面的介入和努力,试图探索专业的企业社会工作方法在员工增权方面的未来期待与运用,并试图提出具体的方法和操作路径。

案例2 上海开利空调销售公司:员工维权

上海开利空调销售公司是一家外方控股合资企业,成立于1995年,股权比例中外方70%、中方30%,主要销售和维修中央空调设备。在全国有48家分公司,共835名员工,上海总部有200多名员工,其余分布在全国各地。

开利公司内部未设立相关的企业社会责任部门,也没有相关的企业社会工作者的服务与介入,员工与公司的利益协调和矛盾处理主要还是通过工会来解决,但由于非国有控股企业运作机制上的特殊性,工会组织在企业经营活动中的监督、参与能力受到一定的限制,因此员工就会产生"工会组织到底有没有用的质疑"。在 2010 年 9 月，人事部通知工会：深圳地区经理在投标中违反了商业道德规范，希望工会能做该员工的思想工作，劝其自行辞职。工会得知后，向该地区经理了解情况，他否认了人事部门的指控，并辩称此事因他没有处理好经销商之间的利益分配问题而遭到他们的打击报复，工会希望人事部门对此作进一步的调查，并根据实际情况做出妥善的处理。但是人事部门在事隔一天后，不顾工会的意见，在未作调查的情况下，对该员工下达了违纪开除的通知。这给当事人造成了情绪上的伤害，决定通过法律的武器维护自己的权益，在机电工会法律援助部门的支持和帮助下，帮他聘请了律师，运用法律武器来维护合法的权益。

（案例来源：http://www.shzgh.org/renda/node5902/node11827/u1a1779789.html）

以上案例中，员工主要是通过工会的帮助和支持来维护自己的合法权益，可以说工会在其中起到了重要的作用，但同时我们也发现，工会介入手法专业性还有待提升。

下文将尝试提出企业社会工作在推动员工自我增权方面的介入的方法、策略和实际操作路径，主要包括以下几个部分的内容。

（一）企业社会工作在推动员工自我增权方面的理念

社会工作助人自助的理念，即强调企业社会工作者在帮助案主时，要赋予案主自己的能量和权力去面对和解决出现的问题与困难，某种程度上说，也是案主自我增权的体现。

（二）企业社会工作介入的方法和策略

企业社会工作的介入方法和策略主要是社会工作的方法在企业组织中的具体运用，从上述案例中可发现，单方面地使用个案工作的方法已经不能满足案情的需要，企业社会工作综合运用传统的社会工作的三大方法，包括个案工作即在微观层面案主（个体）问题的解决，小组工作和社区工作层面即在宏观层面由此个案而引致的支持和倡导，从而避免企业再次出现同类型问题，或者当同类型问题再次发生时能够形成自主解决问题的意识和能力。

（三）企业社会工作介入的实际操作路径

（1）个案工作方法的介入。本案例中，此员工因为受到企业的不公平待遇，因而采取与企业打官司的方式来维护自己的权利，社工在介入的时候，需要用到个案工作中的一些治疗模式，比如心理社会治疗模式、认知行为治疗模式和理性情绪治疗模式,社工可以根据案主在不同阶段的需要采取不同的治疗模式。同时,个案工作中的一些专业技巧,比如会谈技巧中支持性技巧、引领性技巧和影响性技巧也是会在介入过程中用到的。

(2)小组社会工作方法的运用。为了使企业员工意识到自我维权的重要性,促使员工自我增权意识和能力的提升社工在介入过程中也可使用小组社会工作方法。根据小组工作的类型,可以采取成长小组、支持小组和教育小组等形式开展活动。在成长小组中,可通过小组活动和体验,充分发挥员工的潜能,促进员工个人健康地成长,并在小组互动中为小组成员创造了解或改变对自己及他人的思想、感觉、行为的机会。在支持型小组中,可以将有相同性质问题和事件的员工集中在一起,协助他们应对充满压力的生活事件,恢复原有的应对能力。在教育小组中,可以帮助成员学习新的知识与技巧,如本案例中法律维权意识的学习(高钟等,2012:190)。针对此案例出现的问题,比较适合的小组社会工作模式包括社会目标模式和互动模式,同时这一过程中,要恰当地运用小组工作的沟通技巧、讨论技巧和活动设计技巧等。

(3)社区社会工作方法在企业中的运用。这一方法的关键是将企业看作是一个社区,这里的企业既包括单个的企业,也包括范围更广的同类性质或同片区域内的多个企业,比如针对此案例中员工增权方面的事件,可以在一个企业内开展活动,也可以在更广的范围内,联合不同企业的员工开展活动。在开展活动的过程中,企业社工要注意企业员工的参与积极性、员工群众领袖的培育与挖掘、外在组织与资源的综合运用(如与工会等团体的合作)以及与企业关系的准确定位等方面。

总而言之,在企业社会工作介入的过程中,应综合运用社会工作传统的三大方法,但是由于服务对象是企业员工这一特殊性,因此在活动的开展上需要根据员工的需要开展有针对性的活动内容。另外,由于企业员工与企业在经济利益上的密切相关性,企业社会工作者在介入的时候,必须要综合权衡员工与企业之间的关系。

二 员工辅导和教育服务

员工辅导和教育服务强调通过各种途径和机会引导员工参与职业(技术)教育,以提高他们的技术技能,从而更好地胜任工作。在当前的员工辅导和教育服务方面,企业社会工作主要通过企业和工会的服务实践而开展。

案例3　与时俱进学李斌活动

李斌是上海电气和机电工会培养培育的新时期劳模。为充分发挥劳模的示范引领作用，上海电气按照"宣传一个，带动一群，培养一批，造就一代"的工作思路，推出开展学习李斌的系列活动。

上海电气（集团）总公司和市机电工会签订《关于进一步深入开展学李斌，推进技术工人队伍建设的实施意见》的集体合同，并通过集团下发《关于深入开展学习李斌同志的意见》《关于进一步开展向李斌同志学习的决定》。之后，又编辑出版十余本李斌先进事迹图书，拍摄反映李斌事迹的纪录片，建立1800平方米的"李斌展示厅"，编排大型多媒体报告剧《知识工人有力量》，以赋予学李斌系列活动新的时代内涵。

学李斌系列活动开展以来，上海电气在高素质高技能职工队伍的培养上取得了显著实在的成效。比如，通过建立上海电气李斌技师学院，目前已培养包括高级技师、技师、高级工在内的技能人才41000余人。通过举办"李斌杯"技能比赛，已有1100名选手获得中级工证书、1810名选手获得高级工证书、287名选手获得技师证书。通过评选李斌式职工和设立"李斌论坛"，已评选出"李斌式"职工162名、"李斌式"职工标兵45人、"李斌式"班组130家、"李斌式"班组标杆50家。通过发挥李斌工作室作用，已带动建立11个首席技师工作室。

目前，上海电气高级技术工人比例达到27.3%，有些企业已达40%甚至60%以上，学李斌系列活动在推进职工素质工程、培育技术工人方面的作用日趋明显。

（案例来源：http://www.shzgh.org/renda/node5902/node11827/u1a1837298.html）

上述案例充分呈现了企业和工会在员工的辅导和教育方面起着主要的推动作用。具体探讨而言，可以从服务理念、介入方法和策略、实际操作路径等方面加以分析。

（一）企业社会工作在员工辅导和教育服务方面的理念

企业社会工作在员工辅导和教育方面的理念仍旧是助人自助，即通过小组活动和企业（或更广的集团）层面的活动，在企业社会工作的指导和策划下，进行小组成员经验的分享和交流，以及在企业或者集团层面实现员工在工作、生活和情绪等方面的成长和发展。

（二）企业社会工作介入的方法和策略

在员工辅导和教育服务方面，企业社会工作的介入方法，主要以小组社会工作和社区社会工作为主，即通过小组社会工作，实现在企业社会工作者的指导和策划下，通过各种小组活动的开展，实现小组成员及企业员工个人获得成长，这些活动主要是围绕着员工的辅导和教育服务的。通过社区工作的方法主要是将企业看作是一个"社区"，主要是为这一"社区"中的员工提供助人服务，服务内容以员工的辅导和教育为主。

（三）企业社会工作介入的实际操作路径

（1）小组社会工作的运用。根据本案例，社会在介入时将主要采用教育性小组和互惠小组的形式开展活动。在教育活动中，可针对员工的特征（年龄、学历等）开展小范围的学习活动，比如××区域青年员工的电气理论知识教育活动，可以组织相关高校和专业的教师对青年员工进行培训，也可以让获得高级政工师的员工向未获得证书的员工分享经验和学习心得等。在互惠性小组活动中，可以让获得不同成功的员工在小组活动中相互分享经验与感受，考虑到活动的方便性与员工时间的可利用性，可以利用网络建立 BBS 或讨论群组，但社工必须要引导和组织员工参与其中。

（2）社区社会工作的运用。社区社会工作方法在本案例中的运用，需要注意以下三点：一是企业社会工作者要有把握全局、整合企业内外资源和网络的能力。社工自己对整个企业或者集团要有全面的认识，尽量利用原有的组织架构和资源关系网络开展工作，比如本案例中对员工的教育辅导活动，是通过企业人力资源部和工会的共同努力而推动的，并取得了一定的成效，企业社会工作介入时必须在全面了解现状的基础上，获得企业和工会的支持，将社会工作的专业手法通过组织间的互动，进行有效的介入。由此社区社会工作在企业中的介入，获取企业和外在组织的支持和资源关系网络的利用显得尤为重要。二是企业社会工作在介入的过程中要注重培养积极分子或者称为群众领袖。企业社区工作的活动开展范围是比较大的，主要是针对企业内的所有员工而进行的，因此企业社工要注意培养积极分子或者称为群众领袖，以及要注意挖掘员工中热衷于活动开展的志愿者。三是企业社区社会工作的运用，需要企业社会工作者具备较强的洞察力、组织能力和关系协调能力。虽然主要关注的是企业中的员工的生活、工作和情绪等方面的工作内容，但由于员工与企业自身以及员工与其家庭、外在组织都是紧密联系的，因此企业社区社会工作的开展必然会涉及员工的发展、企业的发展、员工家庭的支持与发展等问题,所以企业社会工作者在这个时候,比企业小组社会工作者需要具备更远的洞察力、更强的组织能力和关系协调能力。

基于以上分析,我们发现,员工辅导和教育服务作为企业社会工作提升员工素质的重要工作内容,对企业社会工作者提出了更高的要求。他们不仅要有较强的关系协调能力、活动组织能力,而且需对企业或集团有全面的了解和把握,介入的前期功课要做得非常扎实。

三 促进员工创新与再培训计划

促进员工创新与再培训计划强调通过组织开展多样性的激励员工在工作上精益求精、优质高效、开拓创新的活动,培养员工健康的工作态度,提升他们高效率工作的能力,以促进企业整体的劳动生产力和经济效益的增长。由于企业社会工作在这方面还未充分显现,以下案例将通过工会在员工创新力培养的介入和努力,试图探索企业社会工作在这方面的回应与对话,并试图提出具体的方法和操作路径。

案例4 依托劳模创新工作室 引领职工创新创效

上海市某检修公司依托劳模创新工作室,把充分发挥劳模的引领示范作用的活动与深化职工创新创效活动有机结合,调动了广大职工的积极性,在技术攻关、专利申报、职工职业技能大赛等群众性创新创效活动中收到了良好效果。

公司以劳模杨某所在的工作部门——输电管理中心为基础阵地组成"杨某输电技术创新工作室"。在人员组成上,有多名资深高级技术人才任顾问,并有近40名企业一线生产技术人员、班组长、新进青年大学生职工会员;在人员年龄结构上,老、中、青合理分布,形成传、帮、带的良好技术钻研模式;在组织保障上,形成了由企业工会组织协调,总师室等职能部室跟踪、指导、服务,基层单位实施开展的组织构架;在工作机制上,建立了劳模主导、员工自主参与的工作运行机制。

劳模工作室带领职工们破解生产难题,研究并实践有现实生产价值或有前瞻价值的技术攻关、技术革新、技术发明,自成立以来的短短几年内,杨某带领创新团队相继研发申报了发明专利5项、实用新型专利8项。2009年至今,工作室共申请和获得国家专利10余项,累计创直接经济效益逾亿元。

在"杨某输电技术创新工作室"的传导下,公司又先后成立了"向日葵联盟""雪狼行动""show time""泸定智能变电站青年科技攻关组"等创新团队,把科技创新作为培养高素质人才队伍的推动力。公司还设立了"技术新星奖",鼓励新生代的技术人员致力于技术攻关和技术实践,在解决生产一线技术问题的同时加快自身从理论到实践的升级过程,一大批青年技术骨干迅速成长,在公司各级技术岗位上发挥了重要作用。

公司依托劳模工作室和各个创新团队的示范作用,开展了各类群众性技术创新活动。近年来,参加各种形式劳动竞赛、岗位培训、技术练兵的公司职工达1500人次,而且竞赛成绩名列前茅。此外,职工也积极参加合理化建议、技术攻关、技能交流、技术协作等活动,为企业解决发展难题出谋划策。

(案例来源:http://www.shzgh.org/renda/node5902/node11827/u1a1777831.html)

本案例中的劳模创新工作室是近年来工会在引领职工创新创效工作方面比较成功的经验。企业社会工作也可以从创新工作室的角度介入,在促进员工创新和再培训计划方面做出回应和介入,具体来说包括以下几个方面。

(一)企业社会工作在促进员工创新和再培训计划上的理念

企业社会工作在促进员工创新和再培训计划方面的理念仍旧具有助人自助的专业性质,即通过个案工作、小组活动和企业(或更广的集团)层面的活动,在企业社会工作的指导和策划下,实现员工个体在工作上的创新。

(二)企业社会工作在促进员工创新和再培训计划上的方法和策略

在促进员工创新和再培训计划方面,使用的是个案工作、小组工作和社区工作的方法。其中,个案工作主要用于对创新人物的挖掘,小组社会工作主要是在企业社会工作者的指导和策划下,通过各种小组活动的开展,实现员工创新活动的开展与延伸,并以此实现再培训的目的,社区工作的方法主要是将企业或企业片区看作是一个"社区",主要是为这一"社区"中的员工提供助人服务,服务内容以员工的工作创新及由此形成的再培训计划为主。

(三)企业社会工作介入的实际操作路径

(1)个案工作方法的运用。具体而言,个案工作方法主要是对企业员工个体在工作内容上的创新,以及对此过程所带来的一系列问题和内容事件的处理。在运用个案工作方法的过程中可以借鉴个案工作专业技巧和理论模式。首先,在专业技巧的运用方面,会谈技巧中支持性技巧、引领性技巧和影响性技巧可以充分发挥其功能。其次，可以运用个案工作的治疗性理论模式，用于员工情绪恢复和对员工的赋权。比如员工在创新活动中没有获得成功，或者经过努力尝试失败了，由此所带来的情绪上的问题和工作上的消极表现，这个时候可以通过个案工作者的介入，引导员工走出困扰的情绪和状态，通过再培训计划获得自身的成长，在此过程中企业社会工作要注重赋权，与外在资源的利用和协调。

（2）小组工作方法的运用。具体而言，小组工作方法主要体现为小组工作沟通、讨论和活动设计的技巧，通过开展兴趣小组活动、成长小组活动、支持小组活动、教育小组活动和治疗小组活动，为员工创新工作和再培训计划的开展提供互相帮助、共同学习、自我认同，具有共同归属感的场域，实现员工个人的创新活动和团体的凝聚力及发展。在兴趣小组活动的开展上，企业社会工作者要注重结合所在企业的优势及可利用的专业资源，与企业一起共同促使员工在工作内容上的兴趣与创新活动。在成长小组、支持性小组活动和教育性小组活动中是鼓励员工的互动、互利和互惠，共同推动创新计划及创新活动的再培训计划。而在治疗性小组活动中强调的是为在创新活动中未获得成功并引起情绪消极反应的员工提供及时的介入治疗。

（3）社区工作方法的运用。社区工作方法的运用和第二点对员工的辅导和教育服务有相似之处。首先，企业社工介入时对企业或者企业片区全局的了解和把握，利用原有组织架构和资源网络为工作开展提供服务；其次，对员工中群众领袖培育和志愿者的组织和发展的必要性；最后，关注以员工为中心的资源、关系网络的运用及协调。

基于以上分析，我们发现，促进员工创新与再培训计划作为企业社会工作提升员工素质的重要工作内容之一，不仅需要企业社会工作者具备超强的组织协调能力、活动组织能力以及全局洞察和把握能力，同时也需要企业社会工作者具备相关的个案工作和心理学等微观介入的一些治疗技术和理论基础，这对企业社会工作者来说也是个挑战。

通过对企业社会工作在推动员工自我增权、员工辅导和教育服务和促进员工创新与再培训计划方面的策略和介入方法的阐述，我们发现企业社会工作有别于人力资源管理和工会在企业员工素质提升方面的工作手法。企业社会工作更注重微观与宏观的结合以及工作方法在操作层面的运作，并在这一过程中侧重强调员工个人的能动性，最终实现员工个人和企业的共同发展。

第九章　职业安全与健康

随着社会转型的深入推进，我国的经济建设取得了丰硕成果，但是企业的职业安全与健康问题却愈发严峻，各类事故频发，各种伤病不断。企业员工对安全卫生保障与工作环境的要求越来越高。保障员工在职业活动中的安全与健康，满足其需求，维护其权益，已经成为企业社会工作的一个重要服务领域。本章主要介绍职业安全与健康的基本状况是怎样的，企业社会工作如何介入职业安全与健康服务。

第一节　职业安全与健康概述

职业安全与健康问题受到了广泛关注，但对其相关概念却存在着不同的理解和表述。本节将逐一界定这些概念。

一　职业安全健康

1994 年发布的国家标准《职业安全卫生术语》（GB/T15236 – 1994）和 2008 年发布的修订标准《职业安全卫生术语》（GB/T15236 – 2008）对"职业安全卫生（occupational safety and health）"的界定是"以保障职工在职业活动过程中的安全与健康为目的的工作领域及在法律、技术、设备、组织制度和教育等方面所采取的相应措施"（国家技术监督局，2012；中国质检总局、国家标准化管理委员会，2012）。在 GB/T15236 – 1994 中另有说明："职业安全卫生"的同义词是"劳动安全卫生"和"劳动保护"。GB/T15236 – 2008 中已经没有这种说明。在新中国成立后的很长时间内实际使用的经常是"劳动安全卫生"和"劳动保护"。

国内的界定与由英国标准协会（BSI）等多家机构共同起草并已产生广泛影响的《OHSAS18001 职业安全健康管理体系规范》中所用的概念有所区别。OHSAS18001 所用概念是"occupational health and safety"（OHS），含义是"影响作业场所内员工、临时工、承包者、访问者和其他人员的安全与健康的条件和因素"（转引自宋大成，2006：320）。国内对"OHS"的译法稍有不同。一种表述为"职业安全健康"，另一种表述是在国家标准《职业健康安全管理体系要求》（GB/T28001 - 2011）中使用的"职业健康安全"，还有一种表述称之为"职业安全与卫生"。几种表述措辞不同，含义是一样的，可统一为"职业安全健康"。

"职业安全卫生"的含义与"OHS"相比较，前者的政策倾向更为明显，突出了保障职工的安全与健康所采取的各种措施；后者采用了中性化的表述，包含的范畴更为广泛。"作业场所内"并不限于工作过程中，只要是雇主提供的活动区域内的生产活动或非生产活动场所（食堂、浴室等）的安全卫生条件及其影响因素都属于职业安全健康的范畴（宋大成，2006：25）。

《职业安全卫生术语》（GB/T15236 - 2008）对职业安全、职业卫生分别做了界定。职业安全（occupational safety）指的是以防止职工在职业活动过程中发生各种伤亡事故为目的的工作领域及在法律、技术、设备、组织制度和教育等方面所采取的相应措施。其同义词是劳动安全（GB/T15236 - 1994）。职业卫生（occupational health）指的是以职工的健康在职业活动过程中免受有害因素侵害为目的的工作领域及在法律、技术、设备、组织制度和教育等方面所采取的相应措施。其同义词是劳动卫生（GB/T15236 - 1994）。

根据以上国内外的不同界定，综合来看，职业安全健康指的是在工作领域内影响劳动者的安全与健康的条件、因素和措施。

另一个容易与之混淆的概念是安全生产（safety production）。《职业安全卫生术语》（GB/T15236 - 2008）将其界定为：通过人 - 机 - 环的和谐运作，使社会生产活动中危及劳动者生命和健康的各种事故风险和伤害因素始终处于有效控制的状态。也有人认为，安全生产是指在劳动生产过程中，努力改善劳动条件，克服不安全因素和不卫生条件，使劳动生产在保证劳动者的安全和健康、国家财产免受损失的前提下进行（王俊治，2012：1）。"安全生产"与"职业安全健康"是有关联的，劳动者的安全与健康需要企业采取安全生产管理措施来实现。但是二者秉持的理念却有实质性的区别,"安全生产"强调的是以生产为本,而"职业安全健康"强调的是以人为本,这一点需要特别注意。

二 事故与职业危害

职业安全健康问题的主要危害因素是事故。一般而言,事故指的是个人或群体在为实现某一意图而进行的活动过程中,突然发生的、违反人的意志的、迫使活动暂时或永久停止的事件。将此含义用于职业安全健康领域,所谓事故,是指造成死亡、疾病、伤害、损伤或其他损失的意外情况(GB/T15236-2008)。①"疾病"包含的范畴较广。英国卫生安全执行局(HSE)使用的概念是"职业相关病症",即完全或部分地由于工作环境引起的人的功能暂时或永久降低的疾病、工作能力丧失或其他身体问题(宋大成,2008:2)。它包括职业病、职业性多发病及由职业因素引起的身体不适。

职业病是由劳动者在职业活动中接触职业性危害因素所直接引起的疾病(GB/T15236-2008),法定职业病一般是以法规形式规定的职业病。《中华人民共和国职业病防治法》将职业病规定为:企业、事业单位和个体经济组织的劳动者在职业活动中,因接触粉尘、放射性物质和其他有毒、有害物质等因素而引起的疾病。②其典型特征是病因明确,表现多样,具有潜伏性、群发性,会造成缓发性伤残,可预防,早发现早治愈。职业性多发病是受职业性有害因素影响而造成的疾病,如疲劳、腰背痛、某些妇女病等。关于此类病症的范围、诊断原则和处理方法目前尚无具体规定。

根据对事故、疾病含义的研究和相关法律规定,职业安全健康事故有不同的分类方法。一种分类是将其分为职业伤害事故和损失事故。前者指导致死亡、职业相关病症、伤害的意外事件,后者指造成财产损失或其他损失的意外事件(宋大成,2008:2)。另一种分类是将其分为职业伤害事故和职业病。此处的职业伤害事故是指在职业活动过程中发生的伤亡或急性中毒事件。两种分类的不同之处源自对职业伤害事故的不同理解,第一种分类采取了广义的理

---

① 事故是发生的意外情况,有可能导致事故发生,但通过一定办法或采取相应措施能够排除或抑制的潜在不安全因素称为事故隐患。
② 《职业病目录》(卫法监发〔2002〕108号)将职业病分为10类115种,即尘肺病13种,职业放射性疾病11种,职业中毒56种,物理因素所致疾病5种,生物因素所致疾病3种,职业性皮肤病8种、职业性眼病3种、职业性耳鼻口腔疾病3种、职业性肿瘤8种、其他职业病5种。

解，第二种分类采取了狭义的理解。

职业危害是指劳动者在职业活动过程中因接触各种有害的化学、物理、生物因素和各种不安全因素以及作业过程中的其他有害因素而产生的有损于健康的危害。其中可直接危害劳动者身体健康的因素称为职业性危害因素。职业危害按其产生方式可分为三类，即生产过程中的危害（包括化学危害、物理危害和生物危害）、劳动组织过程中的危害和生产环境中的危害。职业危害有的比较明显，有的并不明显，也非立即显现出来，但是其影响范围广、时间长，累积到一定程度时会产生严重的后果。

第二节 职业安全健康事故发生理论

随着社会生产力的发展，人们对事故发生的机制和原因的认识不断深化，先后出现了多种理论和模型。这些理论和模型从不同角度探讨了职业安全健康问题的成因和解决方法，呈现从关注人的因素到关注环境的因素再到洞悉二者之间关联的发展趋势。本节将对几个有代表性的理论做一一介绍。

一 事故倾向理论

事故倾向理论是事故研究早期的一种理论。格林伍德（M. Greenwood）和伍兹（H. M. Woods）通过对工厂伤亡事故的统计研究，在1919年提出了这一理论，后来纽伯尔德（E. M. Newboid）和法默尔（E. Farmer）等人进行了补充（Mckenna, 1983）。该理论认为，在相同的工作环境中，某些人具有事故频发倾向，这源自人的天性，他们比其他人更容易出现事故，因而他们是工业事故发生的主要原因。企业确保职业安全的基本举措就是不要雇用这些事故频发倾向者。事故倾向理论把事故的发生归责于个人，而且它假设，事故倾向是某些人的内在特征，与环境因素无关。换言之，有些人天生就是"肇事者"，只要他们参与操作，就有可能发生事故。这种只强调先天因素忽视环境影响的理论假设至今未得到证实，却有很多相反的证据可以将之证伪。该理论也因之受到了很多争议和批评。

二 事故因果连锁理论

20世纪30年代，海因里希（H. W. Heinrich）提出事故因果连锁理论

(Heinrich，1959)。该理论认为，伤害事故并不是孤立的事件，而是一系列具有因果关系依次发生的事件的结果。这种关系犹如五张多米诺骨牌，第一张牌倒下会引起后面的连锁反应，最后一张牌就是伤害。这一理论也因此被称为多米诺骨牌理论。五张牌代表的是事故因果连锁过程中的五种因素，即遗传及社会环境、人的缺点、人的不安全行为或物的不安全状态、事故、伤害。第一张牌表示遗传及社会环境，个人从遗传中得到不良性格或性格缺陷，环境会助长这种性格。它们会造成人的缺点，如鲁莽、轻率、缺乏安全生产知识等，这是第二张牌。人的缺点会让人产生不安全行为或造成物的不安全状态，这是第三张牌。人的不安全行为会导致事故的发生，这是第四张牌。事故发生，导致伤害，这是最后一张牌。如果去掉因果链中的任一张牌，连锁过程就会被破坏，伤害就会免于发生。企业做好安全工作的重点是要防止中间那张牌的出现，也就是防止人的不安全行为或物的不安全状态。

海因里希通过对 55 万件工伤事故（其中死亡和重伤事故 1666 件，轻伤事故 48334 件，其余为无伤害事故）的统计发现，重大伤亡、轻伤和无伤害事故之比为 1∶29∶300，这一规律被称为"海因里希安全法则"或"安全金字塔法则"。该法则显示，在 1 个重大伤亡事故背后，有 29 个轻伤害事故，有 300 个无伤害事故，以及大量的安全隐患，如不安全行为和不安全状态。若放任安全隐患的存在，就有可能导致 300 个无伤害事故的发生，若对此不加以控制，就有可能发生 29 个轻伤事故，若仍疏于防范，最终将发生 1 件死亡或重伤事故。反过来说，要防止重大事故的发生，就必须预防轻伤害和无伤害事故的发生，要预防这些事故的发生，就必须控制事故隐患，消除不安全行为和不安全状态。

后来有研究者在海因里希理论的基础上提出了新的因果连锁理论，如博德（Frank Bird）、亚当斯（Edward Adams）等，他们修正了五种因素的含义，使之更趋合理和完善。

三　流行病学理论

1949 年，葛登（J. E. Gordon）提出了用于解释事故发生机理的流行病学方法（Gordon，1949）。他认为造成事故的原因与流行病的病因具有相似性，分析事故时可以参照流行病病因的分析方法。分析病因需要考虑三个方面，一是当事人的特征，如年龄、性别、健康状况等；二是环境，如居住地、社区状况、季节气候等；三是致病媒介，如病毒、细菌等。这三个方面的因素相互作用，共同导致疾病的发生。将此方法用于事故分析，也就是分析相对应的人的因素、工作环境的因素以及引起事故的媒介特性。事故源于这三种因素的相互影响，消除与这三个要素相关的危险因素就能够控制事故的发生。

四 系统理论

20世纪70年代后，事故原因研究领域出现了多种理论模型。它们均把人、机、环境作为一个系统看待，探究三者之间的相互作用，剖析事故产生的原因，故可统称为系统理论。

（一）瑟利模型

1969年，瑟利（J. Surry）提出一种基于人的信息处理过程的事故模型（Surry，1969）。他认为事故之所以出现是因为人在信息处理过程中出现失误从而导致人的行为失误。事故的发生过程包括危险出现和危险释放两个阶段，在每个阶段，人的信息处理过程都分为对事件的感知、对事件的理解和对事件的行为响应。在危险出现阶段，如果三个环节都正确，就不会出现危险。假如出现了危险，但在第二阶段，信息处理正确，危险就不会发生，也就不会有伤害。任何一个环节出错，比如感知错了或理解错了，或者行为错误，就会使危险转化成现实的伤害。后来海尔（A. R. Hale）和安德森（R. Anderson）等人对该模型进行了修正。这一模型深入考虑了人的行为发生过程是有心理学的作用机制的。

（二）威格里沃斯模型

威格里沃斯（E. C. Wigglesworth）在1972年提出一种"人失误"模型（Wigglesworth，1972）。该模型认为，所有事故伤害都有一个共同的原因，就是人失误，即对外界刺激做出错误或不适当的响应。生产过程中会出现各种各样的信息作用于劳动者的感官，如果劳动者对这些刺激有正确的或恰当的响应，事故就不会发生。如果错误地响应了一个刺激，也就是失误了，就有可能出现事故。事故是否会带来伤害，还需考虑一些随机因素，比如，虽然机械操作失当，设备倒塌，但操作者因临时被人叫走而免于砸伤，因偶然因素而没有出现伤亡事故。

五 轨迹交叉理论

轨迹交叉理论认为，事故的发生是人的不安全行为和物的不安全状态两大因素综合作用的结果（张连营，2006：59）。人和物在各自的发展轨迹中，在某个特定的时空中发生了交叉,将破坏性的能量作用于人体,伤害事故就在这个交叉点上发生了。人和物的状态取决于多种因素的综合作用,而人和物的不安全状态也是多种因素相互作用的结果。如果出现了不安全行为或是不安全状态,若要预防事故的发生,就要避免二者的交叉。

目前,越来越多的人认为,事故的发生是多种因素综合作用的结果。人的不安全行为和物的不安全状态是直接原因,管理失误和缺陷是间接原因。社会经济环境、习俗、法律等也会对安全管理造成影响,例如,从社会行政的角度来看,出现职业伤亡及疾病问题是因为缺乏有效的社会层面的管理(Brewer,1993),它们是事故产生的社会因素。这些认识正在被整合为一种新的综合发生理论。

第三节 企业社会工作介入职业安全健康的路径和角色

企业社会工作发展至今,服务领域不断扩大,职业安全与健康已经成为企业社会工作的一个重要服务领域。

一 企业社会工作介入的重要性

职业安全健康直接关系到员工的合法权益和企业的效益与可持续发展,也直接关系到经济发展和社会稳定。统计数据显示,我国的职业安全健康问题已经十分严重,各类职业事故频发,造成了大量伤亡、疾病和其他损失。近十年,平均每年发生各类事故 70 多万起,死亡 12 万多人,伤残 70 多万人(张荣,2009:2)。2011 年全国发生各类事故 347728 起,死亡 75572 人(国家安全监管总局,2012),2012 年全国各类事故死亡人数为 72564 人(国家安全监管总局,2013)。

在职业病危害方面,自 20 世纪 50 年代以来,截至 2010 年底,全国累计报告职业病 749970 例,其中尘肺病 676541 例,死亡 149110 例,职业中毒 47079 例(急性职业中毒 24011 例,慢性职业中毒 23068 例)(国家卫生和计划生育委员会,2011)。根据 30 个省、自治区(不包括西藏)、直辖市和新疆生产建设兵团职业病报告,2012 年共出现职业病 27420 例,其中尘肺病 24206 例,占

88.28%，急性职业中毒 601 例，慢性职业中毒 1040 例，其他职业病 1573 例。[①] 除了人员伤亡之外，还有巨大的经济损失，每年因职业危害造成的经济损失逾千亿元。

职业安全健康面临的严峻形势亟须加以改善。但是由于职业安全健康问题产生的原因错综复杂，仅靠企业或员工个人的力量往往难以解决，迫切需要专业知识、技术与组织的协助。作为一种专业化的助人实践，企业社会工作的服务理念与目标、服务对象、服务内容与方法都使其成为保障员工职业安全健康的重要服务机制。

在服务理念与目标方面，企业社会工作秉持以人为本的价值理念，致力于保障员工利益，提升其社会功能，发展员工与企业组织的和谐关系。职业安全健康服务的目的是保障职工在职业活动中的安全与健康，这是员工的根本利益，所以二者的目标是一致的。企业社会工作的公共性和公益性决定了其与员工的利益逻辑也是一致的。个人和企业的职业安全健康问题若想得到有效解决，需要动用多方力量。只有以效益和利润为中心、以管理为主导的企业管理方和善于宏观指导弱于微观服务的政府机构的参与是不够的，它还需要有与其目标指向一致，能针对性地提供具体服务的力量的介入，这就是企业社会工作。

在服务对象方面，企业社会工作的主要服务对象是企业员工，而若从社会工作一向以弱势群体为关注重点的取向而言，直接深受职业危害的员工更是其服务的重点。因此，职业安全健康涉及的劳动者也是企业社会工作的主要服务对象。

在服务内容方面，企业社会工作的服务内容涵盖面较广，其中包含了职业安全健康服务。企业社会工作若要助人自助，帮助员工解决困难，促进员工发展，自然需要帮助员工，使其有更好的生产适应性，在制度、组织管理、培训、技术、工作场所等方面获得充分的保障，使其能以良好的安全与健康状态去从事职业活动。所以，维护职业安全健康是企业社会工作的重要内容。

在服务方法上，企业社会工作运用的是专业的服务方法。企业社会工作的服务方法是一套有理论指导和经过实践检验的有机体系，包括个案工作、小组工

[①]《中国 2012 年共报告职业病 2.7 万余例　尘肺病占近九成》，http://news.ifeng.com/gundong/detail_2013_09/16/29653496_0.shtml，2013 年 9 月 16 日。

作、社区工作、社会工作等。运用这些方法，社会工作者可以洞悉员工与其所处环境之间的相互关系，充分整合资源，为员工的安全与健康提供专业服务。企业社会工作避免了零散、盲目、无序的做法，因而可以更为有效地应对职业安全健康问题。

二 企业社会工作的介入路径

职业安全健康涉及工作场所、规章制度、组织管理、技术设备等各方面，相应地，企业社会工作提供的职业安全健康服务主要从四个层面介入：一是在职场消除或减少影响职业安全健康的因素；二是在员工因工受伤或患病时提供多方援助，提供尽可能好的医治和康复训练条件，改善现有的工作环境，从而减轻对员工的损伤；三是协助因工受伤或患病的员工争取合理的补偿，维护其合法权益；四是为因工受伤或患病的员工提供社区康复工作，协助他们回归社会，重返社区生活，增加社区共融，减少因职业伤病而产生的社会排斥现象。这些层面可进一步具体化为以下服务。

（一）职业安全健康咨询

企业社会工作者可以针对职业活动过程中的安全与健康问题为员工提供咨询服务。在追求效益的企业工作场域，安全问题常常被忽视，引发事故的安全隐患时常存在，员工的合法权益有时得不到应有的保障。出现这种情况的原因主要是，员工尤其是新进员工对其所从事工作的作业程序、安全防护、企业内部相关的规章制度、法律法规、企业内外资源等不清楚，这时便可以向企业社会工作者咨询，得到帮助。

（二）职业安全健康辅导

此项服务主要是协助企业员工处理所遭遇的事故，整合多方资源，为因工受伤或患病的员工提供援助。具体包括三个方面：一是通过各种方式为员工提供尽可能好的医治和康复训练条件，提供社区康复服务，改善现有的工作和生活环境；二是对员工进行心理疏导，使其尽快走出伤害阴影，增进对自我与环境的全面认识，从而更好地工作和生活；三是为员工争取合理补偿，促使企业主管方切实落实，维护员工的合法权益。

（三）职业安全教育培训

此项服务主要是设计教育培训方案，开设相关课程，评估培训效果。内容包括安全生产知识的培训，职业病、职业危害和防护技术知识的培训以及遵章守纪教育等。形式主要有三种：一是举办专家讲座，邀请安全生产或安全管理专家对员工进行安全事故专题讲座；二是开展员工培训，使员工具有安全生产知识和职业危害预防知识，使其能够按章操作，能够辨识危害因素和事故隐患，并掌握相应的处理方法，提高安全意识和应对突发事件的能力；三是针对企业管理者的安全培训，促使其树立安全管理意识，强化安全管理责任，及时发现员工及作业场所存在的问题，及时预防，规范操作，改善工作环境，健全规章制度，使工作场所有益于员工的安全和健康。

（四）宣传普及服务

企业社会工作者的服务内容是向企业员工及管理人员宣传《劳动法》及职业安全卫生方面的法规，普及关于工伤和职业病的法律常识，引起企业各方对职业安全健康问题的重视。此项服务有助于改变企业重物轻人、重生产轻安全的思想观念，促使员工在职业活动中养成安全健康的行为习惯，推动企业管理者采取有效行动营造良好的组织环境和工作氛围，使企业向有利于员工安全健康的方向发展。宣传形式包括纸质媒体宣传（如油印传单、安全知识手册、企业刊物、简报等），电子媒体宣传（如热线电话、广播、电视等）和网络媒体宣传（如网页、论坛、聊天室等）。

（五）职业安全健康督查

企业社会工作者开展的活动包括巡视、检查和督促。巡视企业生产防护措施，巡视工作环境与作业流程的安排是否符合健康标准，例如，员工是否在阴暗潮湿的环境下长期作业，工作间是否适时通风透气，职业危害因素是否超过了接触限值，等等。检查企业内劳动安全卫生管理机构设置与安全生产管理计划及执行情况，协助企业安全主管部门做好关于安全生产重要性的宣传栏。督促企业内部刊物设置专门的安全生产栏目，在作业场所安置醒目的安全宣传标语；督促企业管理者严格执行劳动保护的有关政策、规章制度；督促企业为员工提供定期或不定期健康检查，做好职业健康监护和健康促进工作。

另外，企业社会工作者还可以协助企业主管部门开展职业事故预防演习，如防火防毒演习等。

三　企业社会工作者的角色

根据生态系统理论，企业社会工作是在一个由员工、企业、社会等形成的生态系统中开展的服务活动。受该生态系统的影响，社会工作者不仅要与案主相联系，还要与同案主相关的其他系统一道解决案主的问题（师海玲、范燕宁，2005）。由此可见，企业社会工作者在这个生态系统中介入职业安全健康服务时承担着不同的角色。

（一）咨询辅导者

作为咨询辅导者，企业社会工作者主要是为企业员工就职业安全健康问题提供咨询辅导。如果员工不清楚不了解所在岗位是否会经常接触职业危害因素，是否会患职业病，作业场所应有哪些安全防护措施，应有什么操作程序规定，或受到职业伤害后如何应对，如何保护自身的正当权益等问题时，就可以向企业社会工作者咨询相关信息。企业社会工作者帮助员工明确其所工作的环境和条件，厘清其需求，弄清其所担忧的问题，寻找各种解决方法和途径，协助员工解惑纾难，提高员工自身应对环境的能力。

（二）促进者

如果员工身陷职业伤害困扰，企业社会工作者应及时给予支持和鼓励，帮助他们分析所面临的问题和困境，找出问题的原因，协助他们发掘自身的潜力和资源，促使其更有效地解决问题，从无助和无能的状态中解脱出来，从而增强其生产适应性和生活适应性。作为促进者的企业社会工作者提供的服务就是帮助员工解决职业问题和提升应对职业安全健康问题的能力。

（三）联结者

企业社会工作者扮演的联结者角色，也可称为资源联结者、经纪人、中介人，主要是围绕员工对职业安全与健康的需求，把员工与其所需要的资源联系起来。企业生态系统提供资源，员工接受资源，资源的流动是靠社会工作者来联系。这既包括利用企业内部的资源满足员工的需求，如联系工会、生产管理部门等，也包括联系企业外部的资源为员工提供服务。安全问题靠单一资源往往难以应对，需要整合多方资源加以解决，如社区、政府部门或者第三部门的组织力量等。

（四）调停者

当因职业安全事故出现员工与企业冲突时，企业社会工作者可以扮演调停者的角色，秉持公平正义的原则，调解冲突双方的争端，化解矛盾冲突。原则上其立场是客观中立的，但在利益相权必有损失的情况下，应考虑最大限度地维护处于弱势地位的员工的利益。

（五）教育者

为员工提供安全教育培训是企业社会工作者开展职业安全健康服务的一项重

要工作。在进行这项服务活动时，企业社会工作者可以担当教育者的角色，设计并实施安全教育培训方案，对员工及管理者进行相关知识的培训，提高其安全意识。

（六）协调者

企业社会工作者的协调者角色，主要是针对员工在职业活动过程中遭遇的危及安全与健康的问题与主管部门进行沟通协调，找出原因，明晰双方的权利义务，维护员工的利益，确保各方利益相关者的和谐关系和企业的和谐发展。

（七）倡导者

企业社会工作者扮演倡导者的角色，体现在两个方面。一方面是倡导企业重视和反思其在安全生产方面的缺陷和不足，推动其采取积极行动改善员工的工作环境以及与社会之间的关系，承担起应有的社会责任。另一方面是倡导员工主动积极地维护自身的合法权益，采取积极的行动避免职业伤害，行使法定权利监督企业的职业安全卫生执行情况和义务履行情况。

第四节 企业社会工作开展职业安全健康服务的方法

在职业安全健康领域，企业社会工作可以运用的专业方法有个案工作、小组工作、社区工作、社会工作行政等。企业社会工作者应根据服务内容和服务对象的具体特点选择不同的介入方法。

一 个案工作方法

职业安全健康领域的个案工作指的是针对企业员工的职业安全健康需求及所遇困难进行的个别辅导服务。企业社会工作者秉持着社会工作的专业价值理念，如平等、尊重、公正、接纳、自决、发展等，运用专业的知识和技巧，动员相关社会资源，以个性化方式为员工提供职业安全健康咨询与辅导，协助员工获得各类权益，调适员工与所处环境之间的关系，实现其社会功能。个案工作的开展过程包括接案、预估、计划、介入、评估与结案。下面结合案例对此方法做具体分析。

案例1

小吴在皮鞋厂做事，刚进车间，他就觉得气味很重，时间长了也就习惯了。半年后，他感觉自己越来越虚弱，面部和手脚浮肿，他以为是工作太累的缘故，继续坚持着车间作业,直到一个月后的一天,突然晕倒,被人送进医院。医疗费花了 8000 多元。小吴出院后一直在家待着,身体依旧浮肿,无法干重活,情绪很差。小吴在皮鞋厂的朋友向社会工作者介绍了小吴的情况,希望能得到帮助,社工接受了求助。

(一) 接案

经案主小吴的朋友介绍,社工开始与小吴接触。通过与小吴的会谈和对其朋友、邻居的访谈,了解了他的基本情况和求助的问题。社工真诚、接纳、理解的交流方式使小吴对其产生了信任,双方建立起了服务关系。

接案是开展个案工作的第一步,社工首先要与因职业安全健康问题前来寻求帮助的案主开始接触。在本案例的接触中,社工做了四件事情。首先是意识到案主是由朋友转介而来,确定了服务对象的来源。其次是了解案主的基本情况,如年龄、教育背景、工作单位等。然后是明确了案主求助的问题及其需求。最后是与案主了确立了信任和合作的服务关系。社工顺利接案后,下一步要进行预估。

(二) 预估

针对案主的身体病痛问题,社工通过深入访谈,结合心理-社会治疗模式理论,将其问题成因归结为三个方面:生理因素,案主患病后没有彻底康复就回到了家中,后来也没有做治疗或者康复训练;心理因素,身体病痛让案主出现了负面情绪,逐渐丧失了生活自信心;家庭因素,家人能给予的照顾很少。明确问题的成因后,社工梳理了介入的优势与资源。一是社工与当地职业病防治医院有接触,可为案主联系康复资源;二是案主有三个关系密切的朋友,可以成为他的社会支持系统;三是社区卫生可提供部分免费医疗服务。

预估阶段的重点是确诊案主的问题境况和确定社工的资源。前者弄不清楚,就无法对症下药;后者弄不清楚,就容易有心无力,无法施助。做好预估后,下一步工作是制订计划。

(三) 计划

基于预估情况,社工计划采取社区康复疗法,同时采取心理康复疗法,从生物-心理-社会角度出发,对案主进行心理干预,提高其心理健康水平。具体做法是帮助案主联系职业病防治医院;康复跟进,协助案主进行康复训练;联系其朋友和家人,帮助案主走出低落的情绪,恢复和提高自信心。

个案工作是一个有序开展的系统过程,制订合理的计划就是一个体现。完整的计划包括服务要达到的目标和为了达到目标采取的行动及介入策略。此处所定目标也会成为日后评估的依据。计划的制订需要考虑周密，合理可行。

（四）介入

介入过程也被称为治疗与服务或干预过程。社工开展的干预活动，首先是联结资源，解决生理问题；其次是康复跟进，调节情绪；最后是与案主的朋友和家人交谈，促使他们给予情感支持。另外，社工还动员了卫生所人员及其邻居为案主提供支持与帮助。

一般而言，社工在介入时需要协助案主疏解不良情绪，纠正偏差行为和偏激的观点、态度和想法，鼓励案主肯定自我，发挥其潜能，调整社会关系，帮助其寻求社会资源，改善工作环境。同时可以继续预估，修正和补充治疗计划与策略。介入是一个动态的过程，社工需要灵活处理具体状况。

（五）评估与结案

介入过程结束后需对个案工作进行评估，以确认服务目标达成的程度、案主改变的程度以及服务方式是否合理有效。在本案例中，通过社工的介入，案主的问题得以解决，各方面都有了明显的变化。评估的作用也在于它是一种整体性反思，促使社会工作者做出及时的实务经验总结，这有助于提高社工的服务水平。评估结束后就可以结案了。根据具体情况，结案后社工还可以继续进行跟进和跟踪服务。

二　小组工作方法

职业安全健康领域的小组工作指的是在社会工作者的策划与指导下，通过小组互动、小组经验分享和其他小组活动，协助组员解决职业安全健康问题，满足其对安全与健康的需求，以此改善其社会功能，促进其成长。服务对象是从事生产工作的员工和部门主管。对前者，小组工作主要是通过组织安全教育培训，协助员工适应工作环境；对后者，主要是通过协助管理方进行安全管理培训，提高其安全管理意识和安全责任意识，促使其做好安全防护工作，改善员工工作环境等。用于职业安全健康服务的小组类型有教育小组、成长小组、治疗小组和任务性小组。此处以教育小组为例呈现小组工作的具体过程。

案例 2

某服装厂是一栋六层建筑物，一层库房由于用电量增加，总电闸保险丝经常烧断。为不影响生产，电工用铜丝代替了保险丝，经总电闸引出的电线没有使用绝缘套管，直接搭在铁栅栏上，下面堆放着2米高的木料。后因木料着火引发火灾。起初火势不大，有员工试图用灭火器灭火，但因不会操作未果。火势蔓延至二、三层，二至六层的400余名员工慌乱逃生，因慌不择路和相互推搡，多人跳楼摔伤，多人因窒息而亡。事故处理后，服装厂重整营业，大多数员工仍心有余悸，弥漫着一股"恐火"情绪，不少人经常提到厂区的消防问题，不怕一万，就怕万一，再出现大火，怎么办？不知所措。而有的员工依旧毫不在乎，疏忽大意。不少员工忧心忡忡却又感到无能为力。有员工就此问题向企业社工申请了求助。

（一）需求评估

社工接受申请后，首先是针对服装厂员工反映的问题进行了问卷调查和访谈，了解到员工有获取消防知识、消除隐患和从火场安全逃生的需求。通过对调查资料的分析，社工决定对员工开展一次安全教育小组活动。

（二）确定目标

在小组活动中，社工希望能提高服装厂员工的自我保护能力和应对突发火灾的处理能力，增强其安全意识。具体目标是使组员增强自我保护意识，使组员注意身边的安全隐患，教授组员消防知识和突发火灾处理方法。

（三）招募组员

社工根据服装厂员工的不同反应，决定面向服装厂普通员工，采取自愿的方式招募组员。然后根据员工加入小组的动机、目的及其性别和岗位特点，从中确定8~10名组员。

（四）制订小组计划书

社工首先是确定小组的名称为消防安全教育小组。然后对该小组的目标做了阐述。同时明确了小组的组员和特征。在对小组特征的描述中，确定了小组的性质是教育小组，并定下了活动开展的时间和地点。招募方法是，在厂区宣传栏内张贴海报，在员工活动室内放置宣传单，员工自愿报名。对预期问题所做预案是，若参加小组的人数过少，社工可与企业主管部门协商，组织员工参与；若参加人数过多，则需按照招募条件筛选组员或分成多个小组；若出现中途退出，可根据具体情形劝其勿退出，或选择替补对象。

（五）活动设计

在小组执行阶段，社工主要开展四项具体活动。

第一，"同一片天空"

活动目标：建立专业关系；订立小组契约；拟定小组目标和期望。

活动步骤：短讲；破冰游戏；互诉心声；订立小组目标；总结及回应。

第二，"消防知识经"

活动目标：了解火灾危害；掌握消防知识；改变不良行为；提高防范意识。

活动步骤：你知我也知；慧眼识图；火从何起；灭火之道；总结及回应。

第三，"火场共逃生"

活动目标：熟悉火场心理；掌握火场救护常识；掌握紧急火情应对方法。

活动步骤：生命的道路；窗外的橄榄枝；乱中求生；烟雾蒙蒙；总结及回应。

第四，"安全在心中"

活动目标：回顾活动过程；巩固所学知识；抒发感想；结束小组。

活动步骤：测一测；成果愉悦会；同一首歌；填写意见反馈表；总结及回应。

（六）评估

在小组工作的最后阶段，需要对工作进行评估。通过评估来检验小组活动有无达到预期目标，在多大程度上实现了目标，找出存在的问题和改进方法等。根据服装厂员工的反应，企业社工对小组活动采取了综合评估方法。一是运用问卷对组员的安全意识和消防知识进行前测和后测，对比分析两组的结果，以此评估小组活动的效果。二是工作人员通过在活动过程中观察组员的表现并与组员倾谈，了解小组的工作成果。三是使用小组满意度量表和工作人员自我表现评估表进行评估。

另外，小组工作结束时需妥善处理组员的离组情绪，如有必要，可视具体情况安排跟进工作，以便巩固小组工作成果。

三　社区工作方法

企业坐落于社区中，其本身也是一个因生产活动聚集起来的社区，而且企业中的职业安全健康问题往往并不是只涉及一个人或某几个人，而是企业员工和各部门共同面临的公共问题，因此应对此类问题需要在企业宏观层面开展工作。这就要用到社区工作方法。社区工作是一个在群体间开展工作的过程，旨在帮助社区了解其存在的社会问题，并利用可以调动的社区资源解决问题，从而使整个社区的力量得到加强，社区成员的生活更加充实丰富（史密斯等，2005：123）。社区工作着眼于宏观实践，聚焦于社区的整体目标，通过整合资源，针对群体面临的公共问题提供服务。企业社会工作在职业安全健康领域运用社区工作方法提供服务，主要是对企业员工开展《劳动法》与职业安全卫生法规宣传教育、预防工伤与职业病的劳动安全卫生宣传教育以及安全生产知识教育；协助企业管理方规范工作流程、健全并落实安全生产管理规章制度，改善工作环境，消除或减少职业安全健康隐患，从而满足员工对安全与健康的需求，维护其合法权益。

企业社工社区方法的运用主要有两种模式，一种是由企业或工会设置社工的模式，另一种是由社区设置企业社工的模式（高钟、王丰海，2012：211）。这两种模式都可以用于职业安全健康服务。在进行相关服务时，社区工作的一般过程是，企业社会工作者与员工建立专业服务关系后，要先对员工和企业的职业安全健康状况进行调查研究，了解其需求，获取相关资源；然后制订可行的计划；接下来是采取社区行动实施该计划，在计划与组织实施过程中还要制定合理的财政预算，获得充足的资金，做好监督、控制等工作。

社区工作可以采取多种形式。从1999年开始，中华全国总工会会同政府有关部门在全国范围内开展了"安康杯"竞赛活动、《中华人民共和国职业病防治法》知识竞赛等，旨在推动企业加强安全生产管理，提高职工安全生产知识水平和自我保护意识与能力，动员全社会关注劳动安全健康，减少伤亡事故的发生。这是在全国范围内开展的活动，各企业均可根据本企业的实际情况积极组织员工参加活动，举办各级各类安全生产知识普及教育和培训。此类活动在企业内部可以由企业社会工作者协助开展。开展过程如下。首先，企业社会工作者通过问卷、访谈等方式对企业员工进行调查，了解企业员工对安全生产知识的掌握程度及具体需求。同时，动员企业管理方参与活动，提供学习资源，如资料、场地、时间等，组织员工学习安全知识和规则。其次，制订竞赛活动计划，明确其目标。具体目标是增加员工职业病防治知识，提高安全生产意识，总体目标是减少企业安全生产事故，降低职业病发生率，促进劳动者的安全与健康。最后，按照计划开展具体活动，并做好活动效果评估与总结工作。此类服务活动规模较大，需要企业社会工作者具有较强的组织能力和资源整合能力。开展此项工作时，企业社工可以争取企业工会的支持，以工会组织为依托，与之形成合力，更好地发挥企业社会工作在企业发展中的整合作用。

四　社会工作行政

为了保障员工的安全与健康，政府颁布了各种法规、条例，企业也制定了安全生产与管理规章。若这些政策条文不能落到实处，惠及员工也只是一句空话。在这一方面，企业社会工作者可以运用社会工作行政促进相应政策规章的落实。社会工作行政是将政策转化为服务的过程，在职业安全健康领域，社会工作者主要是为企业员工及管理人员提供职业安全健康法规的宣传普及和督查服务。

职业安全健康法规是为保障劳动者在职业活动中的安全与健康而制定的各种法律规范的总称。我国的职业安全健康法规体系是以宪法为依据，由法律、行政法规、地方性法规和有关行政规章以及职业安全卫生标准构成的综合体系，按层次从高到低可以分为7类。第一类是国家根本法即《宪法》，第四十二条、四十三条、四十八条有关劳动保护、劳动者休息、妇女权益的规定是职业安全健康立法的基本法律依据和指导原则。第二类是安全生产方面的基础法律，如《安全生产法》，专门法律如《矿山安全法》等。第三类是安全生产行政法规，如《企业职工伤亡事故报告处理规定》。第四类是地方性安全生产法规，如《北京市安全生产条例》。第五类是部门和地方政府安全生产规章。第六类是安全生产标准。第七类是我国批准的国际劳工安全公约，比较重要的法律有《劳动法》、《安全生产法》和《职业病防治法》等。

《中华人民共和国劳动法》自1995年1月1日起施行。立法目的是保护劳动者的合法权益，调整劳动关系，建立和维护适应社会主义市场经济的劳动制度，促进经济发展和社会进步。第四、六、七章是与劳动安全卫生有关的规定。

《中华人民共和国安全生产法》自2002年11月1日起施行，主要对"生产经营单位的安全生产保障"、"从业人员的权利和义务"、"安全生产的监督管理"及"法律责任"做出了规定。立法目的是加强安全生产监督管理，防止和减少生产安全事故，保障人民群众的生命和财产安全，促进经济发展。其中规定的从业人员的权利共有五项，即享受工伤保险和伤亡赔偿权，危险因素和事故应急措施的知情权，安全生产的批评、检举和控告权，拒绝违章指挥和强令冒险作业权，紧急情况下的停止作业和紧急撤离权。从业人员的义务有四项，即遵章守规、服从管理的义务，正确佩戴和使用劳动防护用品的义务，接受安全培训、掌握安全生产技能的义务，发现事故隐患或其他不安全因素及时报告的义务。

《中华人民共和国职业病防治法》自 2002 年 5 月 1 日起施行，规定了有关当事人各方（用人单位、劳动者、职业卫生技术服务机构、各级政府）的权利与义务关系以及法律责任。立法目的是预防、控制和消除职业病危害，防治职业病，保护劳动者健康及相关权益，促进经济发展。其中规定劳动者的 9 项权利包括：获得职业卫生教育、培训，接受职业健康检查、职业病诊疗与康复服务，获知职业病危害及其后果和防护措施，获得职业卫生防护设施，要求改善工作条件，拒绝违章操作和强令冒险作业，批评、检举、控告，参与民主管理，要求并获得健康损害赔偿。与职业健康和职业病防治相关的法规还有《工伤保险条例》、《使用有毒物品作业场所劳动保护条例》、《中华人民共和国尘肺病防治条例》、《放射性同位素与射线装置安全和防护条例》等。针对以上各种制度规定和相关政策的普及、执行以及企业内部规章条例的制定和落实，企业社会工作者都可以通过社会工作行政提供相应服务。

第十章 员工参与

员工参与管理已经成为世界性的普遍现象。员工参与有助于满足员工自我实现的需求，实现"全人"发展。同时，广泛的员工参与能够促成产业民主在企业组织层面的实现，有助于企业建立和谐稳定的劳动关系，实现企业与员工的"双赢"。企业社会工作介入员工参与领域，一方面要基于"助人自助"的原则，培养员工的参与意识，使得员工了解企业内员工参与的形式与内容，获得员工参与的制度资源，协助企业组织训练、提升员工参与的能力。要顺利开展产业民主最基本的条件就是员工有参与管理的能力（谢鸿钧，1996：3）。另一方面，企业社会工作基于"社群权益模式"，提供有关员工参与的政策、法律法规方面的咨询和宣传教育，鼓励劳资双方理性沟通，共同解决企业组织运行中的问题。

本章将重点介绍员工参与的基本理论，西方国家员工参与和我国员工参与的基本形式，影响员工参与的主要因素，以及企业社会工作介入员工参与的角色和方法。

第一节 员工参与概述

一 员工参与的理论基础与概念界定

管理学提出的关于人性的假设是员工参与管理的理论基础。20 世纪 30 年代，美国心理学家梅奥（E. Mayo）进行了著名的霍桑实验，打破了长期以来在管理学理论中占据统治地位的"理性人"假设，代之以"社会人"假设。这一假设认为，生产效率的提高或降低取决于员工的"士气"。在工作场所中，士气的提高不仅仅取决于物质刺激,更取决于企业中人与人之间的关系。因此,管理者不仅要满足员工的物质需求,更要满足员工的社会需求和自我尊重的需求。在管理过程中,管理者要关注员工需求,重视员工内部关系,培养员工的归属感与整体感。由此,持该假设的管理者提出"参与管理"的新型管理方式,即让员工不同程度地参与企业决策的研究和制定。

20世纪50年代末,美国行为科学家道格拉斯·麦格雷戈(D. McGregor)等人在对X理论批判的基础上,概括总结提出了Y理论,并系统地阐述了民主式的管理风格。这种理论认为人有自我实现的需要,人不仅愿意承担责任而且会主动寻求责任感。人的自我实现的需求与组织要求的行为是不矛盾的,人可以将个人目标和组织目标统一起来。当人的才能和潜力能够充分地激发出来时,就能感受到最大的满足。基于这一假设,麦格雷戈认为在管理制度上应给予员工更多的自主权,实行自我管理、自我控制,让员工共同分享权力,参与管理和决策。这样可以为满足员工的社会需求和自我实现需求提供机会,促使员工主动地将创造力投向组织目标。麦格雷戈将员工参与管理定义为发挥员工所有的能力,并为鼓励员工对组织成功做更多的努力而设计的一种参与过程。

20世纪50年代,员工参与作为一种企业管理方式正式出现,工作生活质量(Quality of Work—Life)运动的兴起是这一管理方式出现的重要标志。工作生活质量(英文简称QWL)强调提高组织效率与改善员工生活质量双重目标的实现,员工参与决策是工作生活质量中的重要内容。20世纪60~70年代,西方国家通过立法和成立有关组织来关注和改善员工工作生活质量。员工参与管理逐渐成为提高工作满意度,改善工作生活质量,提高生产力的一种较为普遍的管理手段。

西方往往把员工参与与产业民主联系在一起,认为他们可以相互替代使用或者联合使用,其研究产业民主的学术著作和论文经常被冠以"产业民主和雇员参与"的标题。在我国,则通常将员工参与称为"职工民主管理"。

产业民主是一个劳资双方共同制定决策的过程,集体协商和员工参与是其重要机制。有的学者将"员工参与"与"产业民主"视为相同的概念而交互使用。事实上,这两个概念并不完全重叠,员工参与的范围要比产业民主更为狭窄。员工参与主要是员工以受雇者身份参与企业的决策制定,这些决策主要涉及员工的待遇和工作条件(程延园,2011:206~207)。早在1922年8月,中国劳动组合书记部在其拟定的《劳动立法原则》中就提出了工人参与管理的主张。新中国成立后我国一直沿用"民主管理"概念,员工参与制度是实行现代企业制度后才使用的。国内主要存在两种观点：一种认为员工参与制度是企业民主管理制度，侧重参与管理与决策。例如，程延园根据我国实际将民主管理定义为：企业的普通员工依据一定的制度和程序，通过一定的组织形式，直接或间接地参与管理和决策的各种行为的总称（程延园，2011）。另一种认为员工参与是指员工对公司各项活动的全面参与，包括参与决策、参与管理、参与监督、参与受益等。由于对员工参与的理解不同，不同国家对员工参与的研究取向、程度和方法也不同。

二 员工参与产生的动力

推动员工参与产生的动力是多方面的，既有工业化发展中管理者不断追求更高生产效率的利益驱动，又有工人与工会组织不懈斗争争取参与权的促动，也包括政府及国际组织在制度、政策层面对员工参与的设计。

（一）员工参与思想的产生

员工参与的出现同企业管理思想的发展密切相关。20 世纪 20 年代，西方资本主义企业盛行的是泰勒的科学管理方法。这种管理方法以"经济人"假设为理论基础，认为劳动者只是受利益驱动的"实利人"，在生产过程中通过对工人进行严格控制、强制管理以提高生产效率。这种方法在工业发展初期极大地提高了生产效率，但是其弊端却日益显露，导致了工人罢工的盛行和工人各种方式的抵制。

20 世纪 30 年代以后，西方的管理思想发生了巨大的转变。哈佛大学教授梅奥在完成"霍桑实验"后，提出了人际关系学说，认为工人是"社会人"，他们不仅有物质需求，而且有精神需求，企业生产效率的高低不仅取决于工作条件和工作方法，很大程度上取决于工人的工作情绪。作为管理者，应该根据工人的社会需求施以激励，并得出了"满意的工人才是最有效率的工人"的论断。梅奥的理论启发了管理学家和企业管理者，于是管理开始从过去的"以人去适应物"，转向"以人为中心"。管理者开始调动工人参与决策的积极性，于是被称为"参与管理"的新型管理方式开始出现。这种管理方式在西方各国逐渐传播和广泛应用起来。

20 世纪 80 年代兴起的人力资源管理策略，使管理者进一步认识到工作满意程度与生产力发展之间的密切关系。员工的工作积极性不仅与他们所处的工作环境有关，而且与工作决策有密切关系。管理方认识到这一点后，逐渐开始推行不同的员工参与项目。

（二）工人、工会组织的为争取参与权的斗争

就工人、工会组织而言，工会自其产生之日起，始终如一的目标就是维护会员的经济利益和社会权益。工会运动在不同发展阶段，有不同的具体目标和措施。工会运动的第一个阶段，即19世纪初到第一次世界大战前，工会运动的主要目标是争取工会组织的合法地位，以及为工人争取基本的劳动条件、生活条件等。工会运动的第二个阶段，从第一次世界大战后到第二次世界大战之间，工人追求的目标是争取政治权利，包括参与社会活动、政治活动、议会选举以及政党活动的权利等。而到了工会运动的第三个阶段，即从第二次世界大战后至今，西方国家的工会组织提出了包括民主管理在内的新的运动目标。认为工人参与管理是维护其利益的最有效手段，在工人民主参与之下制定的政策，能够更好地体现工人的需求。因此，工会组织争取参与权的运动在"二战"后被大力推动起来。如第二次世界大战后，德国工会联盟通过罢工手段，迫使联邦议会通过了《煤铁共决法》，以期实现"劳资对等共决"。在此基础上，工会运动又力图把共决制推广到所有企业。1976年，德国新"共决法"规定，2000名以上的公司制企业，都必须实行"共决制"。

（三）政府和国际组织制定社会政策、国际准则促进员工参与

就政府而言，政府推动员工参与的动机在于希望通过这种形式缓解劳资冲突，实现社会整合。西方的员工参与有着明显的政党、政府背景。西方各个国家现代意义上的政党大都提倡增加工人的参与活动。在丹麦、德国、瑞典等国，当社会民主党执政时，大都将员工参与的思想注入具体的国家事务之中，并通过法律形式来贯彻他们的见解与主张，使得员工参与很快形成了制度。其中，德国公司制企业中实现的"监事会中的职工代表制"最具特色。

国际劳工组织（ILO）、欧洲改善工作和生活条件基金会，以及其他劳工组织基于保护人权的角度也不断推动员工参与在世界范围的实施，制定了一系列的国际准则。1994年，国际劳工组织主张将基本劳工标准与国际贸易规则联系起来，对违反者或达不到者给予贸易制裁。1996年12月，新加坡的WTO首届部长级会议，核心劳工标准作为新议题被列入宣言中。1998年，国家劳工大会通过的《关于工作中的基本原则和权利宣言》明确规定，在经济全球化背景下，要保障劳动者四个方面的权利：结社自由并有效承认集体谈判权利；消除一切形式的强迫劳动；有效废除童工；消除就业歧视。在这些活动基础上，国际劳工组织在1998年第87届劳工大会上提出了"体面劳动"这一战略目标，

即"在自由、公正、安全和具备人格尊严的条件下,获得体面的、生产性的共组机会的权利"。它包括"促进工作中的权利、就业、社会保护和社会对话"四个方面的内容。

三 员工参与的类别

员工参与大致可以分为直接参与和间接参与两类(李琪,2008:226~227)。

直接参与属于个人参与,是指员工个人直接参与管理方面的决策,或者参加企业内部的管理机构。这些决策过去是由管理者做出的,管理机构也是由管理人员组成的。直接参与总的来说只适用于较低层次的决策,主要有以下几种形式:参与处理生产方面的一些紧急问题;组成自治性的工作团队;组成"质量管理圈";参加工作小组、车间或者部门的工作会议等。另外,有些员工可以直接参加中层管理决策,不过这些决策主要涉及技术改革和工作组织调整等方面;直接参与大多受到管理方的控制。管理方对直接参与项目的设计一般是从直接激励员工的积极性,提高员工的工作满意程度,加强员工对组织目标、方向和决策的认识等方面考虑。基于这种认识,管理方在一定范围内,将工作方法、任务分配、质量保证等方面的决策权力转移给员工。

间接参与属于代表参与,是指员工通过选举代表参与决策。间接参与与直接参与不同,它是建立在员工集体利益基础上的。比较典型的间接参与方式包括:由工会会员选举出来的代表参加管理方定期召开的会议;由全体或者部分雇员选举的代表参加管理方定期召开的会议或临时会议;由员工选举的代表参加与管理人员共同组成的各种工作委员会;由员工选举的代表参加公司的董事会、监事会等。工会会员代表或者员工代表参加商会会议、工作委员会以及参与公司高层决策机构,都是要代表员工的利益参与事项的决策,这些决策通常属于较高层次的决策。通过间接参与方式,员工集体可以扩大对企业组织高层次决策的影响,进而达到保护员工利益的目的。

从员工参与涉及的主要方式上,还可在直接参与与间接参与的基础上,将员工参与进一步划分为四类:①自上而下的沟通,属于直接参与,有关项目包括公司内部刊物、报纸、公司报告和定期的公司情况报告会等。②自下而上地解决问题,属于直接参与,主要是通过员工个人或者工作小组的形式,发挥员工的智慧,解决生产中的问题。有关项目包括员工看法调查、质量管理圈、全面质量管理等。③财政参与,属于间接参与,主要是将员工个人的经济收入与企业的财政收入联系起来,有关项目包括收益分享、员工持股、增值附加奖金等。④代表参与,属于间接参与,有关项目包括共同协商委员会、咨询委员会、工作会议、沟通决策制等。

四 员工参与的层次与强度

员工参与民主管理的层次主要包括工作层次、管理层次以及企业层次的参与。

第一,工作层次上的参与,是对工作方法、工作目的、工作速度、工作器械安放、工作安全、工作设计等工作条件问题进行决策。

第二,管理层次的参与,是对雇用与解雇、工资发放、工作纪律与工作评估、培训与激励、意外事故处理等问题进行决策。

第三,企业层次的参与,是对利润分配、财务计划、产品开发与营销、资本投入、分红、管理者评价和任用等问题进行决策。

员工参与的强度决定对决策的影响程度。在企业中,员工参与的类型不同,对决策的影响力也不同。一般来说,参与可以分为信息共享、咨询和共同决定三种类型。这些参与类型对决策的影响力可以上述顺序自弱向强分为三个等级。咨询对决策的影响力大于信息分享,共同决定的影响力大于咨询。信息共享是指信息分享,企业向员工公开某些信息,如企业的财务状况、劳动力雇佣状况、企业内部组织结构调整状况。信息共享是员工的一项基本权利,虽然不直接对决策起到实际的影响,但其是进一步参与的前提。咨询为员工提供了一个评论、批评和建议的机会,员工可对决策提出自己的看法。咨询对管理决策的影响力也很有限,管理方可以采纳也可以拒绝员工或员工代表提出的意见和建议。共同决策具有最强的影响力。在一些欧洲国家,企业决策只能在劳资双方都同意的情况下做出。

五 员工参与的功能

员工参与对企业和职工来说至少具有四大功能。

(一) 可以激发员工的个人潜能,提高工作效率

员工参与可以增强员工的创造性,提高员工的思考能力,激发员工对企业的责任感,使员工能够真正从企业的角度分析问题,从而强化员工对企业的归属感

和认同感，使员工更容易融入组织中，提高组织的凝聚力。

（二）可将民主的生活方式延伸到产业领域及工作场所

为所有员工提供参与决策的机会，可以集思广益，帮助管理者做出明智的决策，提高企业的绩效和生产力。与没有员工参与制定的政策相比，员工参与制定的决策更容易被接受，执行起来更容易、更彻底，效果也更好。通过员工参与管理，一方面能够使管理者了解组织中存在的问题，明确哪些问题是重要的、哪些问题是亟待解决的；另一方面，员工可以为管理者提供更加可行的解决方案，帮助管理者做出合理的决策，提高生产效率。

（三）可以保障劳动者权益，建立和谐的劳动关系

劳动关系是管理方与员工及其团体之间产生的，是双方合作、冲突和权利关系的总和，并在一定程度上受到经济、技术、政策、法律制度和社会文化背景的影响。在西方资本主义发展之初，激烈的劳资矛盾、严重的劳资对抗，影响了企业的正常发展。在劳资双方的力量博弈中，管理方逐渐认识到缓和劳资冲突、让员工参与企业经营管理的正面作用。随着管理理论的发展、人们对人性本质认识的不断进步，以及国家法律体系的完善，企业越来越注重改善劳资关系，加强内部沟通，协调员工内部关系，使企业与员工获得共同发展。

（四）可以提高员工忠诚度、满意度和个人成就感

员工参与管理最直接或最有效的结果是增强员工对企业的忠诚度，提高员工的工作热情。研究表明，对企业忠诚而且富有工作热情的员工的工作绩效通常比较高。对企业的忠诚意味着员工对企业目标和发展方向的认同，以及对外在诱惑的拒绝。工作热情高的员工通常会以任务为导向，喜欢承担有挑战性的工作，把提高工作绩效看作是自我价值的实现。企业要提高员工的人力资本付出水平，必须确保员工对企业忠诚和对工作充满热情。将员工融入企业之中，融入企业的整体管理之中，这是员工人力资本付出的前提，也是提高工作绩效、使企业在竞争中处于不败地位的关键环节。

第二节 员工参与的形式

企业社会工作有效介入员工参与领域的前提是企业社会工作者能够熟悉企业员工参与的形式，了解员工参与的基本制度。国外以及我国员工参与基本形式的确立以及员工参与成为稳定的制度是一个渐进的过程。当前我国员工参与的形式

多样，不同类型企业员工参与制度也呈现多元性的特征。员工参与的形式既直接借鉴了西方国家员工参与的形式，又保存和发展了传统的员工参与形式。

一　国外员工参与的历史

员工参与最早出现于19世纪末，西方工业发达国家的工会组织开始把工人参与管理作为改善工人劳动和生活条件的一个重要途径，并要求在立法中给予确认。1891年，德国修订了《工商业营业法》，该法建议"企业主可视情况设置工人委员会"，由工人委员会代表工人就企业财务和劳动问题与企业进行沟通和协商，反映工人的要求。这被看成是最早的规定劳动者参与权的立法。

员工参与成为一项广泛实行的制度，最早出现在苏联。1917年11月，十月革命后的全俄中央执行委员会颁布了《工人监督条件草案》，草案规定在雇用员工5人以上，或年周转资金在1万卢布以上的一切工业、商业、银行、农业等企业中，由员工选举代表组成工人监督委员会，对企业的生产、储藏、买卖进行监督。这一规定赋予了工人参与管理的权利。

紧随其后的是德国1919年在《魏玛宪法》中的规定。"依公共经济原则规定雇主和劳工参加管理经济财务"，这是工人参与权第一次被写入宪法。此后，挪威、瑞典、丹麦等北欧国家也在立法中承认了工人的参与权。20世纪30年代，美国的员工参与在一些企业中得到施行。"霍桑实验"以后，工人参与管理被更多的管理者接受。30年代初期，美国著名的"斯肯伦计划"（Scanlon Plan）实现了员工的深度参与，并风行一时。

阅读材料："斯肯伦计划"（Scanlon Plan）

"斯肯伦计划"由约瑟夫·斯肯伦（Joseph Scanlon）在20世纪30年代首先提出。斯肯伦曾经在一家钢铁厂当工人，后来担任了美国联合钢铁工人工会一个地区工会的主席。在20世纪30年代初经济大萧条时期，美国的钢铁业有大批工厂面临倒闭。斯肯伦认为，如要挽救这些工厂，唯一的途径就是建立劳资之间的合作关系。他提出，如果管理方能够听取工人的意见，与工人一起致力于降低生产成本、消灭浪费、提高企业的生产水平和产品质量水平，那么企业可以免遭破产。斯肯伦的看法得到一些面临危机的钢铁厂高层管理者的认同，并将这些看法诉诸实践，从而使这些工厂在数年后走出困境。初级的斯肯伦计划比较简单，主要内容是每当企业的成本降低到历史最低水平，管理方将向企业的全体雇员支付一个月的工资当作奖金。斯肯伦的实践受到了时任麻省理工学院教授的道格拉斯·麦格雷戈的关注，麦格雷戈邀请斯肯伦到该校任教。此后，两人共同将斯肯伦的观点和实践发展为一种员工参与项目，并将其命名为"斯肯伦计划"。

斯肯伦计划包括两个基本要素：一个是建立一个生产力目标，同时设定一个在生产力水平得到提高之后计算员工奖金的公式……二是建立一套员工参与的制度。员工参与的制度包括在企业建立生产委员会和计划督导委员会，由管理方代表和员工代表参加，生产委员会每个月至少开一次会，讨论降低消耗、改善工作、提高生产效率的途径，还要研究由雇员提出的各种建议。督导委员会每个月也要至少开一次会，负责评价员工参与计划的实施情况，决定奖金的水平是否合理，并对生产委员会已经研究的员工建议进行分析评价。当企业的生产力水平确实提高后，企业所得收益由企业和员工按照双方设定的比例分享，企业要为员工以现金方式支付奖金，奖金的数额与个人工资挂钩。

（资料来源：李琪，2008：235~236；引用时有改动）

员工参与成为相对稳定的制度是在第二次世界大战以后。1946年《法兰西共和国宪法》规定："为了提高劳动者的经济地位和社会地位并根据生产的要求，共和国承认劳动者有权按照法定程序并在法定范围内参加各种经济企业之管理。"德国的"共决制"，成为西方员工参与发展历史中的一个里程碑。在德国的影响下，董事会和监事会的职工代表制成为欧洲大多数国家采取的员工参与方式。

二　西方国家员工参与的一般形式

员工参与管理有多种形式，最主要的四种形式是分享决策权、代表参与、质量管理圈和员工股份所有制方案。

（一）分享决策权

分享决策权是指下级在一定程度上分享其直接监管者的决策权。管理者与下级分享决策权的原因是，当工作变得越来越复杂时，他们常常无法了解员工所做的一切，所以选择了最了解工作的员工来参与决策，其结果可能是更完善的决策。各个部门的员工在工作过程中的相互依赖增强，也促使员工需要与其他部门的人共同商议。这就需要通过团队、委员会和集体会议来解决影响他们的共同问题。共同参与决策还可以增加对决策的承诺，如果员工参与了决策的过程，那么在决策的实施过程中他们就更不容易反对这项决策。

（二）代表参与

代表参与是指工人不直接参与决策，而是由一部分工人的代表进行参与。西方大多数国家都通过立法的形式要求公司实行代表参与。代表参与的目的是在组织内重新分配权力，把劳工放在同资方、股东平等的地位上。代表参与常用的两种形式是工作委员会和董事会代表。工作委员会把员工和管理层联系起来，任命或选举出一些员工，当管理部门做出重大决策前必须与之商讨。董事会代表是指进入董事会并代表员工利益的员工代表。

（三）质量管理圈

质量管理圈（Quality Circles）是日本质量管理专家石川馨于20世纪50年代末提出来的。质量管理圈是由一组员工和监管者组成的共同承担责任的一个工作群体。他们定期会面，通常一周一次，讨论技术问题，探讨问题产生的原因，提出解决方案以及实行解决措施。他们承担着解决质量问题的责任，对工作进行反馈并对反馈进行评价，但管理层一般保留建议方案实施与否的最终决定权。员工并不一定具有分析和解决质量问题的能力，因此，质量管理圈还包含了对参与的员工进行质量测定与分析的策略和技巧、群体沟通的技巧等方面的培训。

（四）员工股份所有制方案

员工股份所有制方案是指员工拥有所在公司的一定数额的股份，使员工将自己的利益与公司的利益联系在一起，从而使员工在心理上体验做主人翁的感受。员工股份所有制方案能够提高员工工作的积极性，提高工作的效率。员工除了拥有公司的股份，还需要定期被告知公司的经营状况并拥有对公司的经营施加影响的机会。当具备了这些条件后，员工会对工作更加满意。

员工参与管理，在一定程度上提高了员工的工作满意度，提高了生产力。因此，参与管理在西方国家得到了广泛的应用，并且其具体形式也在不断推陈出新。近年来，我国的企业也开始注重员工参与管理，例如，许多企业开始采用员工持股的形式。

三　我国职工民主参与的历史演变

我国现行的职工民主参与制度可以追溯到新中国成立之前。早在1933年，中国共产党在江西瑞金革命根据地颁布了《中华苏维埃共和国劳动法》，规定工会有权代表职工与企业各机关的管理人员与各种私营企业的雇主签订合同。同年四月，苏维埃政府颁发了《苏维埃国有工厂管理条例》，确立了职工民主参与制度。当时职工民主参与的形式主要是"三人团"，即由厂长、党支部代表和工会代表组成的团体，协助厂长处理厂内的日常事务。"三人团"实际构成了工厂的领导核心。职工的民主参与主要通过工会来实现。解放战争期间，中国共产党在华北等地解放区的公营企业中，逐步建立起以工厂管理委员会和职工代表会议为主要形式的职工民主参与制度。

新中国成立以后，1957年中共中央在《关于研究有关工人阶级的几个重要问题的通知》中提出，要把企业中现行的由工会主持的职工代表会议改为常任制的职工代表大会。同时，中央以文件形式赋予了职工代表大会四项职权。1961年，时任中央委员会总书记的邓小平主持制定了《国营工业企业条例（草案）》，即"工业十七条"，再次提出发挥职工代表大会和企业工会的作用。

"文化大革命"期间，我国的职工民主参与制度被严重破坏。党的十一届三中全会以后，企业职工民主参与制度得以恢复和发展。1986年9月，中共中央、国务院颁布了《全民所有制企业职工代表大会条例》，对职工代表大会的性质、职权、内容等做了详细的规定。1988年4月颁布的《企业法》专门设立了"职工和职工代表大会"一章。这些法律法规很大程度上推动了我国的职工民主参与。1993年国有企业改革以来，职工代表大会制度受到了一定的冲击。如何处理"新三会"（股东会、董事会和监事会）和"老三会"（党委会、职代会和工会）之间的关系成为职工民主参与面临的重要问题。但职工代表大会作为职工民主参与的基本形式，在国有企业、国有投资为主体的公司制企业中依然得到了延续。

四　我国职工民主参与的主要形式

（一）职工代表大会制度

职工代表大会制度是公有制企业中实行民主管理的基本形式，是职工通过民主选举，组成职工代表大会，在企业内部行使民主管理权力的一种制度。它是中国基层民主制度的重要组成部分，主要任务是：贯彻执行党和国家的基本方针、政策，正确处理国家、企业、职工三者之间的利益关系，在法律范围内行使职权，保障职工的合法权益和主人翁地位，调动职工的积极性，办好企业。这一制度具有广泛的民主性和代表性，是直接民主和间接民主结合较好的形式，并具有充分的法律依据。

(二) 公司职工董事、职工监事制度

职工董事、职工监事制度，是依照法律规定，通过职工代表大会或者其他形式，民主选举一定数量的职工代表，进入董事会、监事会，代表职工行使参与企业决策权利、发挥监督作用的制度。董事会、监事会中的职工代表称为职工董事、职工监事。

按照《公司法》规定，国有独资公司、国有企业和两个以上国有投资主体设立的有限责任公司，由公司职工民主选举一定数量的职工代表参加公司的董事会；所有公司的监事会都应由公司职工民主选举出一定数量的职工代表参加。和其他的职工民主管理形式相比，职工董事、监事制度具有层次高、直接性强等特点，发挥着不可替代的作用。

(三) "厂务公开"制度

厂务公开制度是近些年来在国有企业内实行的一种职工民主参与形式。

厂务公开工作在企业党组织的领导下进行。党组织主要负责人是厂务公开工作的第一责任人，行政主要负责人是第一执行者。各企业必须建立由党组织主要负责人任组长，行政、纪委、工会主要负责人任副组长的厂务公开工作领导小组。厂务公开的内容应以关系企业发展的重大问题和职工普遍关心的热点问题，以及涉及职工切身利益的问题为重点。除国家法律规定不宜公开和涉及商业、技术机密的问题以外，都要逐项实行公开。主要公开内容包括：①企业重大问题决策；②企业管理人员的选拔、任用和管理情况；③涉及职工切身利益的问题，包括职工工资、资金分配、住房分配、缴纳各种保险情况、劳动保护措施、职工培训计划、职称评定、奖惩晋级、家转非、劳动用工、下岗裁员以及集体合同的签订等；④企业经营状况，包括企业盈亏情况、工程招（投）标、大宗原材料及设备的采购供应、外协加工伯、企业业务招待费使用情况等。

(四) 合理化建议制度

合理化建议制度又称为奖励建议制度、改善提案制度、创造性思考制度，是一种规范化的企业内部沟通制度，目的在于鼓励广大员工直接、有效地参与企业管理、及时发现第一线问题，下情上传，让员工能与企业的管理者保持良性的沟通。合理化建议制度存在着明显的优越性，它是员工参与到公司管理中的重要途径，能有效地提高员工的创新意识，是公司运用集体智慧的重要手段。

实施合理化建议制度对个人、部门和企业都能起到很大的作用，使个人、部门和企业一起成长。对个人的作用有：从建议中产生自信、使自己的经验技巧可

以在现场加以活用、可以得到肯定、有奖金可拿等。对企业的作用有：有助于问题的解决；有助于提升业绩、提高经营效率；有益于员工能力的开发、有助于产品的开发、业务的改善、工作环境的改善，提高员工的工作意愿。

(五) 集体协商与集体合同制度

集体协商和集体合同制度是规范和调整劳动关系的重要手段，也是职工民主参与的重要形式。集体合同，是指用人单位与职工根据法律、法规、规章的规定，就劳动报酬、工作时间、休息休假、劳动安全卫生、职业培训、保险福利等事项，通过集体协商签订的书面协议。所谓专项集体合同，是指用人单位与职工根据法律、法规、规章的规定，就集体协商的某项内容签订的专项书面协议。用人单位与职工签订集体合同或专项集体合同，以及确定相关事宜，应当采取集体协商的方式。集体协商主要采取协商会议的形式。

集体合同与所有劳动者的利益都密切相关，企业集体合同的提出、协商、签订过程也是职工参与的过程。为了使集体谈判和签订集体合同的过程更能符合企业实际，体现公开和公平的原则，职工需要去了解企业的生产经营状况，提出自己的看法和要求。这一制度与职工代表大会制度的有机结合，可以极大地增强集体合同的权威性。

第三节　企业社会工作与员工参与

企业社会工作介入员工参与需要掌握、分析影响员工参与的主要因素——员工层面、组织层面、领导者层面的因素，在此基础上有针对性地运用社会工作的专业方法提升企业员工的参与意识与参与能力，形成有效的参与行动，从而促成企业建立和谐稳定的劳资关系。

一　影响员工参与的因素

(一) 员工层面

个体的个性、能力、人口特征和参与意愿都在一定程度上影响着员工的参与深度和广度。有效把握员工的个体特征对于提高员工的参与积极性有重要意义。

1. 个性因素

不同个性的员工对参与的认识和态度会表现出明显的差异。员工个人的成就动机、独立自主性、自我效能感、自我意识等都会影响员工的参与程度。个性因素作为员工独特的、区别于他人的特质既可能促进员工参与、增强参与效果，也可能起到阻碍的作用。因此了解员工的个性，尊重员工的个性，并且予以适当引导具有重要的意义。

2. 能力因素

员工的教育水平和能力是影响参与有效性的一个重要因素，不同的教育水平和能力会造成参与程度的差异。教育水平高、能力强的员工拥有更多的技术、更强的人际交往能力，这会增强他们对自我实现、对责任感和成就动机的需求。企业社会工作者应在促进员工参与时，充分地考量企业员工能力的总体状况及差异性。

3. 人口特征因素

人口特征主要包括年龄、性别、婚姻状况等。相关研究表明，在性别上，女性参与决策的特征与男性之间具有显著差异，男性愿意进行各种类型的参与，而女性则倾向于进行咨询性参与。人口特征因素的重要性是毋庸置疑的，因此企业社会工作在介入员工参与的过程中，把它作为一项重要的影响因素考虑也是理所应当的。

4. 参与意愿

参与意愿是影响员工参与的另一个重要因素，心理学研究表明内部动机对行为及结果具有导向作用，员工对参与的内部需求是影响参与有效性的必要因素。虽然现在关于员工参与的组织结构设置了很多，员工参与人数也很多，但实际上达到"真正参与"（即真正有参与兴趣，自愿参与）的人却很少，因此在一定程度上影响了参与的效果。

（二）组织层面

1. 组织气氛

组织气氛是组织内部环境的一个相对持久的特性，它与员工参与之间的关系受到许多学者的关注。支持性的组织气氛会提高员工的参与度，气氛与参与的预想结果直接相关。有学者指出创造参与气氛是使权力、信息、报酬和知识与组织中的员工联系起来的一种方法。可见，组织气氛与员工参与的关系十分密切，而构建一个支持型的组织气氛则是十分重要。

2. 组织规模

在组织规模方面，一些学者发现组织规模与员工参与度呈现显著性相关，相比而言，在规模较大的组织中，员工更积极参与决策。组织的规模越大员工参与决策的程度就越高。咨询性的参与与组织规模呈正相关，而授权性的参与与组织规模呈负相关。不同的参与形式,在不同规模的组织中可能会呈现不同的效果,因此,寻找最适合自己组织的员工参与方式将有助于增强参与效果。

3. 组织文化

组织文化是另一个影响员工参与的情景因素。健康的组织文化有利于创造积极的组织参与氛围,这样可以使员工之间产生高度的信任感和有效的沟通;而不健康的组织文化则会产生不信任和不良的沟通,从而影响参与效果。因此,组织文化对员工行为的影响绝对不可小视,它是组织长期以来形成的一种根深蒂固的、难以更改的员工价值体系,员工自进入组织的那一刻起便受到组织文化的洗礼,建立支持性的组织文化有助于巩固员工的参与行为,形成组织内部的参与风。

4. 组织收益

组织的收益分析也是要考虑的一个重要因素,员工参与决策的程度取决于决策成本、决策质量、决策的可接受性和下属的发展空间。研究发现咨询性的参与成本优先的领导战略呈正相关,而决策性的参与与成本优先的领导战略呈负相关。可见,员工参与并不是一个理想化的组织行为,组织作为营利的实体,在任何情况下都要考虑投入与产出的关系,只有分析清楚员工参与的经济收益才能有效实施地员工参与计划。

5. 组织结构

组织结构因素可以从两个方面来考虑:一方面是组织结构的类型,即组织是等级式的官僚结构还是扁平式的结构;另一方面是员工在组织中所处的等级层次。一般情况下,扁平式的组织结构有利于分权化及信息的流通,这都是保证员工参与有效性的关键因素。扁平化的组织结构,管理幅度较大,通过对组织成员的充分授权,可以提高成员的参与度。对于员工在组织中所处的等级层次,很多研究也表明处在组织中较高地位的员工更容易参与。参与,不太适合在组织中的较低层次(工作是程序化的)实施,而应该在较高层次(工作比较复杂)实施。另外也有研究表明随着员工在组织中的等级层次的提升,参与度也随之提升。同样要考虑到的是,虽然等级层次较高的员工有更大的空间和更多的机会参与,也没有太多的限制因素,但是也必须看到较低层次员工参与管理的特殊作用。

6. 组织制度因素

员工参与在很大程度上受到组织制度的影响,缺乏组织制度保障的员工参与很难产生长期的实际效果。组织制度包括反馈机制、参与渠道、奖励技术、组织气氛、利益安全等方面。劳动制度也会影响员工参与，采用外部劳动市场的企业和采用内部劳动市场的企业在员工参与程度上有较大差异。除此之外，从我国的企业管理实践来看，职工代表大会、工会组织都是员工参与有效保障的制度化形式，对于员工参与管理有着明显的积极作用。

（三）领导者层面

1. 领导者风格

领导者风格就是领导者在组织中对人对事的做法，不同的领导风格对员工的参与程度、工作绩效和满意度有不同的影响。勒温（Kuet Lewin）从20世纪30年代开始研究领导风格，把领导风格分为三种类型：专制型、民主型和放任型。他认为民主型领导具有优越性，即让组织成员有更多参与管理的机会。同时，利克特（Rensis Likert）在20世纪60年代把领导风格分为专制民主式、温和专制式、民主协商式和民主参与式，得出民主参与式的领导风格最有利于进行员工参与，在这种风格的领导下上下关系平等，有问题民主协商，参与讨论，领导最后决策，按分工授权，下级也有一定的决策权；上下级有充分沟通，相互信任，感情融洽，上下都有积极性。领导者作为组织的规划者、领路人，他的行为对塑造组织文化，引导员工行为有重要的作用。如何让领导者认识到不同领导风格对员工参与作用的影响，如何培养民主的、认同员工参与作用的领导具有重要意义。

2. 领导者态度

领导者对员工参与的态度既包括对员工参与的重要性的认识，又包括对员工参与的情感及行动上的支持。只有领导对员工参与持积极肯定态度，才能为员工参与的实施提供必要的支持，才有利于提高员工参与的积极性，最大限度达到参与效果。领导者对员工参与的态度可分为两种情况：一种是不支持员工参与，这样的态度让员工参与毫无积极性可言；另一种是认识到参与的必要性，但制度落实不够，因而不能使员工参与得到很好的落实。许多领导者担心授权给员工会削弱他们自身的权力，这就需要重新定位自己的角色。员工参与只是给员工提供了更多的自由发挥机会，领导者的角色不再是指挥者而应该是教练，只有这样才能促进员工参与的进行。

员工与领导者、组织之间的信任关系将有利于员工参与的实施，管理者的信任会促进员工的参与；相反，不信任会阻碍员工的参与。当信任关系建立之后，领导者就可以更好地去关注诸如战略等更加重要的问题。领导者对员工的信任是领导者态度的一部分。领导者对员工信任从而授权给员工，员工也应该充分信任领导者做出参与决定的重要性和对自己的意义，只有这样才能最大化地增强参与效果。

二 企业社会工作介入员工参与领域的方法

所有社会工作的方法皆可被运用于员工参与领域。

（一）个案工作

个案工作以缺乏参与意识、参与能力的员工个体为工作对象，通过建立一对一的助人关系，唤醒员工个体的参与意识，帮助个体解决员工参与过程中遇到的问题。

（二）小组工作

小组工作是通过小组或团体活动为成员提供社会服务的方法。其目的是促进团体或小组成员的发展，使个人能够借助集体生活加快自身的社会化；协调和发展个人与个人、个人与团体和团体与团体之间的社会关系；发挥团体或组织的社会功能，促进社会的进步与健康发展。

（三）社区工作

企业社会工作者可以视企业组织为一个功能社区（function community）（苏景辉，1989：7）。企业社会工作者要充分了解关涉员工参与的社区资源，与拥有这些资源的机构，如工会组织、人力资源部门等，保持密切的联系。社会工作者以咨询者的角色去计划、协调、整合所有与员工参与相关的服务方案，协助企业管理者了解员工参与的相关问题。

（四）社会工作行政

社会工作行政是将政策转化为服务的过程。企业社会工作者可协助企业组织与工会组织了解有关员工参与方面的政策、规定、条例，并推动企业去执行相关的政策。

三 企业社会工作者在员工参与中扮演的主要角色

企业社会工作者在员工参与中的角色主要有：支持帮助者、沟通协调者和倡导推动者。

（一）支持帮助者

企业社会工作者要积极通过各种方式，为员工争取参与企业管理与决策的机会，为员工提供实现自我管理的机会。虽然员工在企业中处于劳动者、被管理者的地位，但是劳动者一样有参与企业管理的权利，对企业的重大经营决策、企业的未来发展和与职工福利等权益相关的重大问题有发表意见和建议的权利。企业尊重员工民主管理企业的权利，重视员工的意见和要求，也能够调动员工的劳动热情和工作积极性，有助于工作效率的提高。

（二）沟通协调者

员工参与管理制度的形成、实施离不开员工、劳动者组织、管理方以及企业之外的社会组织、群体之间的沟通和协调。由于企业与员工的利益并非完全一致，企业与员工对于员工参与的作用、范围、方式、强度的理解往往并不一致。一方面，管理方认为，员工参与不可避免地会影响到管理方的权限及其对于生产经营的安排；另一方面员工自身的参与需求会逐渐增大。这就需要企业社会工作者从中协调，为企业各方搭建沟通的平台，建立沟通的渠道，协助企业内的工会、人力资源部门等组织实现信息共享，使得管理方与员工之间的沟通畅通无阻，并能在平和的气氛中进行协商。

（三）倡导推动者

企业社会工作者在促成企业与员工之间的和谐共赢关系中，担负着倡导者和推动者的使命，是企业和员工之间的桥梁和纽带，促使企业内部员工参与的规章制度、设施、程序、方式不断改善，也推动企业外关涉员工参与的社会政策、法律、法规的完善，从而在社会中形成民主参与的条件和氛围。

四 员工参与的策略

（一）促进员工对参与价值的肯定

通过多种方法，协助企业内的劳动者组织，唤醒员工对员工参与问题的关注，让员工了解到员工参与是其重要的权利，对于改善自身的生产条件和生活状况具有重要的作用。具体的方法有展览、座谈会、讲座、调查、研讨会等方式。

（二）提升员工参与的意愿

员工的参与意愿很大程度上取决于他们所参与的事项是否与他们的生产、生活息息相关，是否能够增进其权益，扩大其利益。因此，社会工作者在选择工作的方向和目标时，最好能与员工的利益直接挂钩。

（三）提高员工的参与能力

为员工提供有关员工参与的知识和技巧的培训。可采用个别培训和小组训练的方式，帮助员工了解员工参与的基本形式和过程，提高员工表达、沟通、讨论等技巧，更重要的是协助他们掌握企业的基本情况和员工参与规章制度的详细内容。此外，培养员工参与的信心也是成功参与的重要环节。

（四）推动建立员工参与的氛围和制度

如果影响员工参与的因素来自企业组织制度方面，则需要社会工作者花更多的时间和精力去推动员工参与制度的建立。具体策略包括两个方面。一方面，协助企业内的工会组织落实有关职工民主参与的相关法律、法规，依法建立员工参与的基本制度。发掘和训练员工中的骨干分子，使之能够发挥唤醒员工参与意识、塑造员工参与氛围的作用。另一方面，企业社会工作者还可以借助媒体、上级工会、党政等外力，积极与企业管理方沟通，改变企业的员工参与现状。

第十一章　员工闲暇生活与服务

闲暇是员工正常生活的重要组成部分，也是员工才智发展的必需，每个劳动者都应该享有休息和休假的权利。我国的法律法规所规定的员工闲暇时间在逐渐增加。相关部门在推动落实员工休息权和丰富员工业余生活上做出了许多努力。企业社会工作在企业层面和个人层面的介入将更好地实现员工的休息权。

第一节　闲暇的含义与历史变迁

一　闲暇的含义

人类对闲暇的认识有着悠久的历史。闲暇（leisure）一词源于希腊语。希腊语中的"schole"，意为休闲和教育，认为发展娱乐，从中得益，与文化水平的提高相辅相成。德国天主教哲学家约瑟夫·皮珀（Josef Pieper）认为：当一个人和自己一体，和自己互相协调一致之时，就是闲暇。中国的休闲学研究者马惠娣（2004）把闲暇界定为"非劳动时间"，是指人们在履行社会职责及各种生活时间支出后，由个人自由支配的时间，通常包括8小时工作以外的时间、星期日及节假日、各种假期以及退休后的时间。

有学者不对休闲和闲暇时间做区分，认为闲暇时间等同于休闲。将两者等同的优点在于将休闲看作是可以度量的，从而能对"休闲"加以量化。但也有学者认为，休闲虽然以闲暇时间的存在为前提，但闲暇时间并非就是休闲（卿前龙，2006）。另有学者认为，在西方经济学的理论体系中，闲暇最初是作为非工作的概念出现的，休闲仅仅是闲暇的一个部分或闲暇时间内可从事的活动之一。

闲暇时间被划分为三种类型：必要型闲暇时间，其主要内容是家庭活动（如家务劳动、抚养孩子、谈恋爱、治病等）所花费的时间；受教育时间，指花费在积累技能（受教育）上的时间；享受型闲暇时间，主要指人们花费在具有身心享受性质的消费或服务上的时间，在当今社会，它主要包括旅游、体育健身和娱乐等（魏翔、孙迪庆，2008）。

综上所述，闲暇的概念具有多样性和多层次性，没有一个统一的定义。参考已有研究对于闲暇的界定，本书将闲暇视为闲暇时间、闲暇活动乃至闲暇状态的统一，从三个角度来界定闲暇。

从时间的角度来说，闲暇是指个人可以自由支配的时间，具体是指人们除去工作时间和满足个人生理需要、家务劳动等生活必要时间支出后，真正由个人自由支配的时间。从活动的角度来说，闲暇活动是指个体在闲暇时间里，为达到休息、放松、娱乐、自我提高等目的所从事的个人喜欢的活动。从状态角度来说，闲暇指在闲暇活动中人的自由自在的状态。

二　闲暇的历史变迁

以19世纪的蒸汽机革命、20世纪中期的原子能和电子技术革命、20世纪末21世纪初的信息和知识革命为标志，人类社会进入了不同的历史阶段，相应的，闲暇也具有不同的表现形式。工业科学技术的进步、生产力的提高和产业结构的调整，客观上都为缩短劳动者工作时间和延长闲暇时间创造了有利条件。劳动者维护自身权利意识的觉醒和斗争，也推动了劳动者闲暇权利的实现。

（一）前工业社会里的闲暇

前工业社会依靠原始的劳动力从自然界提取初级资源。人类的生活主要依赖自然界，以采集野果和捕鱼打猎等为生。在前工业社会里，闲暇与工作交错在一起，并无绝对的界限。人们的日常生活根据季节的变化和环境的特点来安排，主要受自然的支配，没有固定的工作时间也没有固定的闲暇时间。人们的工作与生活密不可分，闲暇时间不能单独划分出来。

（二）工业社会里的闲暇

工业社会是以生产和机器为轴心并为了制造商品而组织起来的。以1870年开始的工业革命为起点，一场全面而深刻的社会结构转型开始了。在工业社会里，闲暇与工作开始有了明确的划分，两者不再混同在一起，而是成为相互分离的两件事情。对于大多数工人而言，工作和休闲有着泾渭分明的界限。闲暇被认为是工作之余的闲暇时间或可令人恢复精力的时间。从某种意义上说，现代的闲暇概念是工业化的产物。工业发展史上，泰勒的科学管理体制及随后出现的福特主义等，均非常看重效率。"效率崇拜"导致了生产节奏加快，工作量增大，破坏了工作与闲暇之间的平衡关系，人们出现了从未有过的压抑感和匆忙感。

劳动生产率的提高和劳动形态的改变，并不会自动使广大工人获得真正的闲暇时间和自由支配时间的权利。工业社会早期，在强烈追求剩余价值的动机下，工厂主们要求工人进行长时间、高强度的工作。工人阶级的劳动时间不断延长，甚至曾达到一天工作12小时、一周工作72小时。工厂业主担心假如闲暇时间过多，工人会出现酗酒、旷工赌博等现象，就通过长时间的工作把工人束缚在机器旁边。随着工业社会的发展，闲暇作为一个社会问题开始受到重视。

工人阶级为了维护自己的生存权利，一直同资产阶级进行着反对延长劳动时间的斗争，这是一个艰辛、曲折的过程。英国工人阶级从19世纪初开始，历经半个世纪的斗争，才迫使政府颁布了工厂法，先后把童工、女工和成年男工的日劳动时间限制在10个小时、12个小时以内。1866年，美国工人阶级第一次提出"三八制"的口号，要求8小时工作、8小时休息、8小时闲暇，并为之进行了坚持不懈的努力。直至20世纪初，英美等国的大部分工厂才实行了8小时工作制。1933年，美国规定法定工作时间为每周40小时，开始了5天工作制。20世纪60年代以后，西方发达国家的周工时平均缩至40小时左右。在工人的要求和斗争下，一些企业还制定了4.5天或4天工作制。在美国，每周4天工作制在逐渐普及，某些部门的工作时间已降到了每周30小时。

工人阶级不仅为缩短工时进行斗争，还推动保障闲暇的法律的制定。1948年《人权宣言》宣称："每个人都有休息和休闲权，包括合理限制工作时间和定期的带薪假期。"20世纪六七十年代，各种国际劳动组织关于劳动者权益的宣言相继问世，从而在法律上对于闲暇予以充分的保障。在工人的推动下，许多企业采取了增加工人闲暇时间的措施，包括减少日工时、周工时、减少加班时间、增加带薪年假，鼓励提前退休等，弹性工作制也开始普及。人们越来越有可能根据自己的情况和意愿灵活地安排自己的工作和闲暇。

总的来看，从20世纪30年代中期开始，西方资本主义工业国家中，工人的工作时间逐渐缩短，劳动者所付出的体力大大减少，以往特权阶级享有的闲暇也越来越大众化。这一变化来自于多种因素，一方面科学技术的迅猛发展和生产力水平的提高，提高了劳动生产率，把更多的劳动力解放了出来，另一方面是工人阶级向资本家的抗争，以及工会体制的完善，推动了工人运动的开展。此外，管理理论的发展，也起到了推动作用。以埃尔顿·梅奥（George Elton Mayo）为首的一批学者在进行霍桑实验后，提出了"社会人"的假设。他们提醒管理者不应只注意工作、完成生产任务，而应把注意的重点放在关心人、满足人的社会需要上。梅奥等所创立的人际关系理论让管理者开始注意到员工情绪的重要性，推动管理向人性化的方向发展。政府和企业主逐渐认识到了闲暇的必要性，而且发现给予工人更多的闲暇时间反倒能有效地提高他们的劳动生产率。

（三）后工业社会里的闲暇

20世纪70年代以来，世界上各主要经济发达国家先后进入"后工业社会时代"。在后工业社会里，大多数劳动者已不再从事物质资料的生产，而是进行服务性劳动。1973年，社会学家丹尼尔·贝尔（Daniel Bell）正式提出后工业社会理论。他认为，现代社会正从产品经济向服务经济转变，后工业社会的一个最明显的特点是大多数劳动力不再从事农业或制造业，而是从事服务业，如贸易、金融、运输、保健、娱乐、研究、教育和管理等（贝尔，1995）。许多学者认为，后工业社会中的工作机会和工作时间都将极大减少，人们将在闲暇中发挥潜能，展示能力和独特的个性，未来社会的发展趋势会加强闲暇的中心地位。

在后工业社会，闲暇的地位将大大提高，工作和闲暇的界限将再度模糊趋向于统一。科技的发展使得人们花很少的时间就能完成以前需要大量人力投入的工作，美国著名的管理学家彼得·德鲁克（Peter Drucker）认为，未来的工人将被机器人和计算机所替换。社会将出现更多的闲暇时间。网络的普及，也使得工作和闲暇融为一体，许多公司和企业由集中办公改变为家庭办公和远程办公，工作不再局限于固定的时间、固定的地点。人们主要从事智力型的、创造型的工作，工作方式和工作时间灵活多样，如此一来，人们在休闲化的工作中体验到满足感，闲暇不再是工作的对立面，而是闲暇越来越像工作，工作越来越像闲暇。

三 关于闲暇的社会学研究

对于闲暇的研究，早期阶段主要体现在欧洲的理性研究中，大多存在于哲学、宗教、经济学、社会学、心理学等学科。20世纪70年代在若干发达国家，闲暇成为学界热点，出现了"闲暇社会"、"闲暇文化"等概念。随着闲暇的日趋重要，越来越多的学者开始从各个角度对闲暇问题展开研究，涉及诸多学科，包括教育学、美学、历史学、管理学、医学、人类学等。我国对闲暇问题的研究始于20世纪80年代，目前，已取得了不少研究成果，但与西方发达国家相比，从理论到实践都存在明显的差距。与国外对于闲暇研究的深度和广度相比，我国的研究只是刚刚起步。以下将从社会学的视角介绍国内外对于闲暇的研究。

闲暇不仅是经济范畴，更是社会范畴。在社会学家看来，闲暇是一种生活态度和方式，是一种社会建制。闲暇既有个人体验的意涵，也体现着社会结构的制约。闲暇具有重要的社会学价值。1899年凡勃伦（Thorstein B. Veblen）发表的《有闲阶级论》，被认为是休闲学在美国诞生的标志。在书中，凡勃伦主要论述了在美国19世纪末期，资本主义发展的黄金时期，社会有闲阶级的休闲消费的模式。依照机器利用和企业经营的划分，凡勃伦把资产阶级社会中的人们分为两大阶级：一是物质生产者，如工程师、技术员、科学家和工人等；二是物质经营者，如老板、经理和商业推销员等。后者是在金钱上居于优势地位的阶级，他们在获得物质享受的同时，已开始追求精神生活的丰富和享乐。凡勃伦指出，闲暇是指非生产性消费时间，人们在闲暇时间中进行生活消费，参与社会活动和娱乐休息。在他的论述中，闲暇是一种阶级的社会象征，不论是以前或现在，那些富有的人"占有"休闲，以大量消费的方式来参与休闲。人们利用休闲时间来区别上层阶级与广大劳动群众之间不同的生活方式。有闲生活意味着社会地位上的优越，劳动则意味着低下。"明显地不参加劳动就成为金钱上的优越成就的习惯标志，成为声望所归的习惯指标；正相反，从事于生产劳动既然是贫困与屈服的标志，它同在社会上取得崇高地位这一点就冰炭不容了"（凡勃伦，2009）。凡勃伦的理论启示我们，闲暇具有阶级属性，同时也具有社会属性，在现代社会，闲暇和休闲已成为一种社会建制，成为人们的一种生活方式和行为方式。

约翰·凯利（Kelly，2000）认为，从本质上讲，休闲应当被理解为一种"成为状态"，这种状态更多地是指一种取向，也就是说休闲并不仅仅是当前的现实，而是动态的。它包含许多面向未来的因素，而不仅仅是现存的形式、情境和意义。在其著作《走向自由——休闲社会学新论》中，他将社会学研究中三种基本范式即韦伯的解释性假说、迪尔凯姆的结构模式以及马克思的冲突理论运用到对休闲的研究上。凯利提示我们要注意社会交往作为休闲的意义，交往可能就是活动的基本意义所在。休闲发生于一个建制化的社会系统中，工作、家庭与休闲的关系是相互交错而非彼此独立的。在运用冲突理论时，凯利认为马克思及马克思主义者的冲突理论具有极强的政治性，因为这一理论的根本假定是，社会系统内部存在着权力差别。在资本主义社会中，休闲变成了被异化的活动，成了社会控制的工具。将现代生活从统治阶级的生产方式和控制中解放出来是发展真正休闲的根本目的所在。英国学者克里斯·布尔（Bull，2006）等分析了社会学理论对休闲问题的研究角度，他们认为许多社会学家持"二元论"或极端化的观点。争论的焦点是休闲应该被看成是一种自由，还是应该被看成是一种控制。分别以功能派社会学家与马克思主义社会学家为代表，布尔等通过分析两派之间的争论并结合社会行动理论、互动学派的观点后得出结论：虽然个人有休闲选择的自由，但是该选择仍然受到社会结构所强加的各种因素的制约。个人通过其习得的、符合所属的社会阶层的各种社会规范、价值观和应有的角色特征而被整合进社会中，结果其休闲行为表现出同其所属的社会阶级相适宜的趋势。个人选择只能在社会结构的约束下做出，个人只拥有着约束下的自由。在此基础上，布尔等提出了亚文化理论，认为尽管对休闲的选择在一定程度上受到了社会组织结构的约束，但是参加正式或者非正式的休闲团体或者亚文化群体为个体提供了变更或者逃遁大社会所强加的并且通常对人们起着约束作用的规范、价值观和角色分工等的可能，就个人选择的自由度而言，亚文化群体有可能为人们提供更大的选择空间。

20世纪以来，更多的社会学家开始对闲暇进行实证研究，包括对城市工人时间分配的调查、闲暇与社会阶层的研究、工作与家庭如何平衡的研究、不同职业群体的闲暇、闲暇与个人生活质量的关系、弱势群体的休闲、城市居民休闲生活方式、性别与闲暇的制约因素、对不同种族、移民的闲暇状况研究、休闲中的越轨行为等。

第二节 我国员工的闲暇

当社会变得越来越工业化、技术化、现代化时，社会、个体对于闲暇的需求越来越强烈。对于员工来说，工作与闲暇生活之间的平衡可以恢复其身心功能，促进身心健康；提升个人素质，发展才能；激发创造力、促进社会交往等。对于企业来说，闲暇同样有许多益处，可以提高生产率、增强员工归属感，增强企业的凝聚力，有利于形成健康、活泼、朝气蓬勃的工作团队。

闲暇是个人应该享有的权利，休息权是公民的一项最基本的权利。我国1954年宪法第九十二条规定：中华人民共和国劳动者有休息的权利。国家规定了工人和职员的工作时间和休假制度，逐步改善劳动者休息和休养的物质条件，以保证劳动者享受这种权利。明确提出了劳动者的休息权。1982年宪法即现行宪法，第四十三条规定：中华人民共和国劳动者有休息的权利，国家发展劳动者休息和休养的设施，规定职工的工作时间和休假制度。

宪法规定要保障公民休息权，这是我国确定劳动者休息时间所遵循的基本原则。新中国成立至今，我国逐渐重视员工群体的闲暇，多项法律和政策把宪法规定的劳动者的休息权利更加具体化，更加有效地保障了劳动者的休息权。员工闲暇除了每日工余时间外，还包括公休假日、法定节假日、年休假等。综观相关规定，员工的闲暇时间在逐渐增多。

一　员工闲暇时间的变化

（一）公休假日

公休假日又称"公休日"，指法律规定或者依法签订的协议规定的每工作一定时间必须休息的时间。自新中国建立以后，到20世纪90年代初，我国一直实行"六天工作制"，即每周工作6天，每天8小时的工作制，又称为"单休日"。

1994年3月1日起，《国务院关于职工工作时间的规定》开始施行，第三条为：国家实行职工每日工作8小时、平均每周工作44小时的工时制度。自此，我国开始试行了"隔周五天工作制"，具体实施办法是隔周多休一天。

1994年7月5日颁布的《中华人民共和国劳动法》，第三十六条规定：国家实行劳动者每日工作时间不超过8小时、平均每周工作时间不超过44小时的工时制度。我国开始正式实行"五天半工作制"。

"五天半工作制"实行不到一年就改成了"五天工作制"。1995年3月25日，时任国务院总理李鹏签署了国务院第174号令，发布了《国务院关于修改〈国务院关于职工工作时间的规定〉的决定》。自1995年5月1日起，实行"五天工作制"，即每日工作8小时，每周工作40小时。隔周多休一天变为了"双休日"。

我国目前依然实行劳动者每日工作8小时、每周工作40小时这一"五天工作制"。有些企业因工作性质和生产特点不能实行标准工时制，应保证劳动者每天工作不超过8小时、每周工作不超过40小时、每周至少休息一天。

从六天工作制到隔周五天工作制，再到五天工作制，我国员工每周的休息时间在增多。国家规定一年52周，应有104个双休日。

（二）法定节假日

根据各国、各民族的风俗习惯或纪念要求，由国家法律统一规定的用以进行庆祝及度假的休息时间为法定节假日。

《劳动法》第四十条规定：用人单位在元旦、春节、国际劳动节、国庆节、法律法规规定的其他休假节日，应当依法安排劳动者休假。用人单位安排劳动者在法定休假日工作的，应依法支付不低于工资的百分之三百的工资报酬。

1999年9月18日，国务院发布《全国年节及纪念日放假办法》，决定增加公众法定休假日。春节、"五一"和"十一"法定休假3天，再加上调整的前后两个双休日，就形成了每年3个连续7天的长假，所以从1999年10月起，每年法定假日由原来的7天增加到10天。

2007年11月9日，国家法定节假日调整草案正式面向社会公布，国家法定节假日总天数增加1天，即由此前的10天增加到11天；对国家法定节假日时间安排进行调整：元旦放假1天不变；春节放假3天不变，但放假起始时间由农历年正月初一调整为除夕；"五一"国际劳动节由3天调整为1天，减少2天；"十一"国庆节放假3天不变；清明、端午、中秋增设为国家法定节假日，各放假1天。

1995年以前，法定节假日加上星期日，我国劳动者每人每年的休息日只有59天，1995年实行双休日后增加到111天，1999年10月起，增加到114天。在2007年底国家法定节假日调整后，劳动者的休息日增加到了115天。

2013年12月11日，国务院对《全国年节及纪念日放假办法》再次做出调整。春节由除夕至正月初六调整为正月初一至正月初七，除夕不再是公众假日。

（三）年休假

年休假是指用人单位的劳动者每年享有保留原职和工资的连续休假制度。

20世纪50年代初，我国曾试行每年12天的年休假制度，但因条件所限未能坚持。改革开放后，市场化的逐步推进使人们的工作和生活压力不断加大，休假渐受关注。

1991年6月，中共中央、国务院下发了《关于职工休假问题的通知》，规定各级党政机关、人民团体和企事业单位，在确保完成工作、生产任务，不另增加编制和定员的前提下，可以安排职工的年休假，"确定职工休假天数时，要根据工作任务和各类人员的资历、岗位等不同情况有所区别，最多不超过两周"。

1994年7月5日颁布的《劳动法》第四十五条规定："国家实行带薪年休假

制度，劳动者连续工作一年以上的享受带薪年休假，具体办法由国务院规定。"这是我国第一次以法律形式确定了职工的带薪年休假制度。此后，2005 年 4 月制定的《公务员法》对公务员的休假也有原则性的规定，"公务员实行国家规定的工时制度，按照国家规定享受休假"。

随着我国社会经济的发展，职工对于年休假的需求越来越强烈。许多企业对年休假存在难落实、不落实的问题。在此背景下，我国政府秉持"以人为本"的理念，开始围绕带薪休假制定具体办法。国务院第 198 次常务会议通过的《职工带薪年休假条例》于 2008 年 1 月 1 日起施行，对职工带薪年休假的条件、假期及未休年假的补偿等做了规定。其中，第二条规定：机关、团体、企业、事业单位、民办非企业单位、有雇工的个体工商户等单位的职工连续工作 1 年以上的，享受带薪年休假（以下简称年休假）。单位应当保证职工享受年休假。职工在年休假期间享受与正常工作期间相同的工资收入。第三条规定：职工累计工作已满 1 年不满 10 年的，年休假 5 天；已满 10 年不满 20 年的，年休假 10 天；已满 20 年的，年休假 15 天。国家法定休假日、休息日不计入年休假的假期。

在此条例颁布以后，作为《职工带薪年休假条例》的配套条例，《机关事业单位工作人员带薪年休假实施办法》和《企业职工带薪年休假实施办法》分别自 2008 年 2 月 15 日、2008 年 9 月 28 日起正式实施。前者由人事部公布，后者由国家人力资源和社会保障部公布。

《机关事业单位工作人员带薪年休假实施办法》规定：机关、事业单位应当根据工作人员应休未休的年休假天数，对其支付年休假工资报酬。年休假工资报酬的支付标准是：每应休未休 1 天，按照本人应休年休假当年日工资收入的 300% 支付，其中包含工作人员正常工作期间的工资收入。《企业职工带薪年休假实施办法》规定：职工连续工作满 12 个月以上的，享受带薪年休假。年休假天数根据职工累计工作时间确定。

工作之余要有适度的休息，带薪休假是对劳动者休闲权利的尊重，有利于员工和企业的可持续发展。国外许多公司很重视员工的这项权利。比如，英特尔公司的研发人员每年不仅有 4~5 天的法定假日，还有每年 3 周的带薪休假。杜邦、耐克等公司甚至开始实施长期的主动请假制度，有的短至几周，有的长至几个月。员工外出旅行、放松，从事一些个人喜好的项目，可以摆脱工作的疲倦，恢复活力。据美国人力资源管理协会统计，目前美国 2/3 以上的用人单位都采用了

"带薪假日"制度。在签订合同的时候，就已经把带薪假日写入其中，不能超额，否则属于违约。适当的休假会提升员工的工作效率，世界500强企业员工未休假与休假的效率之比是1：2.5~5.5，即休假之后员工的工作效率为没有休假的2.5~5.5倍。

纵向比较，中国的带薪年休假措施在不断进步，但横向比较，则较为落后。2011年7月30日，美国有线电视新闻网（CNN）发布了"带薪休假全球排行榜"，中国以21天排名垫底。该榜单上的数据来自各国"一周工作5天、并有10年工龄"的企业员工，"带薪假期"总时长由最低带薪年假和国家法定带薪节假日两个部分组成。排名榜首的是巴西和立陶宛，假期总时长为41天，法国每年共有35天的带薪假期，美国、新加坡则为25天。中国每年最低带薪年假为10天，国家法定带薪假日有11天，全年总计21天，排名最后。① 现实情况则是，即便只有21天，许多企业的职工也难以享受到。

二 多方努力，推动职工闲暇实现

闲暇时间的增多并不意味着闲暇的实现。虽然职工的闲暇越来越受到重视，更有多项法律和法规保证职工休息的权利，但目前我国职工闲暇仍存在不少问题，比如，职工的闲暇时间无法保证、闲暇活动单调、带薪休假落实难、长期超时加班成为常态等。长此以往将损害职工的身体和心理健康，也不利于社会的进步。在相关制度上还要更加细化和完善，政府、企业、工会、社会服务机构、家庭、公众要共同推动闲暇的实现。

政府可以从多个方面促进闲暇的实现。国外有一些优秀的经验值得我们借鉴，比如，英国在全国范围内实行多种措施以鼓励家庭和谐型工作环境的形成，这些措施包括国家儿童抚养战略、扩展女性和男性的权利、最低工资、新单身父母协议、扣除工作和家庭的课税等。国家通过宣传工作——闲暇平衡政策，使雇主和企业了解组织实行家庭友好型政策能给企业带来的相应好处，比如，减少缺勤率、提高企业生产效率等；鼓励企业根据自身情况实行灵活的家庭友好型措施，国家通过宣传员工个人利用家庭友好型政策给自己带来的好处，鼓励员工根据自身情况在工作和闲暇之间做出相应的选择（魏翔、韩元君，2009）。我们与

---

① 《CNN发布带薪休假时间排行榜称中国21天全球最低》，http://www.china.com.cn/international/txt/2011-08/01/content_23112492.htm，2011年8月1日。

西方国家的具体情况不同，不能全部照搬。国家在促进闲暇的实现上有重要责任，首先应该进一步完善劳动法律法规，明确界定"过劳死"的范围，并加大对违法行为的惩治力度。同时，以有效的方式强化企业的社会责任。

实现职工的闲暇既是企业长久发展的需要，也是企业社会责任的体现。在保证生产经营任务完成的情况下，企业可采取灵活多样的工作方式，比如，弹性工作制、时差上班、短时工作、在家办公等。尽量减少职工的时间外劳动、限制加班和深夜劳动的次数。确保员工休息日、节假日和带薪年假的实现，保障员工的休息、休假的权利。

工会作为职工利益的合法代表，维护职工利益责无旁贷。工会虽然在推动职工休息权的落实和丰富职工业余生活上做了许多工作和努力，但仍有许多方面需要加强。

三 工会与职工闲暇

新中国成立后，中华全国总工会多次召开会议研究有关职工业余体育、技术培训、文化娱乐生活等问题，并制定出具体的实施办法。到1952年底，工会协助企业行政在全国兴办了16277所业余文化补习学校、技术学习培训班，兴建了11900余座工人文化宫、俱乐部（张喜亮，1990）。中华全国总工会领导各级工会组织在搞好生产、改善生活的同时，以工会俱乐部为载体，开展了丰富多彩的职工文娱、体育和文化活动，积极引导职工参加健康的文体活动。

1954年11月上旬，中华全国总工会和国家体育部在北京联合召开了第一次全国职工体育工作会议。会议指出：职工体育工作应贯彻为生产服务、为群众服务的方针，达到增强职工体质、提高劳动生产率和丰富职工业余文化生活的目的。会议通过了《中华全国总工会关于开展职工体育运动暂行办法纲要》和《职工体育协会暂行组织条例（草案）》，并决定于1955年10月在北京举行第一次全国职工体育大会（张喜亮，1990）。

在维护职工的休息权方面，我国法律法规也赋予了工会权利。《劳动法》第四十一条规定：用人单位由于生产经营需要，经与工会和劳动者协商后可以延长工作时间，一般每日不得超过1个小时；因特殊原因需要延长工作时间的，在保障劳动者身体健康的条件下延长工作时间每日不得超过3个小时，但是每月不得超过36个小时。所以，用人单位如需延长工作时间要与工会进行协商。

1995年8月17日，中华全国总工会颁布的《工会劳动法律监督施行办法》

第六条为：工会有权对用人单位的下列情况进行监督。其中监督内容之一是：执行国家有关工作时间、休息、休假的规定。在《工会法》、《企业工会工作条例》中也有对于工会组织要丰富职工文化生活的规定，企业工会要就劳动时间、休息休假等与企业平等协商，签订集体合同。我国《职工带薪年休假条例》第六条也规定："工会组织依法维护职工的年休假权利。"

截至2004年，全国基层工会共有直属文化宫、俱乐部2.3万个，馆藏图书1万册以上的直属图书馆1.2万个，直属体育场、体育馆1.3万个。基层以上工会共有直属文化宫、俱乐部1623个，馆藏图书1万册以上的直属图书馆865个，直属体育场、体育馆406个，直属文化协会4941个，会员78.8万人，直属体育协会4049个，会员238.5万人。这些文体组织和设施，在加强职工文化体育工作、满足职工精神文化需求等方面，发挥了重要作用（中华全国总工会，2005）。

新形势下，工会系统组织职工闲暇活动的内容和形式越来越多样。基层工会结合本企业本单位的实际情况，开拓思路，积极创新，在职工的业余时间或节假日期间，组织职工郊游、登山健身、图书阅读、球类比赛、趣味运动会、职工生日会、野外拓展活动等。工会也与青年团、妇联共同合作，开展符合青年职工、女性职工特点和需要的闲暇活动。

在我国工业化、城市化的进程中，农民工成为一个令社会各界关注的群体。2013年国家统计局发布了《2012年我国农民工调查监测报告》。报告显示，截至2012年末，我国农民工总数达到26261万，已超2.6亿。农民工是我国经济、政治、文化和社会建设的重要参与者，已经成为产业工人阶层的主要组成部分。多项关于农民工闲暇生活的研究均指出农民工的闲暇存在着大问题。马惠娣（2010）通过对一手资料的分析，指出农民工闲暇生活现状为"八个零"，即大多数农民工日常生活中的闲暇时间"几乎为零"、闲暇生活中的文化精神消遣"几乎为零"、对文化性休闲概念的理解"几乎为零"、参加社区活动"几乎为零"、融入城市文化"几乎为零"、"休养生息"的意识是零、闲暇时间与孩子们玩的时间"几乎为零"、传递他们"诉求"的渠道"几乎为零"。农民工的闲暇生活可谓非常匮乏。高强度的劳动之后，得不到充分的休息，农民工的身体健康状况不容乐观。闲暇活动的单一化、平面化、利用价值低也不利于农民工的心理健康。工作压力长时期得不到缓解，会让他们心理失衡，当发展到一定程度时，可能会以消极乃至破坏的态度或行为表现出来，成为社会不安定的潜伏因素。

2006年3月14日，中华全国总工会在关于贯彻《国务院关于解决农民工问题的若干意见》的意见中写道：改善农民工的精神文化生活。工人文化宫俱乐部等工会文化活动阵地要主动适应农民工的娱乐倾向、求知需求和消费水平，为他们创造良好的学习和娱乐环境。在农民工相对集中的企业和工地，建立文化活动室、图书角，广泛开展送图书、送电影、送文艺节目等多种形式的活动。2012年4月6日，中华全国总工会发布《中华全国总工会2012年维护农民工合法权益工作要点》，其中规定要关心农民工的精神文化生活，提出要引导企业开展农民工喜闻乐见、丰富多彩的业余文化活动，开展慰问农民工的文艺演出活动；提出在基层企事业单位、城市社区、工业园区、乡（镇）村、重点建设项目工地中，农民工相对集中的行业、集宿区等建立1000家"职工书屋"，为农民工学习知识、获取信息、提高素质、丰富文化生活提供便利的条件。

近些年来，白领员工过劳死、过度劳动现象日益增多。中华全国总工会强烈谴责无视国家《劳动法》、漠视工人生命、强令或变相强迫工人长时间加班加点工作的做法，呼吁全社会要关注劳动者的生命安全和合法权益。中华全国总工会还呼吁并建议进一步完善劳动法律法规、加大劳动执法力度、强化企业的社会责任，要求各级工会支持工人依法维护自身权利，坚决纠正企业违反《劳动法》的行为，切实维护劳动者的生命健康权益。除此之外，工会还要加强维权的力量，通过集体协商机制来维护劳动者的利益，将带薪休假的具体规定和实施办法纳入集体合同。当用人单位不落实带薪休假制度时，工会有权作为诉讼主体主动提起对用人单位的诉讼。

第三节　企业社会工作与员工闲暇

企业社会工作在产生之时，就比较关注员工的闲暇活动。在美国，19世纪末，企业主为了解决劳工问题，开始制订诸如职工教育、福利餐厅、员工宿舍、公寓服务、医疗护理、休闲娱乐、实务辅助等福利方案，并雇用专业工作人员来提供福利服务。随着工业化的扩展，企业社会工作逐渐进入更多的地区和企业，工作内容更为丰富，工作手法也更为专业化。在西方，许多社会工作者进入社会服务机构为顾客提供休闲方面的建议和指导。在我国，社会工作是新兴职业，企业社会工作介入闲暇领域更是一个新课题。企业社会工作者可以考虑依托现有的工会系统，进入企业，开展工作；或通过企业聘请的方式，为员工提供服务。企业社会工作方法包括个案工作、小组工作、社区工作等直接方法，还有社会工作行政、社会工作研究等间接方法。在员工闲暇生活领域，企业社会工作综合应用多种工作方法，在企业和个人层面开展工作。

一 在企业层面上的介入

在企业层面上，企业社会工作可从以下三个方面促进职工闲暇的实现，提高职工闲暇生活的质量。

（一）对带薪休假制在企业内的实施进行监督和完善

企业社会工作者通过灵活多样的形式在企业内宣传此项制度，让企业管理方与员工都重视带薪休假权利的实现。企业社会工作者监督制度的实施，依托工会组织依法维护职工的休假权利。每个企业的具体状况不同，为了让带薪休假制能顺利落实并且促进企业的发展，社会工作者可以配合企业管理方，结合企业实际，改革企业劳动和用工制度，合理安排员工的劳动时间和闲暇时间，保证企业内劳动者和休假者人数呈恰当比例。社会工作者要及时了解员工的状况和企业带薪休假制的实施情况向企业管理方反馈，不断完善企业的带薪休假制。

（二）推动职工休闲设施的开发与利用

休闲设施是职工进行闲暇活动的载体。企业如果仅仅是一个工作的场所，在高负荷的压力下，员工难免会心生倦怠，对工作产生抵触心理。在企业内部设立一些休闲设施，将会缓解员工的压力，有效提升员工的工作满意度。在日本，有的企业设立了谈话室，并准备了点心、饮料、图书、沙发椅等，除了谈话所用，还兼做员工放松的场所。著名的统计软件厂商 SAS 公司，在办公区专门为员工设立了按摩室、午休室和游泳池。有些注重员工福利的企业建有员工健身休闲中心，从篮球场、瑜伽室、健身房、重量训练室、个人衣物间到 SPA 馆，一应俱全。在条件不具备的情况下，企业内员工的休闲设施不一定要多而全，可结合实际需求，适当设立。人性化的工作场所会让员工在休息时间中获得放松。社会工作者可与企业管理者、工会组织领导者、社区负责人及有关机构的人员密切合作，充分有效地调动资源为员工建设休闲设施，比如，在企业内设立阅览室、娱乐多功能厅、咖啡厅、上网室、健身中心等。这些休闲设施以免费或者福利的形式向员工开放。社会工作者可以开发出适合员工的活动形式，组织员工在其中娱乐休闲，实现对休闲设施的充分有效利用。

(三) 针对不同类型的员工设计实施各种闲暇方案

企业社会工作者通过科学的调研，分析企业内不同性别、不同年龄段、不同文化群体、不同职业类型群体员工的特点，针对不同类型的员工设计个性化的闲暇方案。或是协助员工进修学习，通过成立学习小组、成长小组的方式协助员工学习新知识、新技能；或是组织企业内员工成立各种社团或兴趣小组，成立员工活动中心，为有相同爱好、特长的员工提供交流的平台，丰富员工的业余生活。

二 在个体层面的介入

(一) 对员工进行闲暇教育，引导员工形成良好、健康的生活方式

20世纪60年代以来，一些闲暇教育研究专家指出，"闲暇教育就是一场使人明确自己闲暇生活价值观和休闲目的、自主地确立闲暇在生活中的位置，通过闲暇来改善生活质量并贯穿于终身的教育"。布赖特比尔（Charles K. Brightbill）认为，闲暇教育让人们正式或非正式地学习利用自由支配时间以获得自我满足，并将个人才能发挥到极致，从而使自由支配时间有助于提升人整体的生活质量（布赖特比尔，2009）。虽然闲暇时间越来越多，人们也在以各种方式度过闲暇，但不见得每个人都能在闲暇中积极地参与，体验到自由，获得心灵的满足感。社会工作者需要对员工进行闲暇教育，教会员工如何有效利用闲暇时间、如何提高闲暇时间的利用质量，为员工提供各种各样有关休闲机会的信息，传授休闲活动的技能和鉴赏知识，使员工养成正确的闲暇态度和选择能力。

有时候，企业社会工作者面对的是个别员工的闲暇问题，此时需要具体情况具体分析。

(二) 为休闲障碍者提供休闲咨询

休闲障碍指某个体有参加某类闲暇活动的愿望，但此个体不具备参与的能力，或由于某种问题的存在，无法以自己喜欢的方式享受闲暇。戈比（Gobbi，2000）把限制休闲行为的因素分为三类。第一类是结构性的，是一些具有普遍意义的阻碍，不是个体所能左右的。比如，某人想要去某处滑雪，可是因为气候原因，那里没有下雪，所以就不能实现。第二类是个人的心理障碍。压抑感、焦虑感、心情低落、朋友的消极态度都有可能成为个体内心中的障碍，使个体无法参与某种闲暇活动，比如，因为焦虑而无法欣赏戏剧。第三类是人际交往性障碍，涉及人与人之间的相互关系和相互作用。有许多闲暇活动需要跟别人一起做，如果没有他人的配合，活动将不能进行。比如，某个人想组织人踢足球，但

没人感兴趣。休闲咨询的主要任务是把握个体的休闲兴趣,帮助个体在企业内或所居住的社区内找到感兴趣的休闲活动。社会工作者从费用、可操作性、个人特长和能力等方面,分析个体某项休闲选择的可行性。通过休闲咨询活动,可以:①拓宽个体的休闲思路,明晰休闲价值;②提供闲暇的有关信息,或者以其他方式提高个体的休闲能力;③改变个体对于闲暇的观念;④帮助个体进行自我调节,克服心理障碍,保持积极情绪。

(三) 帮助个体进行闲暇管理与设计

闲暇管理与设计是指采用行之有效的方法,组织好闲暇活动的方方面面,以便最大限度地利用个体所拥有的时间来完成人生的目标。时间管理理论与方法是闲暇管理与设计的基础和手段(李仲广、卢昌崇,2000)。

时间对每个人都是平等的,善用时间的人工作高效而且能享受闲暇,终将收获成功的事业和圆满的人生;不善于利用时间的人,生活会失去从容,人生难以有所成就。社会工作者可以帮助个体进行闲暇的管理与设计。制订闲暇管理方案的基本步骤如下:

(1) 充分帮助个体认识到闲暇的社会、经济、文化价值和对整个生活的重要性;

(2) 帮助个体确认理想的人生是什么,并敦促其全力以赴地实现;

(3) 根据闲暇时间明细表,与个体定期修改和制订计划;

(4) 帮助个体有效地管理活动方案;

(5) 让个体充分认识闲暇管理的经验基础;

(6) 帮助个体摆脱不良习惯、外来因素等各种干扰;

(7) 简化生活,建立有规律、有节奏的生活秩序;

(8) 教会个体善于利用零碎的闲暇时间(李仲广、卢昌崇,2000)。

第十二章 劳动关系协调

20世纪90年代以来，企业劳动关系日益成为影响社会稳定的晴雨表，日益成为一个影响和决定企业发展的重要议题。企业内部劳动冲突的化解有利于企业的发展，企业内部劳动关系的协调有利于社会的稳定。中国的企业劳动关系在漫长的变迁过程中，发生了急剧变化，面临着重大挑战。除了政府和工会等组织在劳动关系中的协调作用以外，社会工作在企业劳动关系协调中也逐渐显露出重要的功能。

第一节 劳动关系系统理论、层级结构和历史发展

一 劳动关系系统理论

（一）劳动关系系统的概念

劳动关系系统（Industrial Relations Systems），又译为产业关系或劳资关系系统，是指现代社会系统中以劳动关系为基本关系，由内部构成和外部环境因素交流互动构成的有机整合体。

劳动关系系统是社会大系统中的一个子系统，如果社会、经济、法律等每一个领域都构成一个系统，那么劳动关系系统就是与这些基本系统相互交叉重叠的部分。而社会、经济和法律系统又构成了劳动关系存在的基本社会环境和社会条件。劳动关系系统理论，第一次提出把环境因素作为劳动关系构成的基本内容。其意义在于，提出了劳动关系系统与环境之间的相互交换、相互影响、相互制约的辩证关系。

(二) 劳动关系系统理论

1. 劳动关系系统理论的创立

1958年，约翰·邓洛普（John T. Dunlop）出版了经典作品《劳动关系系统》。首先将系统理论的模型引入劳动关系研究的领域之中，用系统的概念和分析方法来探讨劳动关系问题，使劳动关系系统成为一个独立于经济系统和政治系统的独立系统。邓洛普指出，劳动关系系统在其发展的每一个阶段都包括特定的行为主体、特定的环境，涉及整个劳动关系系统的意识形态，以及管理工作场所和工作团队的规则。劳动关系系统由四个部分构成，即一定的行为主体、一定的环境、贯穿于系统中的意识形态、各主体在工作场所的行为规则。图12-1是劳动关系系统运行的简化模型。

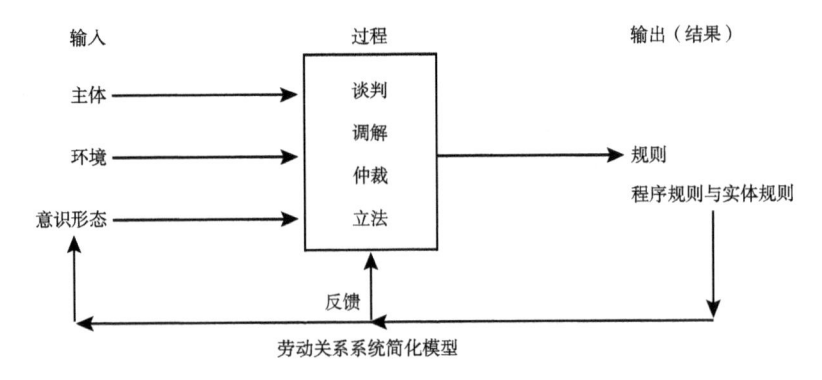

图 12-1 劳动关系系统的运行

资料来源：Dunlop, 1958。

2. 劳动关系系统理论的发展

受邓洛普理论框架的启发，美国学者马瑟斯·桑德沃（Marcus H. Sandver）在其1987年出版的《劳动关系：过程与结果》一书中提出了有关劳动关系分析的理论模型。桑德沃认为，在劳动关系运作过程中，外部环境因素、工作场所和个人因素是导致工作紧张冲突的基本要素，而工作紧张冲突的解决，依赖于管理和个人的撤出以及工会运动。工会就工资、工时和工作条件等与雇主进行集体谈判，推动企业签订劳动合同和有关协议。劳动合同和有关协议成为工作场所的行为准则，或对工作场所产生影响，使工作场所得到改善。工作场所的改善和变化又会对外部环境产生影响并因此得到改善，而外部环境的改善和发展变化又反过来影响劳动关系的运行。

总之，桑德沃不仅构建了劳动关系理论模型的分析框架，而且还对影响劳动关系及其管理运作的各项因素进行了理论分析。

目前北美国家流行的安德森模型是在邓洛普模型基础上建立和发展起来的，由"投入、主体、转换过程和产出"四个连续、相关的部分组成，其中投入和主体两个部分的性质受转换过程和产出两个部分的直接或间接影响。因而，在劳动关系系统中，在分析产出时要充分考虑系统内部各个部分之间的相互作用。

二　劳动关系的层级结构

（一）劳动关系的定义

劳动关系也称雇佣关系，是指在工业社会的背景下，劳动者在受到雇用、实现劳动的过程中，与劳动力的雇佣者以及相关组织所构成的经济和社会关系。劳动关系是满足人们从事职业工作、获得收入的主要途径。2009年全球雇佣劳动者人数已达到30亿，占全球总人口的60.4%。可见，劳动关系已成为当今世界上最重要的经济和社会关系。

（二）劳动关系的层级结构

劳动关系可以分为狭义的劳动关系和广义的劳动关系。狭义的劳动关系是指在具体的用人单位中劳动者个人与雇主之间的经济关系。广义的劳动关系是指在实现劳动的过程中，劳动者与劳动力使用者及相关社会组织之间的更为广泛的社会经济关系。

劳动关系的研究对象是广义的劳动关系。广义的劳动关系是一个由不同层级的劳动关系所构成的劳动关系系统，可以分为个别劳动关系、集体劳动关系和社会劳动关系三个层级。不同层级的劳动关系由不同的劳动关系主体构成，并在劳动关系运行中发挥着不同的作用。

个别劳动关系是狭义的劳动关系，是劳动关系系统的基础。它是人们在日常生活中可以感受到的经济关系，主要涉及劳动行为的实现和劳动标准的保障，是劳动关系最直接最本质的构成形态。个别劳动关系往往和企业的劳动关系管理交织在一起，体现出劳动关系的从属性。

集体劳动关系是指由工会与雇主或雇主组织所构成的社会关系。它是市场经济条件下的劳动关系系统中核心的劳动关系构成形态。集体劳动关系由劳方和雇主方组成，其中，劳方是由劳动者和工会构成，雇主方是由雇主和雇主组织所构成的。集体劳动关系的主要特征是主体独立、权力对等、工会代表（常凯，1994）。三方协商机制以及集体谈判制度都是建立在集体劳动关系的基础上的。

企业劳动关系首先是一种个别劳动关系，但是工人一旦成立工会，企业劳动关系便转化为一种集体劳动关系。

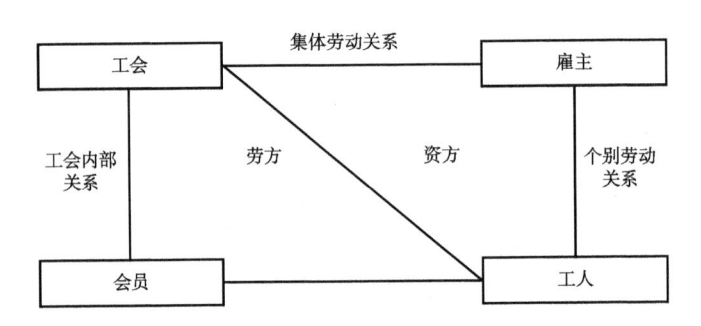

图 12-2 企业劳动关系结构

资料来源：常凯，2002。

社会劳动关系又称为工业关系或产业关系，表现为以劳动力市场为基础的，包括劳动力提供方的劳方、劳动力需求方的资方，以及协调方的政府的三方关系。这是一种宏观层面的劳动关系，通常是指一个组织或产业、一个国家或地区，甚至是国际范围内的劳动关系，不仅涉及劳资双方的经济利益，而且涉及更广泛的社会关系和社会利益（常凯，2004：73~85）。

总之，劳动关系层级结构的特点是，个别劳动关系是劳动关系系统的基础构成，集体劳动关系是劳动关系系统的核心构成，社会劳动关系是劳动关系系统的总体构成。这三者是互相关联、逐级包容的关系。

三　劳动关系的历史发展

劳动关系问题是伴随着人类社会生产力的发展而产生发展的。自资本主义制度诞生之日起，劳资斗争就一直没有停止过。在资本主义的不同历史时期，由于社会经济结构的不同，各个时期劳动关系的特点和表现也不同。

（一）资本原始积累时期的劳动关系

西欧资本主义的发展，是从15世纪末地理大发现后的殖民掠夺，以及英国的"羊吃人"圈地运动对百姓的暴力掠夺开始的。正是在这种赤裸裸的资本原

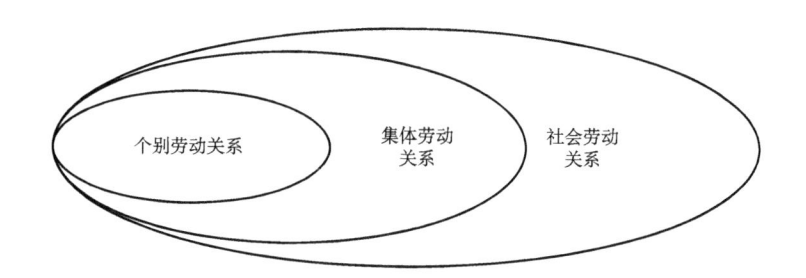

图 12 – 3　劳动关系的层级结构

资料来源：常凯，2002。

始积累过程中，资本主义得到了最初的发展。与此同时，资本主义劳动关系也在逐步形成。这一时期劳动关系的主要特点是，以暴力和强制的方式进行直接掠夺。无论是殖民掠夺、贩奴贸易，还是圈地运动，都是以暴力手段使劳动者成为一无所有的资本家的剥削对象。

（二）自由竞争资本主义时期的劳动关系

18 世纪中期到 19 世纪上半叶，资本主义处于自由竞争时期。由于国家对劳资关系采取自由放任的政策，这一时期的劳动关系主要表现为尖锐的阶级对抗和激烈的阶级冲突。劳动者处于分散的个体原子化状态，工人群众有组织的联合往往面临着来自政府与雇主的巨大阻力。政府自由放任的劳动关系政策背后是对资本家的偏袒和倾斜。资本家占据绝对的优势地位，劳动关系极为不稳定。

（三）垄断资本主义时期的劳动关系

19 世纪下半叶至 20 世纪初，是资本主义国家由自由资本主义时期向垄断资本主义时期的过渡阶段。这一时期资本主义国家的劳动关系政策由自由放任型转向国家干预型，劳动关系呈现出新的特点。第一，西方各国相继出台各种劳动立法，建立劳动行政管理机构，同时，集体谈判制度成为调整劳动关系的重要法律手段。第二，工会组织广泛建立，罢工运动空前发展，劳工运动趋向组织化、有序化，斗争力量增强，迫使资方做出让步，在一定程度上缓和了劳资矛盾。

（四）两次世界大战之间的劳动关系

两次世界大战期间，是劳资关系的过渡时期。这一时期，劳资关系从初期的国家干预走向了全面制度化、法制化。在这一阶段，世界经历了两次世界大战和历史上最严重的经济危机。工人阶级的诉求也在不断发生改变，除了继续要求改善劳动和生活条件外，还要求参与生产经营和管理。20 世纪初期，以新西兰为首,集体谈判制度开始出现,兴起了以工人参与企业管理为主要内容的产业民主化运动。这一阶段劳动关系的特点为:第一,国家全面干预劳动关系的力量增强,主要表现为国家的劳动行政管理力度、劳动监察力度大大加强;第二,劳资关系的协调手段和方式更加丰富,主要表现为工人民主参与、三方协商机制的建立,集体谈判制度的继续完善。

(五) 第二次世界大战以后的劳动关系

第二次世界大战后,在第三次科技革命和社会改革浪潮的推动下,西方各国政府采取了一系列措施调整劳动关系,维护社会稳定,促进经济发展。与战前相比,这一阶段劳资关系趋于缓和,劳资之间对抗的激烈程度降低,取而代之的是,日常的规范化的有组织的劳资矛盾协调机制。因此,在这一阶段,劳动关系方面的立法以及社会的法制环境不断趋于完善。

第二节 中国企业的劳动关系及其变迁

一 中国企业的劳动关系

按照所有制形式来分类,劳动关系可以分为国有企业劳动关系和私营企业劳动关系。但是随着时间的推移,不同所有制企业劳动关系在主体构成、劳动标准、协调机制等方面出现趋同的趋势。本节简要回顾国有企业劳动关系的发展及演变,以及市场经济条件下私营企业劳动关系的不同分类和存在的问题。

(一) 国有企业劳动关系

国有企业劳动关系的演变过程可以看作是一场利益调整的变革。这种调整涉及政府与工人之间的利益关系,工人与国有企业经营者之间的利益关系,政府与企业之间的利益关系等诸多方面,其结果是劳动关系各方之间的利益关系发生了重构,进而在不同经济发展阶段形成了不同的劳资利益格局(陈微波,2011)。

从利益分析的视角来看,我国国有企业的劳动关系经历了以下阶段:第一,计划经济时代的利益一体型劳动关系;第二,市场转型期的利益冲突型劳动关系;第三,现阶段的利益依附型劳动关系。在此视角之下,劳动关系问题实质上是一个经济利益问题,解决之道在于协调各方之间的经济利益关系(陈微波,2011)。

(二) 私营企业劳动关系

截至2011年底，在中国3.21亿职工中，企业职工总数为2.69亿，其中非公企业职工总数为2.37亿，非公企业职工占全国职工总数的73.83%，占企业职工总数的88.10%（王玉普，2011）。由此可见，私有企业的劳动关系已经成为企业劳动关系的主要组成部分。

我国私营企业劳动关系可以分为和谐型劳动关系、摩擦型劳动关系和冲突型劳动关系三种类型（刘丽微，2013）。在和谐型的劳动关系之中，劳动者劳动的权利、利益得到较高层次的实现，如签订劳动合同、工资水平较高、工作时间符合法规、福利较好等。另外，和谐劳动关系的协调机制较为完善，劳动争议处理机制较为健全。

在摩擦型的劳动关系之中，劳动者的劳动权利、利益实现机制均处于不稳定状态，如不签订劳动合同或按雇主单方面意愿签订劳动合同等，劳动者的利益存在受侵的潜在可能。

在冲突型的劳动关系之中，劳动者的基本权益受到侵害，而且迟迟得不到应有的保障和赔偿。

近年来，我国私营企业劳动关系存在的主要问题如下：不能及时与员工签订劳动合同；采用逼迫员工辞职的手段来逃避经济补偿金；不重视企业劳动制度的建立和管理；劳动者福利待遇低、合法权益易受到侵害等。

二 中国劳动关系的历史变迁、特点和成因

自从新中国成立以来，随着社会的发展和变迁，我国的劳动关系也经历了一系列的变迁，在不同时期具有不同的特点，具有鲜明的时代特征。

（一）我国劳动关系的历史变迁

我国劳动关系的发展历史大概经历了以下四个阶段：第一，以简单企业权利为主、政府权力为辅的时期（1949~1957年）；第二，以纯粹政府权力为主的时期（1958~1977年）；第三，由简单政府权力向复杂企业权利过渡的时期（1978~1999年）；第四，21世纪以来，我国劳动关系出现了以下变化，即劳动关系类型多元化、劳动关系运行市场化、劳动关系管理手段契约化、劳动关系调节方式法制化。

（二）20世纪90年代以来劳动冲突的基本特点

20世纪90年代以来，随着我国经济发展步伐的加快，劳动冲突日益凸显，

形势越来越严峻，呈现一系列特点。

1. 劳动冲突的数量激增

中国劳动统计年鉴显示，1994年全国各级劳动争议仲裁委员会共受理劳动争议案件19098件，比上一年增长了54.5%；1995年上升为33030件，比上一年增长了73%，这是近些年来劳动争议增幅最大的一年；1996年上升为48121件，比上一年增长了45%；1997年上升为71524件，比上一年增长了48.6%；1998年上升为93648件，比上一年增长了31%；1999年上升为120191件，比上一年增长了27%；2000年上升为154621件，比上一年增长了14.4%；2002年上升为184万件，比上一年增长了19.1%（姜颖，2003：12）。从这些统计数字可以看出，伴随着经济的高速发展，劳动冲突的数量也在不断增多。

2. 劳动冲突主要体现为劳动合同的争议

劳动合同是劳动者与用人单位以书面形式确立劳动关系，明确双方权利义务的协议。它对劳动者实现劳动权、用人单位合理使用劳动力，具有重要指导性作用，是维护劳动者和用人单位合法权益的重要法律保障，同时也是合理配置劳动力资源，稳定劳动关系，促进社会生产力发展的重要手段（颜运秋，2007）。劳动合同一般都要包括劳动合同期限、工作内容、劳动保护和劳动条件、劳动报酬、劳动纪律、劳动合同终止的条件、违反劳动合同的责任、当事人协商约定的其他事项等内容（颜运秋，2007）。

随着计划经济向市场经济的迈进，无论是在国有企业，还是在集体企业和私有企业中，劳动冲突都主要体现为劳动合同的争议。

3. 劳动冲突双方当事人的法律意识增强

随着我国社会主义法治建设的逐步推进，劳动领域的法律法规逐渐健全，做到了有法可依。用人单位和劳动者的法律意识越来越强，他们都非常重视合同的签订，重视自己在劳动关系中的权利。一旦发生争议，双方都注重搜集对自己有利的证据，并且依据劳动合同法来解决问题。

4. 劳动冲突存在资强劳弱的特点

1999年以来的高校扩招，使通往大学教育之路由独木桥变为宽广通途。大学教育已经完全由新中国成立初期的精英教育，变成了20世纪90年代以来的大众教育，为我国的劳动力市场输送了大量的人才。但同时由于劳动力市场供过于求，大量高校毕业生找不到工作，每年的7月份都成为毕业生遭遇就业寒流的严冬。大量调查显示，无论是中西部欠发达地区，还是沿海发达地区，用人单位在劳动关系中往往处于强势的地位，资强劳弱已经是一个不争的事实。

2008 年 1 月 1 日实施的《中华人民共和国劳动合同法》，对于保护劳动者合法权益、完善劳动保障法律体系、构建和发展和谐稳定的劳动关系具有极为重要的意义。这部法律的颁布对于改善资强劳弱的现状，对于切实保障劳动者的利益具有里程碑意义。

2007 年 8 月，中国劳动关系学院的一些学者对我国东部沿海发达城市的劳资关系进行了实地研究。通过对浙江省义乌市总工会、福建省厦门市总工会及企业的实地调查发现，我国沿海发达地区的劳资关系呈现资强劳弱的特点。

（三）现阶段我国劳动冲突的成因

20 世纪 90 年代以来，劳动冲突增加、劳动争议数量上升的主要原因可以归结为以下几点。

1. 传统计划经济向现代市场经济的转型使原有的劳动关系发生巨大改变

传统计划经济体制下，劳动关系的特征有三：一是采取全面就业的劳动制度，国家统包劳动就业；二是国家财政统一拨发职工工资，实行低工资和平均主义的劳动分配制度；三是经济领域政治化。

市场经济体制的纳入，为中国的市场注入了生机和活力，在很多方面呈现与传统计划经济时期不同的特征，主要有四个表现。①市场经济承认劳动力作为劳动者的所有，是一种商品，可以在市场上自由流动。这显示了对劳动者本人的能力和才干的承认和尊重，是市场配置劳动力资源的基础和前提。②实行劳动力供给与用人单位需求的双向选择，尊重劳动力的流动和企事业单位的自主权，这是优化资源配置的表现。③运用市场的需求规律来实现劳动力的价值，实现形式是按劳分配工资、福利待遇等。④劳动者与用人单位之间的关系是一种契约聘用关系，而不是终身聘用关系。特别是 1991 年全员劳动合同制的实施，契约形式的劳动关系替代了以往行政性的劳动关系，引起了我国劳动关系的一次重大调整。

可见，从计划经济体制向市场经济体制的转轨，使劳动关系发生了急剧的转变。如果按照科尔曼的理性选择主义观点，把劳动者和用人单位都视为理性人，那么在市场经济条件下，二者在劳动力市场上都有了更大的自主选择权，在法律法规限定的范围内，二者可以寻求自己的最大利益。但是，市场经济体制下灵活多样的就业方式和劳动方式，也使劳动冲突出现了空前复杂的表现形式。

2. 在经济体制转变过程中，社会结构的变迁使劳动关系趋于复杂化

在传统的计划经济体制主导下，社会资源由政府支配和调节，个人与单位之间存在着强烈的依附关系，个人只有通过所在的单位才能够获得国家分配的资源。市场经济的实行，改变了单位与个人之间的关系。个人由单位人开始变成社会人，需要通过自己的能力获得生存所需的资源。个人与单位之间的关系也由终身制，变成了具有灵活性的聘用制。劳动关系形式呈现多样化特征，不定时工作、劳务派遣等灵活性劳动关系越来越多，增大了使劳动关系发生冲突的危险系数。

在计划经济的分配形式之下，经济、政治、文化等方面的权力和资源都牢牢地控制在国家的手中。社会学学者称之为"总体性国家"，即权力的高度集中与统一。但是，改革开放以来经济体制的转型，国家权力在经济、教育、文化等领域的重心下移和权力扩散，使总体性的国家利益逐渐分解为若干社会群体的利益。市场经济固然为我们带来了平等竞争、优胜劣汰的理念，但与此同时，也为我们带来了不顾社会公平与正义的逐利行为，危及劳动关系的稳定与和谐。

（1）新的企业所有制形式，如外商独资、外商合资等，带来了前所未有的劳动冲突问题。

经济体制转型增加了我国的企业所有制形式。自1993年以来，在大力吸引外资的优惠政策下，我国外资企业的数量已经连续8年居发展中国家之首，截至2001年4月底，我国累计批准的外商投资企业已超过37万家，共引进外资金额约7000亿美元，实际使用外资约3000亿美元。目前我国已开业投产的18万个外商投资企业中，直接就业的人数已经达到2100万人，占全国城镇劳动人口的近10%。外商投资企业虽然为中国带来了雄厚的资金、先进的技术、管理经验、就业机会以及税收、外汇收入等，但是也引发了新的劳资关系问题。与传统计划经济体制下的企业相比，外商投资企业中的劳动冲突事件明显增多（余明勤，2000）。

（2）在市场经济条件下，企业优胜劣汰是正常的现象。企业倒闭和破产引起的职工下岗、分流和再就业问题，必然会引起企业和职工之间的纠纷。

（3）员工的自由流动愿望与企业的限制流动政策之间的矛盾。市场经济条件下，拥有才能和经验的劳动者可以寻求最大的报酬，但是，员工自由流动是企业的管理法规所不允许的，由此也就引发了大量的劳动纠纷。

（4）私营企业为追求高额利润，延长工人的工作时间，忽视工人应得的各项保险和福利，甚至出现侵害工人人身权利的现象。

3. 劳动力市场供过于求，使劳动者处于不利的境地

随着经济体制改革的深入，国有企业中下岗职工日益增多，高校扩招导致每年需要择业的大学生数量急剧攀升，等等，这些都增加了劳动力市场上的就业压力，出现了劳动力相对过剩和劳动力相对贬值的局面。从用人单位的角度看，他们无须担心招不到合适的人选，反而增加了许多苛刻的条件，无视劳动者的合法权益，甚至肆意践踏法律法规，由此引发了大量的劳动冲突。

近些年来，随着经济体制改革的深入开展和经济结构调整力度的不断加大，城镇就业矛盾日益突出。"城镇登记失业率从1999年到2000年，一直保持在3.1%左右，2001年升至3.6%，2003年超过4%，达到近几年来的新高。"到2014年三季度末，城镇登记失业率为4.07%。[①]"十五"期间城乡新增劳动力将升至峰值，每年城镇需要安排就业人数将达2000多万人，年度供大于求的缺口至少达1500多万（王全兴、侯玲玲，2004：10）。

4. 劳动保障法制建设的落后

法制建设包括有法可依、有法必依、执法必严、违法必究等环节。目前在劳动领域内，已经建立了一些必要的法律法规，但是，无法可依、有法不依、执法不严、违法不究的现象仍普遍存在。很多用人单位自己制定"土法规"变相剥夺和侵犯劳动者的合法权益，剥夺劳动者应当享有的保险福利待遇，在工人工时、工伤保险和失业保险等方面，不遵照法律办事。侵犯职工权益而没有受到相应惩罚的单位比比皆是，特别是在处于产业结构调整阶段的东北地区以及在非公企业遍布的沿海发达地区。

第三节 劳动争议处理机制及社会工作的介入

2011年8月，党中央首次召开新中国成立以来以劳动关系为主题的全国大会。习近平总书记的报告提出要确立以下目标任务：建立规范有序、公正合理、互利共赢、和谐稳定的劳动关系。要构建以下工作格局：党委领导、政府负责、社会协同、企业和职工参与的工作格局。要着重抓好进一步完善劳动法律法规并保障其实施，合理调节企业工资收入分配，加强企业民主管理建设，努力化解劳

---

① 《2014年三季度末城镇登记失业率为4.07%》，http://www.chinairn.com/news/20141024/135845133.shtml。

动关系矛盾，加强企业党组织建设，支持和促进企业健康发展等重点工作。

要实现以上目标和任务，就必须建立和完善劳动争议处理机制。劳动争议处理机制是在市场经济环境下，由特定的机构按照法律规定的原则与方式处理劳动者与用人单位之间的矛盾和冲突的一种机制。劳动争议处理制度是我国解决劳动冲突的法律准绳和法律依据。

我国的劳动争议处理制度经历了从无到有、从中断到恢复及完善的发展历程。1949年11月，中华全国总工会颁布《关于劳动争议解决程序的暂行规定》，首次提出处理劳动争议应采取协商、仲裁、法庭审理的处理程序。1956年社会主义改造基本完成后，劳动争议被认定为是人民内部的矛盾和冲突，可以通过说服、教育的方法内部解决，因此就取消了法律意义上的劳动争议处理程序，劳动争议的处理改由信访的方式来处理。随着改革开放的进行，外资企业的进入、国有企业用工方式的变化，使劳动冲突的解决不能仅依靠说服教育的方法，而是迫切需要一种法律意义上的规章制度。于是，1986年国务院颁布《国营企业劳动争议处理暂行规定》，使我国的劳动争议处理制度在中断了30年之后得到了恢复。

随后，国务院于1993年发布了《中华人民共和国企业劳动争议处理条例》，同年10月，原劳动部先后发布了《劳动争议仲裁委员会办案规则》、《劳动争议仲裁委员会组织规则》、《企业劳动争议调解委员会组织及工作规则》。1994年7月颁布的《中华人民共和国劳动法》把劳动争议的处理上升到了法律的高度上。《劳动法》打破了原来劳动争议处理制度的所有制界限，扩大了劳动争议案件的受案范围，并完善了劳动争议处理制度，这标志着我国的劳动争议处理的法律体系和法律制度已经基本建立，劳动冲突的处理从此有了强有力的法制手段。

一　劳动争议处理机制的构成与原则

劳动冲突包括因签订劳动合同发生的争议，因履行劳动合同发生的争议，因变更劳动合同发生的争议，因解除、终止劳动合同发生的争议，以及集体合同争议等类型。我国处理劳动冲突的劳动争议处理机制由协商机制、调解机制、仲裁机制、诉讼机制组成。

在具体处理劳动者与用人单位之间的劳动冲突时，应遵循以下基本原则。

（一）合法原则

处理劳动冲突时必须坚持以事实为根据，以法律为准绳，依法处理劳动争议的案件。当然,这里的"法"是一个广义的概念,依法签订的劳动合同、集体合同以及依法经职工代表大会或职工大会讨论通过的企业规章制度,都可以成为处理劳动冲突的依据。

(二)公正原则

秉公执法,平等对待劳动冲突的双方当事人,使劳动者和用人单位处于平等的法律地位上,不因劳动者和用人单位存在隶属关系就赋予用人单位凌驾于劳动者之上的特权。

(三)及时处理原则

一旦发生劳动冲突,相应的负责机构要尽快处理完毕,以减少对劳动者工作和生活的影响。

因此,我国的劳动争议处理机制需要运用法律的强制力,整合政府、工会和企业等资源,以协调各方力量来应对劳动冲突、化解劳动争议。

二 劳动争议处理机制存在的问题

在现实中,劳动争议处理机制存在的问题和缺陷,使其在劳动冲突的处理上难以发挥有效的作用。其存在的问题主要表现在以下三个方面。

(一)劳动争议处理机制存在严重的组织缺陷,使劳动争议调解和劳动争议仲裁的功能难以切实发挥

《劳动法》第八十条规定:"劳动争议调解委员会由职工代表、用人单位代表和工会代表组成。"《中华人民共和国劳动争议处理条例》(1993)规定:"企业可以设立劳动争议调解委员会,以负责调解本企业发生的劳动争议,调解委员会由职工代表、企业代表和企业工会代表三方组成。职工代表由职工代表大会推荐产生;企业代表由厂长、经理指定;企业工会代表由企业工会委员会指定。"同劳动争议仲裁委员会主持下的调解相比,这种劳动争议调解委员会的调解,通常被称为基层调解,而且调解的具体程序在现行的法律、行政法规中都没有明确规定。关键问题在于,劳动争议调解组织内部所实施的"三方原则"存在着逻辑冲突。

从三方代表的规定中可以看出,职工代表与工会代表代表各自的利益。而根据我国的《工会法》,工会是工人群众的代表和利益维护者,职工的利益就是工会的最高利益。因此,从理论上讲,工会代表和职工代表应该是共同代表职工群体利益的,是同属于工人一方的,而出现在三方组合中时,工人和工会就成为两个对立的利益主体,这显然是一种错误。

从另一个方面来讲,根据《工会法》的规定,职工代表大会制度是职工参与企业民主管理的重要制度,不仅涉及职工的权益,而且涉及企业管理方面的内容。企业工会委员会与职工代表大会的地位是不同等的,企业工会委员会只是职工代表大会的工作机构,而职工代表大会是职工行使民主管理权力的机构,二者之间是下属执行机构与上层管理机构的关系。因此,由代表不同主体利益的职工代表大会和企业工会委员会共同产生劳动争议委员会会员,是存在逻辑冲突的。

许多实例还证明,在市场经济条件下的非公有制企业中,由于不存在职工代表大会,或者不存在工会,所以难以出现具备"三方"的劳动争议协调委员会。因此,企业内部劳动争议调解委员会的严重组织缺陷,决定了这是一种虚拟的"三方"。它难以平衡用人单位和劳动者之间的力量,难以有效地协调和调解劳动冲突。

按照国际惯例,我国的劳动争议仲裁委员会也实行三方机制。根据《劳动合同法》的规定,"县级以上人民政府劳动行政部门会同工会和企业方面代表,建立健全协调劳动关系三方机制,共同研究解决有关劳动关系的重大问题",因此,劳动争议仲裁委员会是由劳动行政部门、同级工会和用人单位三方的代表组成。

劳动部、中华全国总工会、国家经贸委和中国企业家协会在《关于逐步实行集体协商和集体合同制度的通知》中明确指出:"在有条件的地区,应当逐步建立由劳动行政部门、工会组织、经贸部门和企业家协会共同组成的三方协调机制,定期就劳动关系中存在的重大问题进行协商。"

三方代表组成的仲裁机构是为了平衡劳资双方的权利和利益要求,保证仲裁结果的公平、公正。但是,在实际运行过程中,用人单位往往和劳动行政部门形成利益一致的一方,工会方面形成另一方,三方机制实际上成了两方机制。同时,在二比一的利益格局下,工会组织本身的代表性很有局限,不能实际代表工人的利益,这就使得工人在仲裁中处于不利地位。可见,劳动仲裁机制中的三方机制只是形式上的,而不是实质上的;是有名无实的,而不是真正意义上的三方(杨德敏,2006:131),因此很难保证仲裁结果的公平和公正。

可见,企业劳动争议调解委员会和劳动争议仲裁机构中的"三方原则"存在重大的缺陷。由此必然会影响调解的效率和仲裁的公平性,从而使作为弱势群体的工人在劳动冲突中利益受损。

（二） 劳动争议处理机制只解决关于权利争议方面的冲突，而不解决关于利益争议方面的冲突

根据对冲突产生的不同原因，可以将劳动争议分为权利争议和利益争议。权利争议，是在履行集体合同的过程中，当事人双方在如何实施合同的条款上发生了分歧，其目的是实现合同中已经设定并且表现为权利义务的劳动者利益。利益争议，是在签订或变更集体合同过程中，当事人双方就如何确定合同条款而发生的争议，其目的是在合同中确定劳动者的利益。

处理利益争议的职能机构是政府的劳动行政部门，而同级的工会代表、企业方面的代表和社会团体等是处理利益争议的协助机构。协调处理的程序如下：申请和受理，选派当事人代表，调查了解争议的情况，报告政府，协调处理。权利争议是因履行合同条款而发生的，因此，要依据劳动合同争议的处理程序进行处理。

由此看来，劳动争议处理机制作为一种具备较强强制力的手段，只适合处理在履行劳动合同中发生的冲突即权利争议，而不适合在解决劳动合同签订过程中发生的利益争议。所以，我国现实生活中出现的大量利益冲突，没有切实可行的法律处理方式。这就亟须另外一种解决方式的介入。

（三） 劳动关系领域中执法的监管力度不大

我国在劳动经济领域有一定的法律法规可以遵循，但是，有法不依的现象仍比较严重，违法必究的原则也没有切实落实，这些都说明了劳动领域的执法监督力量十分软弱，执法部门形同虚设。我国真正意义上的劳动执法监督机制还没有建立起来，对于劳动领域中发生的故意侵害劳动者权益、损害劳动者利益的现象还不能有效地遏制，这些都在一定程度上助长了违法企业或组织的侥幸心理，从而使劳动者的权利更易被漠视，权益更易被侵犯，进而处于更加弱势的地位上。

三 政府和工会在劳动关系协调中的功能

在劳动关系的协调中，政府和工会都发挥着重要的功能。

（一） 政府在劳动关系协调中所扮演的角色

构建和谐的劳动关系是我国建设社会主义和谐社会的重要内容。自从胡锦涛总书记在十六届四中全会上指出，我们要建设民主法治、公平正义、诚信友爱、充满活力、安定有序、人与自然和谐相处的社会主义和谐社会，构建和谐的劳动关系就纳入了各级政府的执政视野之中。劳动关系作为经济领域的一种基本社会关系,关系到整个社会的稳定与和谐,政府部门对劳动冲突问题的处理和解决成为一个非常重要的课题。对于政府部门来说,构建和谐的劳动关系,是实现社会和谐的必要步骤,对实现党中央提出的奋斗目标具有极为重要的意义。

关于政府在处理劳动冲突中的作用,主要有以下两种观点:第一种是,缓和劳资矛盾、优化劳资关系,是政府的本职和政府职能的必然要求。但是,在现实中的劳动冲突处理方面,存在着政府职能缺位和政府角色错位的现象,解决之道是提高政府的执政能力(周道华,2006)。首先,我国是工人阶级领导的、以工农联盟为基础的人民民主专政国家。国家不仅代表工人阶级的利益,而且代表包括所有的社会主义劳动者、拥护社会主义的爱国者、拥护祖国统一的爱国者在内的最广大人民群众的根本利益。与这一国家本质相适应,我国政府的一切活动也必须体现工人阶级和最广大人民群众的根本利益。因此,缓和或化解劳动冲突,维护工人群体的利益,是政府的重要职责。其次,从政府的职能来看,调解劳动冲突,相对于抵御外来入侵的对外职能来说,是政府在履行管理国家内部事务的重要职能。

第二种是,在处理劳动关系中,政府作为一个宏观调控者要扮演裁判角色、规则制定者角色、监督者、文化倡导者、市场调控者(曹大友、熊新发,2005)。但是,政府作为宏观层面的指挥者,对于经济领域中劳动冲突的调解所起的作用主要表现为制定法律法规、监督法律法规的实施,对于一些影响重大的突发事件出台紧急政策、保护当事人的权益等。例如,2008年8月广州市医保改革,努力推动个体户或外来工享受本市职工待遇的政策。

由于政府拥有强大的权力和无与伦比的资源,所以政府在发动各种资源集中解决问题上具有优势地位。然而,劳动冲突是在微观层面上发生的问题或现象,政府在宏观层面上的裁判、指挥或监督,往往不能深入劳动冲突第一线。实践表明,政府在宏观层面上的弥补性政策或措施,往往是事发后的补救,甚至是建立在弱势群体已经付出代价的事实基础上的。因此,政府在处理微观层面的劳动冲突方面往往具有反应迟缓、效率低下、灵活性差的缺点。面对职工在具体的个人利益方面的投诉,则需要专门组织如工会的介入,帮助工人维权。

(二)工会在劳动关系协调中的作用

工会在我国的企事业单位中普遍存在,并且发挥着一定的作用。在构建和谐劳动关系的今天,工会作为代表工人群体利益的组织,对于构建和谐劳动关系具有极为重要的作用。

我国一系列法律法规规定了工会在处理劳动冲突时的工作内容。《工会法》第二条规定："工会是职工自愿结合的工人阶级的群众组织，中华全国总工会及其各级工会组织代表职工的利益，依法维护职工的合法权益。"这就明确规定了工会组织的职能是代表和维护工人的利益。《劳动法》第七条规定："劳动者有权依法参加和组织工会。工会代表维护劳动者的合法权益，依法独立自主地开展活动。"根据《劳动法》、《工会法》、《企业劳动争议处理条例》、《劳动争议调解委员会组织及工作规则》等法律、法规、规章的规定，工会在劳动冲突调解中的工作内容为：①进行劳动争议协商。劳动争议协商是指劳动争议双方当事人，就协调劳动关系、解决劳动争议进行商谈的行为。用人单位发生劳动争议，工会可以接受职工及用人单位的请求，参与协商，促使争议解决。工会发现劳动争议，也应当主动参与协商，及时化解矛盾。②主持和参加劳动争议调解。工会代表担任劳动争议调解委员会委员，参加劳动争议调解；工会代表担任劳动争议调解委员会主任，主持劳动争议调解委员会的工作和劳动争议调解工作；调解委员会办事机构设在企业工会。

工会在劳动争议调解中的作用主要是：①督促、帮助用人单位依法建立劳动争议调解委员会，并建立健全劳动争议调解委员会的组织和工作制度，使劳动争议调解逐步规范化、制度化；②培训劳动争议调解工作人员，《工会参与劳动争议处理试行办法》第十四条规定："工会应当做好劳动争议调解委员、劳动争议调解员的培训工作，提高劳动争议调解委员会调解的法律水平和工作能力。"做好培训工作，是工会在劳动争议调解中的主要作用之一；③开展劳动争议预防工作，有效地减少和防止劳动争议的发生，促进劳动关系的协调（杨冬梅，2007）。

依据以上法律法规，工会可以在劳动争议调解中发挥督导、培训、积极预防的主导作用。但是在实际生活中，工会却与企业之间有着千丝万缕的利益联系。最根本的原因在于，工会组织不是与企业有着同等地位的独立组织。工会组织的领导任命和经费来源都要取决于企业。工会主席往往不是从工人群体中选拔出来的，而是由企业领导任命或者兼任的，并且相当部分企业的工会工作者还要依靠企业给他们发放薪水。这就使工会组织与企业之间形成了附属和主导、被支配和支配的关系。这种根本的利益联系使得工会难以作为一个独立的工人组织发挥应有的功能，难以切实维护工人的利益，在很多重大问题的决策上不是代表工人的利益与企业谈判，而是为企业领导的决策所支配。所以，工会实际上是一个形同虚设的组织。调查发现，无论是在国企还是在私企，工人眼中的工会就是发放福利品、搞搞旅游、组织工人排练节目的组织。有些企业的工会从来没有组织过集体谈判，更不用说参与劳动冲突的处理了。有的工人甚至没有听说过工会，他们在自身利益受到侵害时，不知到哪里去求助。有些企业的工会主席明确表示："工人维权怎么维？维完之后我的饭碗都没有了。"

然而，这一弊端已经引起了有关部门的注意。2008年8月，中华全国总工会首次专门就企业工会主席的产生办法，正式颁布《企业工会主席产生办法》，明确规定"企业行政负责人（含行政副职）、合伙人及其近亲属，人力资源部门负责人，外籍职工不得作为本企业工会主席候选人"。在共计六章二十六条的规定中，《办法》首先在总则中明确了企业工会主席产生的基本原则，如明确"企业工会主席产生，应坚持党管干部、依法规范、民主选举、组织有序的原则"，"上一级工会应对企业工会主席产生进行直接指导"，同时规定《办法》适用于所有的企业和实行企业化管理的事业单位、民办非企业单位的工会主席，并在附则中明确"联合基层工会、基层工会联合会主席的产生，参照本办法执行"。[①] 这一规定的出台，对于促进企业工会充分发挥自身应有的作用、积极有效地维护工人权益具有极为重要的意义。

目前，全国各地的工会采取多种途径和形式来维护工人的权益，已经取得了突出的成绩。特别是厦门市总工会的职工帮扶中心，在宣传国家法律法规和维护外来工人的权益方面起到了不可替代的作用。

由以上分析可以看到，政府和工会在劳动冲突的处理中，存在不可避免的缺陷和问题，劳动争议处理机制在具体实施中存在实施不力、监管不到位等问题，这些都会直接导致劳动者权益的受损。如果没有切实有效的支持力量的介入，如此资强劳弱的劳动关系状况将会继续循环下去，在频频发生的劳动冲突中劳动者将会持续处于重度弱势的地位。

在市场经济条件下，社会工作者在劳动冲突的处理和缓解中具有极为重要的功能和意义。这是与社会工作的基本内涵、价值体系、专业伦理和专业方法息息相关的。社会工作在处理和对待当今复杂化和多样化的劳动冲突中具有独特的优势和功能。

---

① 《全总正式颁布企业工会主席产生办法》，http://news.sina.com.cn/c/2008-08-20/142816146709.shtml。

第四节 社会工作在劳动关系协调中的组织模式

社会工作不仅具有特定的价值体系、专业伦理，而且具备科学的方法和手段，是一种运用科学的方法来助人的活动。利益争议的调解，由于没有强有力的法律法规作为后盾，使劳动者在合法权益受损时，只能无可奈何。对于这种法律处于空白阶段的利益冲突，就可以采用社会工作介入的方法来解决。与此同时，由于我国监督管理不力、组织结构缺陷所导致的劳动冲突解决难的问题，都可以在社会工作方法的实施之下得以缓解。在劳动冲突的处理中，社会工作者擅长运用调解的方式来化解劳动冲突，而在劳动关系的协调中，社会工作方法具备独特的组织模式。

一　社会工作的组织模式

社会工作的组织模式，是指社会工作者如何组织和运用社会资源进行社会工作实践、提供服务，也就是在一定的社会中，利用各种资源实现助人目标的组织模式。由于这种组织模式是对资源的整合和运用，因此，社会工作的组织模式与国家的经济体制和政治体制密切相关。

目前社会工作的组织模式也必然要适应市场经济环境，实行多元化的组织模式。

按照社会工作的理论，社会工作的组织模式有多种形式：福利服务者提供模式、受助者求助模式、资源获取模式和服务提供模式。每种模式都有其特点，但是它们的共同之处在于，资源的提供者可以是国家行政机关如政府，可以是专业的服务组织，也可以是非政府组织。

二　构建我国本土化的社会工作组织模式

20世纪80年代开始，西方国家的社会工作模式涌入我国。然而，西方的社会工作模式要和我国的具体的经济政治文化制度结合起来，才能成为适应中国国情的社会工作模式，才能在中国社会的各个领域中发挥应有的作用。由此就面临着如何构建本土化社会工作模式的问题。

目前我国东部沿海发达地区的实践经验表明，在现有的工会、妇联等群众组织的基础上开展社会工作，既可以整合原有的各种资源和优势，也可以充分发挥社会工作在构建和谐劳动关系中的功能和作用。厦门市总工会的职工帮扶中心就是在自身的组织基础之上，整合其他资源和优势，为工人服务的典型，其组织模式属于受助者求助模式。

总之，在社会主义市场经济条件下，在对多元化、复杂化的劳动冲突处理过程中，社会工作必将呈现不同模式并存、不同专业水平的服务并存的工作现状。我国经济发达的沿海地区总结出劳动冲突处理的社会工作模式，就是使现有的工会组织发挥社会工作的作用。这是整合原有资源、利用原有平台，让社会工作充分发挥作用的有效途径。我国虽然没有专门的社会工作组织机构，但是可以借助现有的组织机构，如工会，将社会工作者的队伍充实其中，从而增强工会的力量，强化工会的作用。在工会组织中充实进社会工作者的力量是整合现有资源，充分发挥社会工作功能的有益尝试。

第十三章　企业文化与职工文化

　　加强企业文化与职工文化建设，已经被写进新修订的 2013 年版《中国工会章程》。这意味着企业文化与职工文化不仅成为企业战略发展的重要内容，而且受到了党和国家的高度重视。从企业发展的角度看，企业文化是执行管理者群体指令的"要我做"文化，企业文化管理的最终目的是提高企业的市场竞争力，实现企业的成功。从职工发展的角度看，职工文化是体现职工群众创造活力的"我要做"文化，职工文化管理的最终目标是提升职工群众的整体素质，实现职工自身的成功。企业社会工作对于企业文化，对于突显职工群众主体地位和激发职工群众正能量的职工文化有着特殊的作用。这是因为，企业社会工作的核心工作对象是"企业员工"，工作目标是"通过促进员工发展和福利目标实现的基础上，保证员工利益、提升企业效率、促进企业和员工共同发展"。可见，职工群众既是职工文化产生的源头，也是企业社会工作的核心工作对象，更是决定企业文化能否落地的关键。企业社会工作应该以提升职工群众的整体素质为核心工作，在企业文化建设中，尤其在职工文化建设中发挥应有的作用。

第一节　企业文化理论与职工文化理论的产生

　　企业文化理论于 20 世纪 70 年代末期在美国产生，于 20 世纪 80 年代被我国引进并不断发展丰富。2008 年中国工会十五大系统地阐述了企业职工文化的内涵。职工文化是我国社会主义和谐社会的必然产物。与企业文化理论相比，职工文化的产生迟到了 30 年左右。

一 企业文化理论是美国企业管理自我反思的产物

20世纪70年代初的石油危机是企业文化理论孕育产生的直接原因。石油危机下的美国,渴望通过提高企业产品的竞争力来摆脱困境,却遇到了日本企业产品的挑战而处于劣势。1979年,哈佛大学傅高义教授的专著《日本第一:美国教训》出版后,立即在全美国引起强烈反响,并成为当年度美国最畅销书之一。从一般的美国市民、学者到国会议员、政府官员乃至五角大楼的军人都争相阅读,美国媒体也进行了大肆炒作。美国国家广播公司立即播出电视节目"日本能,为什么我们不能?",及时推动了美国全国的反思。傅高义在《日本第一:美国教训》一书中指出,日本企业之所以取得成功,是日本传统文化与西方管理技术成功结合后,所形成的特定企业文化作用的结果。

进入20世纪80年代以后,以反思美国企业管理不足为核心,很多企业文化经典著作相继问世。美国斯坦福大学的帕斯卡尔和哈佛大学的阿索夫的《日本的管理艺术》(1981)、美籍日本人威廉·大内的《Z理论:美国企业如何迎接日本的挑战》(1981)、美国哈佛大学教授迪尔和麦金赛咨询公司顾问肯尼迪的《公司文化》(1982)一致认为,日本人能够成功的一个重要原因是他们能够在全国范围内维持一种强烈而凝聚的文化。《公司文化》一书的问世,标志着企业文化作为一种系统的管理理论已经形成。美国管理学家彼得斯的《追求卓越》(1982)一书,就是在这种背景下应运而生。彼得斯认为,卓越的公司之所以成功,就在于它们有一套独特的文化。麻省理工学院教授沙因在其《组织文化与领导》(1985)一书中指出,文化不只是一个可用以解释许多组织现象的概念,它亦可被领导者所操纵,用以创造一个有效能的组织。

以上著作主要是在20世纪80年代前后出版的。它们是关于企业文化研究的一部分最经典的管理著作,为系统化、科学化的企业文化理论的形成和发展奠定了坚实的理论基础。正如沙因所说,我们虽然都同意它是存在的,也承认它举足轻重的影响力,但是,在对于它是什么却有着十分不同的意见。

二 企业文化理论被引进我国是改革开放的产物

我国实施改革开放政策之后,计划经济体制下形成的企业管理理论和方法,已无法有效指导企业的管理实践。寻找新的企业管理理论,成为中国企业发展的内在要求。在此背景下,我国理论研究机构首先扮演了传播国外经典企业管理理论的角色。企业文化管理理论在 20 世纪 80 年代从美国传至我国,在我国企业管理实践中不断流行和发展。大部分世界企业文化管理经典著作都已被翻译成中文。在企业文化理论的影响下,我国学术界出现了很多相关研究成果,企业领域也涌现出一批享誉国内外的优秀企业。

我国著名管理学家陈炳富指出,"对于企业文化的广泛注意和研究是八十年代以来,管理学发展的新动向,它揭示出比具体的管理手段和管理方法更为重要的是管理的灵魂"(陈炳富、李非,1986)。复旦大学苏勇认为,"作为国外于 80 年代初新兴的一种管理学理论,企业文化是管理学理论发展的第四个阶段,它是一种文化和经济相结合的产物,也是近年来西方理论界重视文化研究这一倾向在管理学领域的一个反映"。清华大学张德认为,"企业文化是 70 年代末 80 年代初出现的崭新管理学概念,已成为当前西方管理学界研究的中心问题之一,也开始引起中国企业界和管理学界的关注"(张德,1989)。企业文化理论不仅引起了学术界的关注,更受到了企业的欢迎。海尔集团和联想集团,就是这些优秀企业中的杰出代表。它们的成功在一定意义上讲,可以归功于企业文化管理的成功实践。

1979 年,我国成立了中国企业管理协会。1995 年,中国企业管理协会的二级专业委员会——企业文化建设委员会成立。中国企业文化研究会是专门研究和实践企业文化管理的社会团体,于 1988 年成立。中国企业文化研究会成立之后,完成了中国第一项企业文化国家规划研究课题。2005 年,中国企业文化研究会向原劳动部成功申请设立"企业文化师"这一新职业。

三 职工文化理论是我国构建社会主义和谐社会的产物

构建社会主义和谐社会,是 2004 年召开的党的十六届四中全会第一次明确提出的我国的重要战略发展目标。2007 年,胡锦涛在参加全国政协十届五次会议工会、共青团、青联、妇联界委员联组讨论时指出,工青妇组织是党开展群众工作的重要力量,要在社会主义和谐社会建设过程中充分发挥组织群众的作用。为了学习这次讲话精神,王兆国同志在中华全国总工会第十四届十三次主席团(扩大)会议上,第一次提出了职工文化这一概念。2008 年 10 月,职工文化被正式写进中国工会十五大报告,并第一次有了全面深入的阐述。报告指出,"职工文化建设是职工提高职业技能素质、丰富精神文化生活、激发劳动热情和创造活力的重要载体，企业文化建设是体现企业形象特点、增强凝聚力、提高竞争力的必要手段"。

第二节 企业文化与职工文化的关系

自中华全国总工会第十四届十三次执委会议提出"要大力推动发展先进的企业文化、工会文化、职工文化"以来，企业文化与职工文化的重要性越来越受到重视。2013年，李建国同志在《中国工会十六大报告》三部分内容中，有两部分谈到了企业文化与职工文化。中国工会十六大通过的2013年版《中国工会章程》，增加了"推进企业文化职工文化建设"的内容。职工文化像企业文化一样，也是一种独立的文化形态，二者是并列关系，而不是很多人所认识的那样：职工文化隶属于企业文化，是企业文化的一部分。要弄清企业文化与职工文化之间的关系，必须先了解文化、企业文化和职工文化的含义。

一 文化的含义

企业职工文化是企业内部的一种文化形态，企业文化是企业内部的另一种文化形态。当前我国企业职工文化建设现状中存在的主要问题表现为，把企业职工文化当作是企业文化的一部分，把企业职工文体活动当作企业职工文化的全部。这些问题的存在，与不了解文化的深刻内涵是分不开的。

（一）中西方对文化内涵的表述

据考证，"文"与"化"并联使用，较早见之于战国末年儒生编辑的《易·贲卦·象传》："刚柔交错，天文也。文明以止，人文也。观乎天文，以察时变；观乎人文，以化成天下"。在这里，"人文"与"化成天下"紧密联系，"以文教化"的思想已十分明确。在汉语系统中，"文化"的本义就是"以文教化"，它表示对人的性情的陶冶、品德的教养，本属精神领域之范畴。

英国人类学家爱德华·伯内特·泰勒（Edward Burnett Tylor）在1871年出版的《原始文化》一书中，对文化下了一个定义。他指出："文化是一个'复合体'，它包括知识、信仰、艺术、道德、法律、习俗，以及作为社会成员的人所具有的一切其他能力、规范和习惯。"学术界公认为，泰勒是第一个在文化定义上具有重大影响的人。

（二）文化内涵的界定

我们给出文化的定义为：文化是在长期的社会历史发展过程中，由人类创造、倡导和践行的，以规范人类的行为和提升人类的综合素质为目的的信仰、价值理念、习俗、规范以及体现人类的行为风格和精神风貌的社会活动及其创造物。

1. 文化的三个层次

文化主要包括三个层面的内容：信仰层面、制度层面和行为层面。也就是我们通常所说的文化的三个层次：精神文化、制度文化和行为文化。文化的这三个层面的内容，也为大多数人所认同。行为文化有时也称作物质文化。

精神文化是信仰层面的文化，主要指属于精神、思想、观念范畴的文化，反映的是一个社会的思维方式、价值取向、伦理观念、心理状态、理想人格、宗教信仰、审美情趣等价值观形态。制度文化是制度层面的文化，主要包括一个社会的管理制度、道德规范、行为准则、法律条文以及人们社会交往的规范，有时也被称作规范文化。行为文化是行为层面的文化，主要是指在信仰层面的精神文化指导和制度层面的制度文化规范下，体现一个社会的风俗习惯、行为风格和精神风貌的社会活动及其创造物。

2. 文化三个层次之间的关系

在文化的三个层次中，制度文化和行为文化反映并受制于精神文化，是精神文化的折射。行为文化要靠精神文化去推动，制度文化要靠精神文化去建构、去评价。精神文化是文化层次中最深层和最具稳定性的内容，是整个文化系统的核心和"灵魂"。精神文化不能独立存在，它需要依附于一定的载体，它只能通过制度和行为的形式表现出来、折射出来。制度文化和行为文化对精神文化的体现越多，内涵就越丰富，其文化价值就越大。精神文化决定着整个文化的特质。

二　企业文化的含义

企业文化反映的是以企业家为代表的企业高层管理者群体的管理理念。这已为绝大多数管理学家所认同。

（一）企业管理者的最高"王道"

北京恒信玺利珠宝股份有限公司董事长李厚霖，在谈及自己的成功经验时说，恒信刚建立的时候，带有非常浓厚的江湖特色，管理在某种意义上就是"人制"管理。随着企业不断发展壮大，最初简单粗放的管理方式，无法再支持企业的高速发展。这就需要靠"制度"管理达到系统的科学、有序和高效，促进企业的良性运转。但当企业发展壮大到一个成熟大型企业时，易于管理的人和事，可以通过规则和制度管理它们。但是，还有很多靠规则和制度管不住的人和事，那就需要靠企业文化。在当今市场经济条件下，企业之间的竞争已经逐步由企业的品牌、产品、服务、渠道、技术等硬件的竞争，转向以企业文化和企业价值观为核心的软件竞争。企业文化是管理者的最高"王道"。在企业文化管理理论的指导下，我国涌现出一批像海尔、联想、华为、阿里巴巴等享誉全球的民族企业。这也证明了企业文化管理的高效率，更反映了企业管理者的最高"王道"——企业文化的特殊价值。

（二）企业管理者的灌输

史玉柱在谈到他的成功经验时，特别强调企业文化"灌输"理论。他认为，企业文化最重要的作用就是到达管理上的"盲区"。管理上的"盲区"就是正常的和传统的管理手段和方法无法管理的人和事，只有靠企业文化管理去解决。他过去经常向他的员工"灌输"企业文化。尽管这个形式很"土"，但他认为很管用。"土"是最实在、最本质的东西，做企业不是作秀，应该干最本质的事情，扎扎实实把企业自己的事情做好。

（三）企业的核心竞争力

2006年，青岛高校软控股份公司（以下简称青岛软控）在深圳证券交易所成功上市。公司董事长袁仲雪的梦想是将橡胶行业这一民族工业发展到世界平台。这需要一代又一代青岛软控人坚持不懈的创新，而由谁来领导一代又一代的青岛软控人呢？谁是企业最好的领导者？袁仲雪认为："是文化，只有文化传承才能在企业内形成统一的价值观。也唯有如此，企业才能做强做大做久。"

企业的核心竞争力是企业文化，意味着以企业家为代表的企业管理者群体也是企业的核心竞争力。一流的企业需要一流的管理者，一流的管理者离不开一流的企业文化。我们要实现中国梦，需要一批批中国民族企业冲出亚洲走向世界，需要越来越多中国民族企业出现在世界500强企业榜单中。这就需要不断提升我国民族企业的核心竞争力，需要培育一批批以企业家为代表的优秀企业管理者群体，需要发挥企业文化的核心竞争力作用。

三 职工文化的含义

职工文化不是企业文化的一部分。职工文化与企业文化一样，是独立的文化形态。职工文化不等于职工文体活动,除了职工文体活动外,职工文化还有自己的"灵魂"。

(一)人们关于职工文化内涵的探讨

有人认为,职工文化是以职工为发展主体的文化形态(于宝国,2009)。有人认为,职工文化的内容是展示职工精神风貌(邹广文,2009)。有人认为,职工文化是指职工所共同遵守的基本信念、价值标准和行为规范(马耀东,2011)。有人认为,职工文化是内部职工的一种意识形态(乔雁,2012)。还有人认为,职工文化是大多数员工所共同遵循的基本信念、价值标准、行为规范及其所表现的物质形态和其他意识形态的文化(赵文祥、于静淼,2012)。

以上关于职工文化内涵的界定,表现出一个共同特点,那就是都强调职工文化的"文化"内涵,都强调职工文化是一种文化形态和意识形态,展现的是职工的精神风貌,最重要的是表现了职工的共同信仰、价值观、行为规范等文化内涵。

(二)职工文化内涵的界定

职工文化,是指以劳模为代表的先进职工群体,在长期的实践中形成的,被绝大多数职工群众认为有效而共享的,并得到以企业家为代表的管理者群体认同和支持的,由工会提炼和塑造,在职工群众中倡导、践行和展示的价值理念、行为规范和精神风貌。

1. 职工价值理念是职工文化的核心和灵魂

职工价值理念形成的基础是以劳模为代表的先进职工群体。劳模不仅是先进生产力的代表,更是先进职工文化的代表。劳模精神是职工文化的"灵魂"。以劳模精神为核心的职工文化,可以为企业和社会培育更多劳模似的企业基层先进人物,使他们在为企业和社会创造更多经济财富的同时,为企业和社会的精神文明建设创造巨大的社会价值和积累更多的精神财富。

2. 职工行为规范是职工价值理念的外化

职工行为规范是将职工价值理念具体化为职工群众日常行为的制度、规范、规定和相关文件等。企业的管理规范是企业管理者对职工群众的管理要求。企业职工行为规范,是职工群众对以劳模为代表的先进职工群体的模仿,是职工群众自我学习、自我教育和自我提升的表现,是群众教育群众的一种重要形式。

3. 职工精神风貌是职工文化的综合体现

职工文体活动是展现职工精神风貌最典型和最常用的形式。在职工精神风貌展示方面，不仅要坚持学劳模、做劳模的主旨，还可以围绕如何更好地展示职工群众的人文素养和发展潜力以及业余特长和爱好等，利用现代化的技术手段，为职工群众提供更广阔的展示舞台。

（三）职工文化的辨别

我们现在提出一个问题：铁人精神是企业文化还是职工文化？如果大家理解了职工文化的内涵，那么会肯定地回答：铁人精神是职工文化，不是企业文化。但是，有很多人还是给出了错误的答案。譬如，有人认为，铁人精神是大庆油田企业文化的动力之源（任玉昌，2008）。有人认为，铁人王进喜是大庆油田企业文化的重要创造者（郑国贤、李洪福，2010）。还有人认为，铁人精神是我国国有企业文化建设中必不可少的组成部分（张静宜，2012）。

区分一种文化是职工文化还是企业文化，只有一个标准：这种文化的创造者是谁。如果文化的创造者是以劳模为代表的先进职工群体，那这种文化就是职工文化。如果文化的创造者是以企业家为代表的管理者群体，那这种文化就是企业文化。铁人精神的创造者是以王进喜为代表的先进职工群体，所以它是大庆油田的职工文化。大庆油田企业文化的核心是大庆精神。

四 职工文化与企业文化的关系

（一）一阴一阳之谓道

《周易·系辞上》中说，"一阴一阳之谓道……百姓日用而不知"。这句话的意思是指，宇宙万物产生的根源在于"道"，道由阴阳交替的变化组成，人们每天都接触阴阳之道但却不知道它。阴阳互相吸引，你中有我，我中有你，由此生出宇宙万物。阴阳之道，是中国传统文化探究宇宙万物根源及其变化规律的重要手段。职工文化与企业文化的关系，也符合阴阳之道。企业之道就在于职工文化与企业文化的交替变化。职工文化包含企业文化，企业文化也包含职工文化。这是因为，职工是企业的职工，企业也是职工的企业。职工离不开企业，企业更离不开职工。

在我国改革开放30多年的发展过程中，企业文化管理的重要性被单独过分放大，企业文化与职工文化严重失衡，偏离企业"阴阳之道"。其结果是企业发展越来越快，企业越做越大，而劳资纠纷不断增加，职工权益屡遭侵犯，生态环境日益恶化。可喜的是，在社会主义文化大发展大繁荣和实现中华民族伟大复兴中国梦的时代背景下，企业文化与职工文化"阳盛阴衰"的局面正逐步得到扭转。令人费解的是，还有人在继续唱衰职工文化，把职工文化看作是企业文化的一部分，其实质是只强调职工是企业的，而回避企业是职工的，只强调职工对企业的责任，而逃避企业对职工的责任。这是严重背离企业之道的做法。

（二）帮职工立魂，为企业立心

2008 年，王兆国同志在中国工会十五大报告中指出，"职工文化建设是职工提高职业技能素质、丰富精神文化生活、激发劳动热情和创造活力的重要载体，企业文化建设是体现企业形象特点、增强凝聚力、提高竞争力的必要手段"。职工文化建设提高职工素质的关键在于帮职工立魂，体现他们的人生追求，展现他们的精神风貌，让他们学会先做人再做事。企业文化建设提高企业核心竞争力的关键在于为企业立心，描绘企业蓝图，统一思想观念，通过心的一致实现行的一致。

在现实中，一些仅关注企业文化而忽略职工文化的企业，仅为企业立心而不帮职工立魂，仅要求职工认同企业提出的价值理念而对职工的精神追求视而不见，仅实现所谓的"心的一致到行的一致"的管理目标而牺牲职工的价值尊严甚至生态环境。还有些企业把职工文化建设完全等同于职工文体活动，没有发挥其应有的价值引领和文化教育的作用。"职工文化"和"企业文化"，不仅反复出现在党和国家的重要文件中，而且在我国企业管理实践中使用的频率也越来越高。这说明单一的企业文化管理的提法，已经越来越不符合时代的潮流和企业发展的需要。职工文化帮职工立魂，企业文化为企业立心，对于实现中华民族伟大复兴的中国梦有着特殊的意义。

（三）"长寿企业"基因中的基与因

企业文化被认为是历百年而不衰的"长寿企业"的"长寿"基因。按照企业之道，"长寿企业"的"长寿"基因不仅包含企业文化，还有职工文化。企业不等于职工，职工也不等于企业。企业的成功不等于职工的成功，职工的成功也不等于企业的成功。如果从字面上理解，职工文化是基，是企业"长寿"的基石，企业文化是因，是企业"长寿"的动因。职工文化助职工成功，企业文化促企业成功，只有职工与企业的共同成功，才是"大成功"，企业"长寿"才有可能。

一些仅关注企业文化而忽略职工文化的企业，追求到的是企业的"小成功"，却以牺牲职工与企业双赢的"大成功"为代价。这些企业常常忽视甚至侵犯职工权益，缺乏社会责任，严重背离企业之道，所以很难成长为"长寿企业"。2013年，习近平同志在毛泽东诞辰120周年座谈会上，引用毛泽东的一句话强调了群众路线的重要性："我们共产党人好比种子，人民好比土地"。毛泽东所指的土地和种子，就是"长寿"基因中的基和因。要实现中华民族伟大复兴的中国梦，就需要越来越多的"长寿企业"出现在世界500强名单中。这就需要我国民族企业不断培育"长寿"基因，遵循企业之道，平衡职工文化与企业文化，实现职工与企业的共同成功，最终促成职工梦、企业梦和中国梦三位一体的实现。

第三节　社会工作介入企业文化建设与职工文化建设

在一个企业中，企业社会工作的服务对象是企业整体或企业内的管理部门、职工群体、职工个体及职工家属。企业社会工作介入企业文化建设与职工文化建设，可以更有效地为这些服务对象提供理想的服务。在以企业整体或企业内管理部门为服务对象时，企业社会工作往往将协调管理部门与企业职工之间的关系、企业运行与企业职工之间的关系作为重要工作内容。企业管理者的管理理念、管理价值观和管理水平对职工的直接影响很大。而企业管理者的管理理念、管理价值观和管理水平的重要表现形式就是企业文化。企业社会工作介入企业文化建设，可以倡导人本管理理念、创造人性化的工作氛围，促使企业重视职工主体地位，最终实现企业与职工之间的良好互动，最终达到既提高管理效率，又提升职工福利的目的。在以企业内的职工群体、职工个体及职工家属为服务对象时，企业社会工作是以满足职工群体、职工个体及家属的需要为主要工作内容。而职工文化建设则是满足职工群体、职工个体及家属需要的有效途径。企业社会工作介入职工文化建设，可以塑造先进职工文化，丰富职工文化生活，践行助人自助的社工理念，实现职工群众的自我教育、自我管理和自我提升。

一　企业社会工作介入企业文化建设

企业文化被业界称为企业的核心竞争力，是企业基业长青的"基因"，反映了企业及其管理者群体的价值追求和经营理念。企业社会工作介入企业文化建设，采用社工理念和工作技巧，影响企业及其管理者群体的思想和行为，促进企业与职工之间建立和谐的劳动关系，从而打造企业的核心竞争力。

（一）倡导人本管理理念

企业的本质是人。如果没有人，没有普通职工群众，水平再高的管理者，再先进的企业，也不能有所作为。企业文化应该倡导以人为本的管理理念，关心职工和重视职工的价值，实现企业与职工的共赢。青岛港是世界第七大港，1978 年利润总额为 3074 万元，2008 年达到 27.5 亿元；1988 年全港职工年人均收入为 2572 元，2008 年为 7 万多元，居青岛市第一。青岛港原董事局主席常德传认为，青岛港成功的根源之一在于倡导以人本管理为理念的企业文化。在上任之初，常德传就到码头装卸一线调查，从维护职工的切身利益出发，推动提高一线工人的收入，当时还出现过一个装卸工人比一个处长收入高的现象。青岛港 24000 多名员工，6000 名离退休同志，每个人过生日时都会收到企业赠送的蛋糕。青岛港在装卸工中评职称开了全国先河。青岛港的企业精神是：一代人要有一代人的作为，一代人要有一代人的贡献，一代人要有一代人的牺牲。这就是青岛港不断涌现出以许振超为代表的一大批"学习好、爱岗好、创新好、诚信好、奉献好"的先进职工群体的原因。青岛港的一切工作都是围绕着一线工人的发展开展的。一线工人永远是服务的对象，一线工人永远是服务的主业。青岛港的工人真正成了企业的主人，成为港口最为宝贵的资源。青岛港的成功经验为企业社会工作介入企业文化建设提供了很多宝贵的经验。

（二）创造人性化工作氛围

企业文化倡导人本管理理念，坚持人性化管理，推动职工民主管理，为职工创造人性化的工作氛围是现代企业管理的时代要求。浙江吉利控股集团有限公司经过二十多年的发展，2012 年入围《财富》世界 500 强企业榜单，其管理的奥秘就在于推行"人性化管理"的企业文化。吉利董事长李书福说："企业就像打仗一样，山头都要拿下，大家都要往前冲。每个人的想法都是不同的，如果要求每个人想法都一样的，我们必须统一思想。其实这是做不到的，必须允许每个人想不同的事情，但是想什么和要什么，要和企业想干什么对上号。企业要想干的事情，和每个人的神经系统不连接起来，企业的管理神经和人的思想不连接起来，管理就会非常头疼、关系就没有理顺。"所以，吉利有一个核心价值理念：快乐人生吉利相伴。李书福认为，"这个核心价值理念简单来说就是把产品造好了，要让用户用了以后不后悔，买了吉利产品物有所值，使用起来称心如意，因为用户高兴，所以工程计算人员和整个企业上上下下领导干部都非常高兴，为吉利做配套的厂商、经销商、售后服务商等所有跟企业打交道的人都感到高兴"。要实现这一核心价值理念，李书福的管理理念是：下级服从上级，上级服务下级；领导为员工服务，部门为一线服务；员工考核领导，一线考核部门。这种管理理念创造了人性化的工作氛围。创造人性化的工作氛围也是企业社会工作介入企业文化建设要达到的重要目标之一。

（三）重视职工主体地位

企业文化是管理者的文化，如果没有职工的认同和执行，企业文化就没有任何实际意义。重视职工主体地位是企业文化建设的关键。青岛海尔集团创立于1984年，经过了30多年的发展，从一家资不抵债、濒临倒闭的集体小厂发展成为全球白电第一品牌，海尔大型家用电器产量2013年第五次蝉联全球第一。海尔同时拥有"全球冰箱第一品牌与第一制造商"、"全球洗衣机第一品牌与第一制造商"、"全球酒柜第一品牌与第一制造商"、"全球冷柜第一品牌与第一制造商"等共9项殊荣。海尔的成功，与海尔重视职工主体地位的企业文化是分不开的。海尔CEO张瑞敏认为，企业有内部和外部两个市场，内部市场就是怎样满足员工的需求，提高他们的积极性，外部市场就是怎样满足用户的需求，提高用户的满意度。在海尔内部，每个人都有自己的市场，每位员工最主要的不是对他的上级负责，更重要的是对他的市场负责。在这种机制下，海尔内部涌现出很多"经营自我"的岗位老板，他们像经营自己的店铺一样经营自己的岗位。海尔从创立初期就提出自主经营、自主管理，是中国第一个以员工名字命名创新成果的企业。启明焊枪、晓玲扳手正是第一批以员工名字命名的工具，开创了员工自主创新的新篇章。为了体现职工主体地位，海尔每月搞一次合理化建议活动，对影响较大、创造经济效益较高的技术革新项目用所提建议职工的名字命名。1997年海尔职工共提出合理化建议3.6万条，被采纳1.8万条，创造经济价值约1.1亿元。企业社会工作介入企业文化建设应该重视职工主体地位的提升。

二 企业社会工作介入职工文化建设

对于职工群众来讲，如果企业文化是"要我做"文化的话，职工文化就是"我要做"文化。企业文化反映了企业及其管理者群体的管理理念，要求职工群众要认同和执行。职工文化反映了先进职工群体的价值追求，体现了职工群众自我教育、自我管理和自我提升的内在要求。"我要做"的职工文化与企业社会工作"助人自助"的工作理念有着内在的一致性。企业社会工作介入职工文化建设,可以完全按照"助人自助"的理念开展工作。

(一) 塑造先进职工文化

职工文化是先进职工群体创造的文化,是一种先进文化,对于职工群众有着重要的教育和引领作用。大庆油田是我国第一大油田,在20世纪五六十年代我国条件极其艰苦的情况下开发出了世界上为数不多的特大型砂岩油田,创造了世界油田开发史上的奇迹。奇迹产生的原因之一是大庆油田塑造了以铁人精神为代表的先进职工文化。铁人是大庆油田的一名普通工人王进喜。为了甩掉我国"贫油落后"的帽子,王进喜带领1205钻井队喊出了"有条件上,没有条件也要上"的口号,首创5天零4小时打一口中深井的纪录。房东赵大娘看到王进喜整天领着工人没有白天黑夜的干,感慨地说:"王队长可真是个铁人哪!"当时的石油部长余秋里得知后,连声称赞大娘叫得好。之后,余秋里号召4万会战职工"学铁人、做铁人,为会战立功,高速度、高水平拿下大油田!"战区迅速掀起了"学铁人、做铁人,为会战立功"的热潮。1960年7月1日,会战指挥部突出表彰了王进喜、马德仁、段兴枝、薛国邦、朱洪昌,他们被树为大会战的"五面红旗"。一个铁人前面走,千百个铁人跟上来。"铁人"尽管是一个先进人物的代表,但他体现着一种精神,也就是我们传诵的"铁人精神"。铁人精神主要包括:"为国分忧、为民族争气"的爱国主义精神,"宁可少活20年,拼命也要拿下大油田"的忘我拼搏精神,"有条件要上,没有条件创造条件也要上"的艰苦奋斗精神,等等。铁人精神直到今天仍然在大庆油田乃至我国职工群众中有着广泛的影响。企业社会工作介入职工文化建设,要遵循助人自助的理念,用先进职工文化感化和同化职工群众。

(二) 践行先进职工文化

职工文化建设的核心工作是学习和践行先进职工文化,而践行先进职工文化才是职工文化建设的最终目的。只有践行先进职工文化,职工群众中才会涌现出更多的先进分子。鞍钢集团公司被誉为"中国钢铁工业的摇篮"、"共和国钢铁工业的长子",在我国经济社会建设和发展中发挥了重大的历史作用。但是,这种历史作用与其说是企业的作用,不如说是企业中一批批先进职工的作用,是职工群众践行先进职工文化的作用。1949年东北解放,鞍钢修复时期配件奇缺,贫苦工人出身的孟泰发动大家收集、献交器材,建成了当时著名的"孟泰仓库"。在苏联政府停止对中国供应大型轧辊,致使鞍钢面临着停产威胁的情况下，他组织了500多名技协积极分子开展了从炼铁、炼钢到铸钢的一条龙厂际协作联合技术攻关，先后解决了十几项技术难题，终于自制成功大型轧辊，填补了中国冶金史上的空白，被誉为"为鞍钢谱写的一曲自力更生的凯歌"。在孟泰先进事迹的影响下和孟泰精神的感召下，仅在1950~1960年的10年间，鞍钢诞生的全国劳动模范就达75人。改革开放和现代化建设时期，维修工人李晏家继承和发扬了技术创新的鞍钢传统，先后对130多台设备进行了改造创新，累计创造效益数千万元。进入21世纪，劳模郭明义，每天提前两小时步巡采场路况上班，15年来他累计步巡6万余公里，累计献工1500个工作日，为企业创造效益3600万元。据鞍钢集团统计，新中国成立以来鞍钢累计共产生各级劳模5640人，其中有145人获得"全国劳动模范"和"全国五一劳动奖章"的光荣称号。鞍钢集团总工会主席尹利指出，鞍钢之所以劳模辈出、群星灿烂，关键在于，每个历史阶段都有走在全国前列、具有鲜明时代特色的模范人物，而这些劳模又激励着一代又一代鞍钢人奋勇前行。企业社会工作介入职工文化建设，要鼓励职工群众践行先进职工文化，体现助人自助的理念。

（三）满足职工文化需求

职工文化建设不仅要培育更多的先进职工，还要满足职工群众日益增长的文化需求。企业社会工作介入职工文化建设也要将满足职工文化需求作为重要任务。神华宁夏煤业集团公司承担着国家亿吨级煤炭基地和世界级现代煤化工基地建设重任，先后荣获"中国矿业十佳企业"、"全国煤炭优秀企业"、"西部开发优秀创业奖"、"全国五一劳动奖状"等荣誉称号。这些荣誉与他们高度重视职工文化建设，满足职工文化需求是分不开的。2013年公司制定下发了《神华宁煤集团公司职工文化建设指导意见》，规范职工文化建设，力求满足职工多方面需求与发展。在职工技能提升方面，公司以创争文化活动为抓手，帮助职工快速成长成才。近年来涌现出国家级技能大师张奋、中央企业技能状元、自治区首席工人技师马洪涛、中央企业技术能手梁元元等一大批高技能人才。在职工班组建设方面，公司开展了"做责任职工、创品牌班组"等主题实践活动，重奖"十佳"班组长，每人一台小轿车。在职工道德修养方面，公司每年组织开展"道德讲堂"活动，评选道德模范。在职工文化活动方面，公司形成了大活动年年有、小活动不间断的群众性文体活动局面，鼓励和扶持职工中涌现出的各类文体人才和积极分子。2013年，在第三届世界职工运动会上，代表中国出战的"神鹰篮球队"获世界职运会篮球冠军。公司原工会主席陈毅说:"通过广泛开展职工文体活动,不仅进一步丰富了职工及家属的业余文化生活,而且增强了广大职工对企业的归属感。"企业社会工作在满足职工文化需求上有着先进的理念和专业的方法,通过小组工作等途径,在职工文化建设中将大有作为。

第十四章 企业困难职工帮扶服务

随着改革开放的深入，企业获得了较大程度的发展，大多数职工的生活水平不断提高，但仍有一部分职工因为种种原因陷入困境。面对这种现象，政府须尽快查明原因，了解困难职工的生活现状，解决他们面临的问题。企业困难职工帮扶中心是企业实施帮扶服务的有效载体，在维护职工合法权益，为职工提供及时和便捷的服务方面发挥了非常重要的作用。社会工作是一种专业的助人活动，在为困难职工提供服务方面采取不同于传统的方法，在为困难职工提供帮助方面具有独特的优越性。本章将详细介绍企业困难职工帮扶服务以及社会工作如何介入企业困难职工帮扶工作。

第一节 企业困难职工帮扶服务概述

一 企业困难职工帮扶服务的缘起

企业困难职工帮扶服务有其特定的产生背景，下面将具体介绍这一服务的产生过程，并对困难职工给予界定。

（一）企业困难职工帮扶服务的缘起

20世纪80年代中期，国有企业的亏损不断加剧，到90年代时情况更为严重，经济效益指标呈下降趋势，国有企业改革的任务十分紧迫。1992年10月党的十四大明确指出，我国经济体制改革的目标是建立社会主义市场经济体制。随后，在十四届三中全会上又提出国企改革的目标是建立现代企业制度。在这一过程中，因经济发展而积累的深层次矛盾逐渐显露，其中之一便是我国劳动力长期供大于求，机构臃肿，由此出现了大量的下岗职工和生活困难职工。针对这一情况，1992年元旦至春节期间，中华全国总工会在全国范围开展了送温暖活动。1994年将送温暖活动拓展为"送温暖工程"，以实现"送温暖活动"的经常化、制度化和社会化。为贯彻落实全国再就业工作会议精神，充分发挥工会组织在促进再就业工作中的积极作用，2002年中华全国总工会颁布了《中华全国总工会关于贯彻全国再就业工作会议精神的意见》（以下简称为《意见》），要求发挥工会自身的优势，促进失业人员再就业，为下岗人员办实事。在《意见》中，明确指出了工会作为"帮助"和"扶持"的角色，要为困难职工提供再就业的机会，解决困难职工实际生活中的问题。就在同一年，天津总工会、昆明市总工会在全国率先成立了工会困难职工帮扶中心，得到了广大职工和社会各界的好评和认可。经过十余年的发展，我国已初步建立起了困难职工帮扶制度，为经济生活处于困境的职工提供了一定的经济救助、就业创业帮助和法律援助服务等。有学者认为，可以把企业困难职工帮扶制度定义为：由工会组织主导，动员、协调社会各方力量，帮扶中心具体操作，对因失业、疾病、工伤、子女上学或其他意外灾害致使其个人及家庭暂时性陷入经济生活困境的职工，给予一定的经济救助、就业创业帮助和法律援助服务等社会救助、帮扶措施规范的总和（白新民，2010）。这为我们深入学习企业困难职工帮扶制度提供了一定的基础。

不难看出，在社会变革、经济转型过程中凸显了一个新的弱势群体，即困难职工群体，他们的存在要求相关部门必须给予重视。那么该如何界定困难职工呢？

（二）困难职工的界定

困难职工是在社会变革、经济转型过程中凸显出来的弱势群体。那么，什么样的职工属于困难职工呢？我们可以参照以下定义，困难职工是指家庭人均收入低于当地城镇居民最低生活保障线的职工；家庭人均收入略高于当地城镇居民最低生活保障线，但因下岗失业、重大疾病、子女教育、意外灾难等原因造成家庭生活困难的职工；因遭受各类灾害、重大意外事故造成家庭生活困难的职工（中华全国总工会保障工作部，2009：16）。

困难职工群体的出现，要求政府必须尽快查明他们陷入困难的原因、现状以及存在的问题，以尽快找出解决问题的方法，切实维护困难职工的合法权益。

二　企业困难职工帮扶服务的意义

当前，我国正处于并将长期处于社会主义初级阶段，社会保障体系的健全和完善还需要一个长期的过程，困难职工群体也将在一个较长时期内存在，这就要求企业工会组织在推动企业发展的同时，必须切实肩负起帮扶困难职工的重任。2009年的十一届全国人大二次会议和全国政协十一届二次会议，也把保民生作为我国当前和今后的重点工作进行了安排部署。因此，采取各种有效措施，切实做好新时期企业工会扶贫帮困工作，努力改善困难家庭和人员的生活状况，推动企业和谐稳定发展，具有十分重要的现实意义和深远的历史意义（赵芳，2010：265）。具体来看，企业困难职工帮扶服务的意义体现在以下三个方面。

（一）做好新时期企业工会帮扶工作，是维护企业稳定的具体体现

保持持久的稳定与和谐，是企业做好各项工作的基础和前提。只有稳定了，企业的生产经营才有一个良好的环境，企业才能获得更大的发展，广大职工群众的根本利益也才能得到有效的维护。只有认真做好新时期企业工会帮扶工作，不断改善困难家庭的生活状况，才能达到理顺情绪，帮扶一家，稳定一片的目的，从而有力地促进企业的和谐稳定。

（二）做好新时期企业工会帮扶工作，是服务企业发展大局的重要手段

发展是企业永恒的主题，是企业一切工作的重中之重。尤其是在国际金融危机向实体经济漫延之际，如何有效地应对危机，克服危机造成的影响，努力走上发展正轨，更是每个企业必须认真研究和解决的问题。实现稳步发展，必须依靠各方面的团结一致和共同奋斗。只有围绕这一中心大局，切实做好新时期企业工会扶贫帮困工作，让全体职工深刻体会到企业人性化的管理，才能有效地凝聚人心，激发职工的创造潜能，帮助企业尽快走出困境，再续发展辉煌。

（三）做好新时期企业工会帮扶工作，是密切党群、干群关系的有效载体

工会是党领导下的工人阶级群众组织，是党联系职工群众的桥梁和纽带。新时期的工会应该全面调查了解职工情况，耐心听取他们的诉求，与他们共同分析困难产生的原因，并有针对性地制定帮扶措施，通过思想疏导、经济救助和寻岗就业等办法，帮助他们逐步摆脱生活困境。通过工会组织的作为，让职工群众看到企业党政组织和广大干部心系群众、为民排忧的优良作风，从而有利于进一步密切党群干群关系。

三 企业困难职工帮扶服务的实施载体——企业困难职工帮扶中心

为认真实践"三个代表"重要思想，贯彻落实党的十六大精神，更好地履行工会的基本职责，努力为职工群众特别是困难职工群体办实事，根据《中华

全国总工会关于贯彻全国再就业工作会议精神的意见》（总工发〔2002〕25号），中华全国总工会在2002年9月发布了《中华全国总工会关于建立困难职工帮扶中心的意见》（以下简称为《意见》），提出要在全国200个大中城市建立困难职工帮扶中心。

建立帮扶中心，是工会贯彻党的十六大和十六届三中、四中全会精神，落实以人为本、全面协调可持续的科学发展观，构建社会主义和谐社会的具体实践，是工会工作围绕中心、服务大局、维护职工合法权益的有效载体，是工会组织密切党和群众血肉联系，服务广大职工，帮助职工解决困难的重要窗口，是工会送温暖工程的新形式。我们将在下一节重点介绍企业困难职工帮扶中心。

延伸阅读：

帮扶中心，困难职工的家

2002年1月18日，天津市创建了全国第一家困难职工帮扶中心。该中心自成立那天起，就公开承诺：为全市困难职工真诚服务、救急济难、快捷帮扶。同时创建了特困救助、职业介绍、信访接待、法律援助、帮扶超市五个一站式服务平台，以集中资金、集中物资、集中岗位、集中帮扶的方式，高效快捷、直接面对困难职工进行帮扶救助，把党和政府的温暖送到千家万户。四年来已经接听了困难职工电话29200余个。中心还专门制定了"四热"、"八心"文明服务准则。每个工作人员坚持做到：对来访的职工群众，热情让座、热情让茶、热情接待、热情服务；接待来访热心，听取反映耐心，了解情况细心，启发疏导贴心，说服解释诚心，处理问题公心，排忧解难真心，为党为民献丹心。许多得到帮扶救助的职工发自内心地说："党就在我们身边。"该中心在全国工会系统首创现代化、信息化的困难职工动态管理网络，真正做到了困难职工家庭情况清、致困原因清、技术特长清、就业要求清、思想状况清，增强了帮扶救助机制快捷顺畅运转的实效。美国工会代表团来该中心参观后说："中国工会是代表职工利益的，你们做的工作，美国工会做不到。"（《今晚报》，http://www.sina.com.cn，2006年5月28日）

第二节 企业困难职工帮扶中心

自2002年1月全国第一个工会困难职工帮扶中心在天津成立以来，截至

2010年底，全国各级工会已建立困难职工帮扶中心3457个和乡镇街道企业帮扶站点29597个，100%的地级市和应建县级城镇都建立了帮扶中心。

目前，工会帮扶工作正朝着常态化、长效化的方向发展，帮扶内容逐步向就业服务、创业指导、法律援助、小额贷款、职工大病医疗救助和农民工权益维护等方面拓展，形成了一条龙、全方位的帮扶体系，有效地维护了职工队伍团结和社会的和谐稳定。

一　企业困难职工帮扶中心的性质

企业困难职工帮扶中心是工会深入实施送温暖工程、开展困难职工帮扶救助的有效载体，是送温暖工程的重要组成部分。它是在党委领导、政府支持和社会广泛参与下建立的工会帮扶组织，是工会履行职能的重要载体和直接面向困难职工的一站式综合服务机构，也是社会保障机制的重要补充形式，在社会救助体系中发挥着拾遗补阙的作用。

二　企业困难职工帮扶中心的基本职能

企业困难职工帮扶中心有其特有的职能，具体可概括为救助、维权和服务三个方面。

（一）救助职能

救助职能要求做到"救急济难、拾遗补阙、保障生活"。在努力推动困难职工进入政府救助范围的同时，在一些政府政策没有覆盖到的领域为困难职工群众解决临时性、突发性的生活困难，帮助他们渡过难关。

具体来看，各省的企业困难职工帮扶中心救助项目有所不同，各地会根据当地困难职工的实际情况，因地制宜地设置帮扶项目，有所侧重。总体来看，救助职能主要体现在生活救助、医疗救助、助学救助和其他帮扶救助等方面。

1. 生活救助

在生活救助方面，企业困难职工帮扶中心及时准确地掌握困难职工的家庭生活状况，结合当地实际给予相应的资助，通过"帮扶超市"、"爱心超市"等多种形式为生活困难的职工提供基本的生活服务。

2. 医疗救助

在医疗救助方面，主要是对患大病、重病的困难职工给予相应的资助，通过爱心医院、爱心药店等多种形式为患病的困难职工提供优惠服务。借助这样一种形式来减轻职工在患重大病期间的负担。

3. 助学救助

助学救助，是指采取日常助学和集中助学相结合的方式，对困难职工给予相应的资助，解决困难学生的就学问题。

4. 其他救助

对于有条件和能开展创业项目的困难职工，根据他们的需要为他们联系小额贷款或开展小额借款业务，对遇到突发性灾害的困难职工实施救助，等等。

（二）维权职能

维权职能要做到"反映诉求、保障权益、促进稳定"。要积极向政府有关部门反映困难职工的诉求和困难状况，推动政府给予解决，发挥好工会的桥梁和纽带作用，同时要利用好工会资源，为职工提供政策咨询、法律援助和调解劳资矛盾等维权服务项目，切实维护职工的合法权益。推动建立和谐稳定的劳动关系，促进职工队伍的团结统一和社会稳定。维权职能主要体现在信访接待和法律援助两个方面。

1. 信访接待

信访接待是指向来信来访职工提供法律、法规、政策咨询。掌握、分析职工反映的意见和要求，做好职工稳定工作。

2. 法律援助

法律援助是指借助工会系统或社会法律服务力量，为合法权益遭受侵害的职工提供法律援助，以帮助职工维权。

（三）服务职工

服务职工要做到"服务职工、提高素质、共建和谐"，通过职业岗位技能培训、劳动力市场信息服务、技能人才流动等服务项目，服务于职工生产生活，着力提高职工的积极性、主动性和创造力，为推动社会主义和谐社会和全面小康社会建设贡献力量。

在服务职工方面，全国各省、市、区（县）都有各自的服务内容，但一般都包括职业介绍和技能培训。通过发挥基层工会组织和地方政府职业介绍机构的作用，为有求职意愿的失业人员提供免费的职业介绍服务。

这三项职能有机联系，相互促进、相互补充，在不同的地域和不同的发展阶段可以有所侧重，共同构成了新时期新阶段工会帮扶中心的主要职能。

三　企业困难职工帮扶中心的机构设置和人员配备

企业困难职工帮扶中心作为工会维权的常设机构和形象窗口，要有相对固定的场所、人员和经费来源。各地帮扶中心的设置形式由各省、自治区、直辖市总工会根据各地的实际情况来确定。帮扶中心的工作人员由具有一定理论政策水平和群众工作经验，具备相关专业知识和工作能力的人员担任，主任由地方工会负责同志兼任，其他工作人员可从工会机关选派，也可面向社会进行招聘。

以海南省为例，其困难职工帮扶中心的工作机构包括工会帮扶工作领导小组或办公室，成员来自保障、法律、女工、财务和经审等相关业务部门。帮扶中心的工作由工会保障部门牵头，每月定期研究帮扶工作。从人员配备来看，地市级帮扶中心要有4名以上，县级帮扶中心要有2名以上固定的专兼职工作人员。工会要经常组织帮扶中心工作人员学习业务，定期组织培训，不断提升工作人员的业务及帮扶水平，推动其熟悉相关法律等。

四　企业困难职工帮扶中心的信息化建设

为加强工会帮扶工作长效机制建设，夯实管理基础，实现全国工会帮扶工作数据统计上报工作的规范化、标准化、网络化，中华全国总工会开发了全国工会帮扶工作管理系统，并于2007年12月正式启用。系统正式运行了6年多的时间，全国各级工会通过这一工作平台，实现了帮扶工作的信息化和网络化，促进了帮扶工作的健康发展。

（一）建立工会帮扶中心跨区域工作网络的重要意义

工会帮扶工作是我国社会管理体制的有机组成部分，是社会保障体制的有效补充。工会帮扶工作是一项长期的任务，是落实党的十七大保障和改善民生的精神，切实为困难职工排忧解难的一项重要工作。

全国工会统一使用帮扶工作管理系统，对于提高工作效率、强化监督管理、加快信息传递具有重要意义。各级工会通过掌握准确翔实的动态数据，对困难职工群体的状况、帮扶工作的形势与任务做出正确的分析判断，既能有针对性地开展好各项帮扶工作，又能为各级党政机关解决困难职工群体最关心、最直接、最现实的利益问题提供科学依据。各级工会通过统一使用这一系统，可以实现全国工会帮扶中心之间的资源和信息共享，建立快速联动机制，形成维权服务网络，提升服务水平，为困难职工提供更加快捷、高效的帮扶服务。

（二）工会帮扶中心跨区域工作网络的主要内容

通过全国工会帮扶工作管理系统，将全国地市级以上帮扶中心的简要情况、帮扶项目、办公地址、联系电话等内容联网贯通，使全国的工会帮扶中心能够及时互通信息，实现信息和资源共享，形成快速联动机制，根据困难职工的需求，及时提供跨区域的政策咨询、应急救助、维权服务、职业介绍、技能培训等服务，实现全国工会帮扶中心工作网络化。

各地市级帮扶中心要整合本地市的维权和帮扶资源，建立层层负责、上下联动、快捷高速的工作机制，与区（县）、乡镇（街道、社区）、基层单位工会帮扶中心和帮扶站点形成帮扶工作服务网络。编制包含各地市级总工会帮扶中心和所辖区县帮扶站点的简要情况、帮扶项目、办公地址、联系电话等内容的服务手册。广泛深入企业、社区、车站、码头等地，把帮扶中心联动服务手册发放到职工手中，使广大职工了解帮扶中心，遇到困难能够及时找到帮扶中心，使工会帮扶中心成为困难职工和农民工的"娘家人"。

（三）充分使用工会帮扶工作管理系统

为了充分发挥软件交流平台的作用，各级工会要充分使用帮扶管理系统。当前，各地工会要重点使用好系统中的帮扶救助等模块，及时把帮扶救助、信访接待、政策咨询、法律援助、技能培训、职业介绍等信息输入帮扶管理系统的相应模块。同时要按照帮扶资金使用管理规定对资金使用情况进行实名制汇总，并及时上传至财政专项资金模块。总之，要充分发挥软件交流平台的作用，及时发布本地出台的政策文件，交流、共享工作状况。

五 企业困难职工帮扶中心的特点

企业困难职工帮扶中心作为工会为困难职工提供服务的有效载体，有自己的特点，具体体现在以下几个方面。

（一）业务整合

帮扶中心把不同业务部门承担的帮扶职责整合起来，集中到同一个平台上进行运作，向困难职工提供一站式、一条龙服务，使得有着不同求助需求的职工都能在这里得到帮助。

（二）方便快捷

帮扶中心建立了及时、快捷的救助机制，热情接待每一个上门求助的职工，为他们解答政策、释疑解惑，并且根据他们遇到的实际困难，分类给予有针对性的帮扶救助。很多中心配备了救助专车，开通了热线电话，对于遭遇突发性灾害或因病因残，行动不便的困难职工，争取在得知消息后的第一时间赶到现场救助，突出了帮扶中心心系职工、方便快捷的救助特色。

（三）制度健全

帮扶中心制定了比较完善的工作规程和实施细则，建立了工作档案和统计报表，确保各项工作的制度化、规范化。各地帮扶中心均制定了职业介绍、生活救助、法律援助、信访咨询等具体的分类帮扶救助办法，明确了对帮扶对象的救助标准，并以适当的形式进行公示，接受职工群众和社会各界的监督。

（四）形成网络

各地工会以帮扶中心为主体，积极推动省、市、县（区）级困难职工帮扶中心的筹建，行成了广泛覆盖、分工明确、各司其职、上下联动的困难职工帮扶救助网络体系。

第三节 专业社会工作介入企业困难职工帮扶服务

一 实际的社会工作对企业困难职工帮扶服务

企业困难职工帮扶服务作为一项制度，以困难职工帮扶中心为实施载体，为困难职工提供各种类型的服务，发挥了不可忽视的作用。专业社会工作作为一项助人服务，也可以在救助困难职工方面发挥自己的专长。

专业的社会工作产生于西方，但是在我国，对社会工作有着不同的理解。具体来说，除了之前提到的专业社会工作，还包括普通社会工作和实际社会工作（王思斌，2006：15~16）。

普通社会工作是在计划经济体制下出现的，是一种在本职工作之外所从事的不计报酬的服务性和管理性工作，比如，教师兼任班主任，学生兼任团支部书记，职工兼任党支部委员，等等。在这种体制之下，这种工作承担着代替政府和党群组织联系、组织、动员和管理群众的职能。工作人员出于自己的忠诚、热心和奉献精神开展工作，基本没有接受过专业培训。它不属于现代意义上的社会工作。

实际社会工作是指在我国政府部门和群众组织中，有一些以专门进行福利服务为己任的职业或岗位，它们承担着为群众排忧解难的职能，如民政部门的社救济、社会福利，工会、妇联的保护职工、妇女的合法权益，劳动部门对离、退休职工的生活、医疗保障等都属于实际社会工作的范畴。这些工作的特点是：工作人员是政府干部、公务员或工、青、妇团体的干部，基本属于国家行政干部；他们利用正式的组织架构，按照政策及本部门的工作方法开展工作；他们的工作以服务为主，同时也是管理工作。其服务工作部分是实际社会工作，是行政性和半专业性的。这类工作是我国社会工作的主体。

从这个角度来看，企业困难职工帮扶服务应该属于我国社会工作类型中的实际社会工作。其工作人员是工会的职工，在困难职工帮扶中心的组织架构下，按照既定的方法开展工作，主要工作内容有生活救助、就业培训、职业介绍、法律援助、助医助学和信访接待等。从这个方面看，企业困难职工帮扶服务本身从事的就是社会工作，只不过它属于实际社会工作类型。下面将重点阐述专业社会工作与实际社会工作在对困难职工进行帮扶服务时的区别及联系。

二 专业社会工作介入与企业困难职工帮扶服务的区别及联系

（一）两者的区别

1. 对工作人员的要求不同

专业社会工作要求工作人员具有专业性，受过专业的教育和训练。要想从事社会工作这个专业，必须具备一定的条件才能胜任，也就是必须要有一定的任职资格。一般而言，国际社会工作界认可的社会工作者应符合这样的条件：第一，具有社会工作执业证照；第二，具有社会工作的专业教育背景；第三，受社会工作伦理的制约；第四，是社会工作专业组织的成员；第五，将社会工作作为一种职业生涯（王思斌，2004：150）。目前，在我国社会工作已经成为一个独立的专业，开始实行"社会工作师"制度，只有获得相应的资格证书，才能从事此行业。

企业困难职工帮扶服务中的工作人员，需要具有一定的理论政策水平和群众工作经验，具备相关专业知识和工作能力，作风正派、肯于吃苦、能够热心地进行帮扶工作。

相对来讲，专业社会工作对于工作人员的要求更严格，准入门槛更高，而实际社会工作并没有明确指出对于工作人员的具体要求。

2. 工作方法不同

专业社会工作主要有三大工作方法，即个案工作、小组工作和社区工作。个案工作主要是针对有困难或问题的个人和家庭；小组工作主要针对有困难的小组或群体；而社区工作主要是针对有问题的社区和社区居民。社会工作通过运用不同的工作方法，在不同的层面为服务对象提供相应的服务，从而满足服务对象的需要。

企业困难职工帮扶服务主要是通过建立困难职工帮扶中心，在各地工会的领导下进行帮扶工作。主要由工会保障部门牵头，会同法律、信访等部门进行具体的业务指导，定期研究解决帮扶中心遇到的各种实际问题。在这里，如果遇到有心理困惑的个别职工，采取的主要方法是直接疏导法。也就是说，当职工个人或家庭出现问题时，工作人员首先是做"思想工作"，即从"认识"上澄清问题。这种工作方法，不是专业意义上的社会工作，尽管它有着专业社会工作的某些性质。

3. 服务的终极目标不同

专业社会工作的本质是助人自助，即帮助服务对象解决目前困难的同时，增强其自身的能力。专业社会工作不满足于改善目前的状况，还注重培养服务对象解决问题的能力。

企业困难职工帮扶服务的目的是改善民生，切实为困难职工排忧解难。由此可以看出，两者在帮扶的最终目的上还是有所区别的。前者注重服务对象自身能力的培养，而后者仅注重问题的暂时性解决。

4. 服务对象的来源不同

专业社会工作，服务对象如果遇到困难，可以自己主动求助，也可以由他人推荐来接受社会工作者的帮助，当然，也有可能是社会工作者主动发现，寻找到"潜在的案主"，使他成为服务对象。总之，在专业社会工作领域，服务对象可以是自己主动来的，也可以是由他人推荐的，还可以是社会工作者主动发现的。

企业困难职工帮扶服务，服务对象即困难职工是需要个人提出申请的，然后经过审批，才能成为救助的对象。相对来说，工作人员是被动发现服务对象的。

以上总结了专业社会工作介入和企业困难职工帮扶服务两者的区别，尽管如此，作为助人活动，两者之间还是有许多相似之处的。

（二）两者的相似之处

1. 两者的联系——服务对象的性质相同

专业社会工作所帮助的对象是在实际生活中遇到各种困难和问题，但是自己没有能力解决的人，包括失业者、患病者、失学者、流浪者等，无论是哪种人，都是需要社会工作者给予帮助的人,即我们常说的弱势群体。

企业困难职工帮扶服务要帮助的是困难职工群体,这一部分人也属于弱势群体,具体包括:家庭人均收入低于当地城镇居民最低生活保障线的职工;家庭人均收入略高于当地城镇居民最低生活保障线,但因下岗失业、重大疾病、子女教育、意外灾难等原因造成家庭生活困难的职工;因遭受各类灾害、重大意外事故造成家庭生活困难的职工;等等。

从以上来看,无论是专业社会工作,还是企业困难职工帮扶,都是要去帮助那些在生活中遇到各种困难的人,从广义来讲两者的服务对象相同,都是弱势群体。

2. 帮扶行为的初衷相同

无论是专业社会工作,还是企业困难职工帮扶,都强调要去帮助服务对象,帮助他们解决问题,克服困难,过上一种正常的生活。两者的初衷,都是要帮助他们渡过暂时的难关,争取改善目前的状况。

3. 筹集资源的方式相同

社会工作是一种助人活动,而这种活动的实现需要各种资源的配合,只有这样才能帮助服务对象走出困境。因此社会工作者必须善于去获得各种资源,从国家、政府和各种社会组织中挖掘一定的资源,来达到资源的合理分配。

企业困难职工帮扶服务作为一项实际社会工作,其工作的顺利开展也需要有一定的资源。同样,帮扶工作人员也要通过多种渠道去获取资源,如通过政府的拨款、社会的捐助等形式来筹集资金,从而为困难职工提供帮助。

可以看出,专业社会工作与作为实际社会工作的企业困难职工帮扶服务之间既存在着相异之处,也存在着相似之处,两者并不是相互排斥的,而是可以相互借鉴、相互融合的,通过这样一种融合,可以达到更好地帮助服务对象的目的。

三 专业社会工作在企业困难职工帮扶服务中的介入

从我国对社会工作的分类看,专业社会工作与企业困难职工帮扶服务都属于社会工作,只不过两者在某些方面存在着差异。当然,这两者不是截然对立的,而是可以有机结合的,通过某种方式的结合,可以更好地发挥企业困难职工帮扶服务的服务于民的作用。下面将讨论专业社会工作在企业困难职工帮扶服务中的介入。

(一) 引入社会工作"助人自助"的理念

社会工作专业价值中的"助人自助",具体说就是帮助那些有困难的人解决他们自己的问题。助人的过程就是社会工作者(以下简称社工)解决问题的过程,并在工作过程中实现专业价值。社工助人并非单纯提供物质的帮助,而是致力于案主自信的恢复,帮助他们重新走上社会正轨,所以社工助人的过程更是对案主一种心灵支持的过程。

在助人过程中,结合内外资源帮助案主发挥潜能,适应社会,最终达致自我超越,使案主从"由人助"转向"自助"。这种助人自助的专业特征可用谚语概括为:与其授人以鱼,不如授人以渔。在帮助困难人群解决问题的同时,教给他们解决问题的方法,这是"助人自助"理念的一个体现。同时,在帮助困难人群渡过难关的过程中社工的专业价值也将获得提升,这是"助人自助"理念的另外一层含义。助人自助是基于尊重、真诚、同理这些基本的职业操守。尊重是沟通的前提,正因为具有这样的理念,社工才能在助人过程中游刃有余。

如果将"助人自助"的理念引入企业困难职工帮扶服务,我们关注的将不仅仅是困难职工暂时的问题和困难有没有解决,而且更加关注他们有没有获得解决问题的方法。我们始终相信,人的潜能是无限的,在帮助困难职工解决困难的同时,要激发出他们内在的潜能,使他们学会解决问题的方法。要善于去鼓励困难职工,发现他们的优势,给予支持,达到个人的增能和成长。这样,在以后的生活中,如果再遇到相似的问题,他们就可以用已经获得的经验自己去解决,不仅如此,他们还会去帮助身边其他的人,用生命影响生命。真正地帮助一个人是使他获得生活的能力,而不是什么都依赖外界的力量。另一方面,如果帮助服务对象获得了自助的能力,也可以减轻工作人员的工作量,使工作人员有更加充裕的时间和饱满的精力去服务那些更需要帮助的困难群体,这同样也是达到了自助的目的,即对工作人员本身的自助。

(二) 引入个案工作、小组工作等专业工作方法

个案工作是由专业社会工作者运用有关人与社会的专业知识和技巧为个人和家庭提供物质或情感方面的支持与服务,目的在于帮助个人和家庭降低压力、解决问题,达到个人和社会的良好福利状态(王思斌,2006:79)。个案工作包含不同的理论模式,如心理社会模式、危机介入模式、行为治疗模式等。对于企业困难职工来说,生活中会遇到各种困难,如身患重病、生活困难、子女就学难

等，这些问题如果不能及时得到解决，势必会影响职工的心理状态，进而影响工作效率。因此，一定要给予重视并加以处理。如果是物质方面的困难，可以给予一定的物质帮助，但不得不关注由物质困难带来的心理问题。事物之间都是相互联系的，职工的心理健康更为重要。在这里，可以运用个案工作的方法，对遇到心理困惑的职工给予帮助，使困难职工得到心理上的成长。

小组工作则是通过有目的的团体经验分享，协助个人增进集体和社会功能，以及更有效地处理个人或团体的问题（王思斌，2006：98）。小组按照不同的目的，可以划分为不同的类型。从目标来划分，小组可以分为成长小组、治疗小组、支持小组、兴趣小组等。通过小组工作，可以促使个人借助集体的力量来共同解决问题，共同思考，团结协助，共同应对困境。这是以集体的智慧来解决问题的方法，在团队协作中，可以使处于困境中的个人感受到来自他人的关怀和集体的温暖（钱宁、张默，2009）。在企业困难职工帮扶服务中，必定会有一些职工遇到相同的困难或问题，但由于自身原因或工作压力，无处诉说，久而久之，负面情绪积聚在内心，容易导致各种疾病。这时可以由社会工作者组成一个支持小组，大家在遵守保密原则的前提下，相互支持，相互鼓励，最终达到帮助个人成长的目的。

（三）建立有本土特色的企业困难职工帮扶社会工作模式

企业困难职工帮扶服务从2002年开始至今已有十余年，在此过程中，积累了一定的经验，形成了一套相应的制度，并且服务了众多困难职工群体，得到了广泛的认可。然而从我国对于社会工作的分类来看，企业困难职工帮扶服务属于实际社会工作，不属于专业意义上的社会工作，但从某些方面看，却带有专业社会工作的特征。社会工作的目的是助人，而企业困难帮扶同样也是为了助人，相同的初衷将两者联系在一起。在社会工作日益发展壮大的今天，完全可以吸取专业社会工作的工作理念和工作方法，建立具有中国特色的企业困难职工帮扶社会工作模式，具体可以从以下几个方面进行操作。

1. 工作人员"社工化"

工作人员"社工化"，有两个方面的含义。一方面，在竞聘帮扶工作人员时，可以有意选择社会工作者（获得职业资格证书者）担任某些职位，这样，工作人员本身就具备了社会工作专业知识，有社会工作价值观做指导，能够遵守社会工作伦理守则，可以按照专业标准去开展帮扶工作；另一方面，对原有工作人员进行社会工作培训，使其学习社会工作专业知识和技巧，然后通过专业考试，获得职业资格证书，这样才可以继续聘用。通过这两种方式，使困难职工帮扶服务的服务主体更加具有专业性，在利他主义的指导下，达到帮助困难职工个人和家庭的目的。

2. 工作方法"专业化"

工作方法"专业化"是指在原有工作方法（如直接疏导法，调解方法、做思想工作等）的基础上，加入一些社会工作的工作方法。这在之前的讨论中已经有所涉及。工作方法"专业化"并不是要抛弃原有的工作方法，而是在原有基础上，加入一些更有效的、更专业的方法，目的是使帮扶工作能更好地发挥作用，这样才能够体现出帮扶工作的中国特色和本土性。

3. 工作理念"利他化"和"平等化"

困难职工帮扶服务是一项助人的服务。困难职工作为弱势群体，已经受到了各种问题的困扰，身心俱疲，如果在寻求帮助的时候，还不能得到别人的理解，甚至被讥讽、嘲笑和歧视，其状况将会更加恶化。在这种情况下，工作人员一定要具备利他精神，要平等地去对待服务对象，把他们当作和我们一样的"人"来看待，给予充分的尊重和理解，对其接纳和支持，这样才会使服务对象有改变的愿望和决心，才能达到真正的助人目的。

四 专业社会工作介入困难职工帮扶服务的现实困境

当前，尽管社会工作在中国获得了一定的发展，甚至有学者认为，社会工作的"春天"已经到来，但是在现阶段，专业社会工作介入困难职工帮扶服务还是受到一定的制约。

（一）社会工作者的职业准入问题

社会工作者以社工的身份进入工会帮扶系统有一定的困难。如果专业社会工作者不能进入工会系统，不能进入困难职工帮扶中心工作，那么建立专业化的有中国特色的困难职工帮扶社会工作还是有一定困难的。因此，在新的形势下，需要建立一个社会工作者的职业准入制度，为社会工作者进入相关领域工作提供政策和制度依据。

（二）社会工作者的编制及薪酬问题

如果社会工作者可以进入工会系统，进入困难职工帮扶中心工作的话，又涉及编制问题。在中国目前单位编制体制下，社会工作者属于哪一类工作人员，以什么样的名字称呼，岗位是什么。这些都需要相关部门给予考虑。另外，还涉及薪酬待遇的问题，社会保险的问题，等等，都需要相关部门能够给予重视。

（三）原有工作人员对社会工作的认可和接受问题

现阶段，社会大众对社会工作专业的认可程度不高，"社会工作"还没有达到多数人熟知的状态，因此不知道原有工作人员对社会工作专业的认可程度如何？他们是否会接受社会工作的工作理念、工作方法和工作态度？是否会存在排斥心理？另外，如果社会工作者以职业身份进入帮扶中心工作，不知原有工作人员是否会接受这部分人，他们会以一种怎样的心态与之相处。这些都是未知的问题。因此，需要在引入社会工作者进入工会帮扶中心工作之前做大量的调查工作，为社会工作者顺利进入帮扶领域铺平道路。

综上，专业社会工作介入企业困难职工帮扶服务有一定的现实基础，不过也存在着一定的问题，这需要政府及社会给予充分的重视，以更好地服务困难职工群体。

第十五章 企业社会工作的农民工服务

农民工是改革开放后伴随城镇化进程出现的一个特殊群体,到 2012 年已经达到 26261 万人,其中外出农民工 16336 万人,举家外出农民工 3375 万人(国家统计局,2013),已经成为当前我国产业工人中人数最多的劳动群体。尽管这一群体进入城市工作并长期居住,但并未真正地融入城市社会,而是一个游离于城乡社会之间的弱势阶层,面临着生存和发展方面的众多困境。这一庞大的劳动群体及其特殊的生存境遇,为社会工作者提供了规模空前的服务对象和广泛的服务内容。对农民工问题的介入和服务,已成为当前中国社会工作特别是企业社会工作的一个重要领域。

第一节 服务农民工是企业社会工作的天然使命

首先,这是由企业社会工作的性质和价值决定的。社会工作发源于欧美国家的慈善事业,并在一些慈善组织及其领导人的推动下,逐渐形成系统的关照弱者和增进福利的理论和实践体系。从价值伦理上来说,社会工作本质上是一项服务性的社会事业,是社会工作者运用专业的方法和技巧,对处在不利地位的个人、群体和社区进行干预和帮助,以恢复、改善和发展其功能,使其能够适应和进行正常社会生活的服务活动。作为社会工作专业的分支领域,企业社会工作以在劳动关系中处于不利地位的劳动者为主要服务对象,通过改善劳工权益寻求劳资矛盾的缓和,从而实现员工与企业的共同发展。19 世纪末,在英美等国的工业企业中,企业社会工作以对现代工业制度的反省和补充而出现。当时西方国家的资本和劳工之间的斗争非常激烈,对生产效率与企业利润产生了严重影响,企业管理也面临巨大的困境。企业社会工作正是在这样的背景下产生的，从"员工福利方案"到"雇员咨询服务"，再到后来美国工业社会工作中的"工业酗酒方案"、"员工协助方案"等，至今已经形成了一套比较成熟的理论和实务方法，并在欧美各国以及我国港台地区的众多企业中广泛应用，为提升员工福利、促进企业成长与社会和谐发挥了重要作用。在今天的中国，超过2.6亿的农民工，已经是产业工人中最大的劳动群体，也是改革开放后伴随着国家工业化和城镇化发展而快速形成的一个弱势群体，他们天然就是企业社会工作的服务对象。

其次，农民工问题的解决是一项复杂艰巨的社会事业，需要包括社会工作者在内的社会各界的共同努力。农民工的"农民"身份，使他们在劳动报酬、安全卫生和社会保障等各个方面被区别对待，权益受损的情况非常严重。针对农民工的困难和需求，目前我国的城市社会服务体系并未做出妥善的应对。城市社会的公共服务和社会资源，基本上是以城市户籍人口数作为配置的依据。政府主要对农民工进行管理和控制，各类应有的服务和保障基本上处于短缺的状态。各类应有的服务和保障基本上处于短缺的状态。在大多数城市，农民工问题长期是由公安部门牵头负责，重心在于治安管理，而对于职业培训、劳动安全、子女教育和社会保障等问题，政府相关部门的介入非常不足。在生活娱乐、权益维护和心理健康等领域，社区居委会、工会、共青团和妇联等群团组织也未能对农民工给予足够的关注和支持。一方面是农民工迫切的服务需求，另一方面是城市公共服务体系的供给不足，这种反差为企业社会工作的介入提供了广阔的服务市场和发展空间。国家公共政策的目标，需要通过社会工作者的行动转化为农民工所需要的社会服务，从而帮助他们应对在城市就业和生活中遭遇的困难和问题。

因此，在我国特殊的社会背景下，服务农民工群体是社会工作，也是企业社会工作的重要使命，是企业社会工作实务的核心组成部分。从专业发展的角度看，这一牵涉众多问题的特殊群体，也向中国的社会工作提出了很多崭新的问题，为社会工作开展实务、创新理论和方法提出了前所未有的机会和挑战。

第二节　农民工面临的主要问题与需求

在我国城镇化过程中，社会体制的调整、城市管理体系的改善和公共资源的建设与配置等，严重滞后于城镇化速度，使农民工群体在地域上进入了城市空间，从事非农工作，但是在生活方式上依然游离于城市文明之外。农民工在城市中遇到的问题和困境，绝不仅仅是个人的生存境遇问题，而是由于中国社会的特殊结构和社会体制所造成的整个阶层的困境。因此，农民工在城市社会所面对的困难，是一个涉及经济和社会发展多个层面的复杂问题。企业社会工作虽然不可能一劳永逸地解决所有这些问题，但是能够成为解决农民工问题的综合社会方案中的一个重要部分。

一 劳动问题

农民进城务工和经商的目的，首先是为了赚钱。进入21世纪后，新生代农民工持续增多，逐渐成为外出农民工的主体，他们除经济目标之外，更追求个人在城市社会的发展。但无论基于什么样的原因，工作是农民工在城市中生存和发展的立身之本。一份稳定的、有保障的工作，是农民工的最大利益所在。鉴于此，将从四个方面简要概括农民工在就业领域的问题和需求。

第一是信息渠道单一，难以找到稳定和满意的工作。目前农民工找工作最主要的方式是通过老乡或亲友介绍，以及通过一些职业中介机构。这种方式限制了农民工的选择范围，使他们难以找到适合自己能力和实现自身发展的满意工作，并将他们局限在低层次的劳动力市场中，难以获得职业地位的向上流动。2012年2月，清华大学社会学系联合工众网发布的《农民工"短工化"就业趋势研究报告》显示，农民工持续一份工作的时间越来越短，"高流动"和"水平化"特征显著。在被调查的注册公众网的农民工中，有66%的人更换过工作，有25%的人在近7个月内更换过工作，50%的人在近1.8年内更换过工作。

第二是劳动强度大、工作时间长、工作环境差和工资水平低。农民工的超时劳动和高强度劳动已经成为影响他们生命健康的重大问题。2010年上半年富士康公司的员工"跳楼"事件，十几位农民工以自杀的方式诉说劳动的艰辛。当时一篇报道提到，"经济危机后一个工人顶俩用"。在富士康厂内，平均每天工作10个小时，早上7点半进厂，晚上7点半出厂，中间有1个小时的午饭和休息时间，其中2个小时以加班算。小丽说："员工手册规定每工作2个小时就可以休息10分钟，但是很多时候都不能按规定休息，往往是除了中午休息1小时外，一天就只有10分钟的时间上洗手间。有的部门甚至长期要加班3个小时。"（高靖、龙锟、王纳，2010）同时，农民工的工作条件差、环境恶劣，很多劳动场所存在高温、粉尘、噪音、有毒有害气体等严重污染情况。然而，农民工并未获得与劳动艰苦度相对应的工资收入。很多数据表明，农民工的平均工资远低于城镇职工的平均工资,并且拖欠工资的现象屡禁不止。按照国家统计局的数据,2012年农民工的平均月工资为2290元,而城镇单位就业人员的平均月工资为3897元。中华全国总工会的调研数据显示,我国仍有28.2%的职工工资徘徊在当地最低工资标准水平,该部分职工主要以农民工、一线职工、私企以及国有企业困难职工为主(中华全国总工会职工收入分配专题调研组,2010)。

第三是劳动权益严重受到侵害。国家统计局的监测数据显示,2012年外出受雇农民工与雇主或单位签订劳动合同的占43.9%,与前几年相比没有得到明显改善。而参加社会保险的水平虽然有所提高,但是总体仍然较低。雇主或单位为农民工缴纳养老保险、工伤保险、医疗保险、失业保险和生育保险的比例分别为14.3%、24%、16.9%、8.4%和6.1%(国家统计局,2013)。除此之外,对于由政府支出的非缴费性的城市社会福利和社会救助,更没有将农民工纳入覆盖范围。

第四是技术和技能缺乏。在职业生涯中,农民工普遍缺乏技术和技能,相关职业培训严重不足。虽然很多农民工或许具备一些技能,比如,在家乡的时候可能是手艺人或某项技术能手,但是获得职业资格证书的比例并不高。国家统计局的数据显示,农民工中,接受过农业技术培训的占10.7%,接受过非农职业技能培训的占25.6%,既没有接受过农业技术培训也没有接受过非农职业技能培训的占69.2%。在经济结构转型的大背景下,市场越来越需要知识和技术含量较高的劳动者。缺乏必要的知识和技能,对农民工就业的稳定性和职业地位的提升非常不利。

二 家庭问题

农民工离开家乡进入城市,在一个陌生的环境中开始新的生活,一是由于从事时间长强度大的工作,闲暇时间非常有限;二是由于收入低下和消费能力不足,物质生活和精神生活水平很难提高。调查发现,农民工家庭生活中的困难和问题主要表现为收入偏低、家庭经济困难、住房困难和居住环境差等客观物质条件的缺乏。农民工虽然进入城市,但是他们多数居住在城乡接合部地区,在地理空间上仍处于城市边缘地带。随着近些年城市规模的不断扩张,城乡接合部地区离中心城区的距离越来越远,这进一步强化了其空间的边缘性。一些城乡接合部地区在城市扩张中仍然保留了村落形式,由于已经被周边的高楼大厦所包围,渐渐演变成为现在的"城中村"。"城中村"不仅居住条件相当恶劣,而且存在消防、治安等众多隐患和风险。

此外，夫妻分居也是不少农民工面临的实际问题，有可能对农民工的家庭关系产生较大的冲击。目前外出农民工总数约1.6亿人，而举家外出的农民工仅3375万人，更多的农民工处于夫妻分居的状态，面临家庭照料、子女抚养和教育等方面的诸多困境。同时，新生代农民工特别是男性农民工，更面临着人生中最重要的婚姻问题。这部分人处于一种比较尴尬的位置，一方面他们失去了乡村婚姻制度的支持，那种由父母做主联系亲家的模式在很大程度上已经被打破；另一方面，他们在城市中的婚姻之路是比较艰难的，性别比失衡以及有限的经济能力、交往范围等，限制了他们的婚姻选择。婚姻困境同时引发了很多社会问题，比如，在中西部地区的部分农村，出现了不少有组织、有预谋的婚姻诈骗活动。

如果说农民工的就业、收入、住房和家庭经济困难主要应通过相应的社会政策去缓解的话，那么农民工在夫妻分居、找对象、家庭照料等方面的困难则需要社会工作者的介入服务。

三 社会融入困难

从社会学的理论视角来看，社会融入是处于弱势地位的主体能动地与特定社区中的个体与群体进行反思性、持续性互动的社会行动过程（陈成文、孙嘉悦，2012）。对于农民工而言，社会融入是这一群体适应城市文明并融入城市生活当中的持续过程。对于融入程度和指标的考察，一般涉及经济融入、行为适应、文化接纳和身份认同等（杨菊华，2010）。

在经济融入层面，从农民工的工作条件、经济收入、居住环境、职业声望和教育培训等情况来看，农民工的融入状态很差，客观上来说是城市社会的底层群体。从行为融入的情况来看，农民工的交往行为具有明显的"内卷化"特征，只能在本群体内部不断扩展各种关系和网络，虽然他们在城市中开始拥有一定数量的市民朋友，但是相互之间的亲密度、信任度仍然很弱，并且农民工在城市社区活动中的参与度非常低。在城市文化的接纳上，农民工的态度相对积极，很多人希望自己的子女能够进入公立学校读书，与城市儿童保持更多的交往，但事实上文化融合是一个涉及接纳和排斥的双向过程，目前面临的障碍还有很多。关于身份认同，涉及农民工与城市人之间的心理距离和最终的归属感，是其社会融入的核心标志。20世纪90年代，农民工在城市中感受的社会排斥较为强烈，当时一项在北京、上海、武汉的调查显示，有45%的农民工感到有时会受到歧视或会受到某些城里人的歧视，有18%的农民工感受到当地市民的强烈歧视，两者相加，也就是说共有63%的农民工有社会歧视的感受。同时有三分之二的农民工表示不敢也不愿意与城里人交朋友（凌月，1997，转引自李强，2004：227）。进入21世纪后，随着时间的推移，农民工的这种社会排斥感出现了较大程度的下降，一项调查显示，认为在城市里有被城里人看不起感觉的农民工大约仅有五分之一，而一半左右的农民工认为没有受到歧视。然而，排斥感、歧视感的降低，并没有改善农民工城市人的身份认同状况，只有9.9%的农民工认同自己的城市身份，75.4%的农民工并不认为自己是城市人（叶鹏飞，2013：110）。

四 精神文化需求

多数农民工都是从事时间过长、压力较大、收入较低的脏、苦、累工作，他们没有时间、精力和条件参加城市社区的各种文化活动。在工作之外的闲暇时间，农民工的休闲方式主要有三种，分别是听广播看电视、读书看报和逛街逛商场。这三种方式有一个共同特点，就是不需要他们付出太多的经济成本，并且容易获得参与的条件。而对于社区活动、单位组织的相关活动，农民工的参与度非常低。有调查显示，有接近一半的被调查者反映他们生活单调、心里苦闷，并且还有三分之一的人反映他们的人身安全没有保障（关信平，2010）。

在农民工群体中，新生代农民工的精神文化生活的需求尤其突出。新生代农民工正处在交友、恋爱、结婚的黄金期，对思想沟通和情感交流的需求更强。由于上班时间过长、接触面较窄，以及企业文化建设的不足、社会人文关怀的欠缺，交友、婚恋和精神情感成为困扰新生代农民工的首要心理问题。有调查发现，"感情孤独"已经成为新生代农民工面临的主要困惑，在北京建筑业接受调查的农民工中，超过七成将"感情孤独"作为困难的首选（中国工运研究所，2011：15~16）。在这种情况下，很多新生代农民工可能会养成一系列不良嗜好，如酗酒、赌博、网瘾等，严重伤害他们的身心健康。

五 子女教育问题

从20世纪90年代开始，农民工随迁子女的数量逐年递增，城市义务教育资源短缺状况日益突显。特别是在2004年以前，农民工子女进入城市公立学校需要缴纳借读费、赞助费等额外费用，导致其在公立学校就学非常困难，从而不得不进入教育资源、教学质量等都存在较大问题的打工子弟学校。尽管目前大多数农民工随迁子女可以就读于城市公立学校，但仍有研究指出，其调查所涉及的接纳农民工子女的公办中学，均位于城乡接合部，从教育教学设施到师资力量，都无法与城市儿童集中就读的学校相媲美。用教师的话说，"来我们学校就读的城市儿童也是比较差的"（王毅杰、高燕，2010：45）。近年来，尽管农民工子女入学难的问题已经有了较大的改观，但仍有调查发现，有三分之一的被访者反映在不同程度上存在着子女入学难的问题，其中有9.3%的人在此方面的困难还很大，这说明落实农民工子女在城市中平等受教育权利的工作还需要继续加强。另一方面，调查还发现，子女成绩不好和子女学习压力大的问题也在约三分之一的被访农民工中有所反映（关信平，2010）。这说明子女能够入学并不是农民工对其子女教育的终极目标。在得到子女入学的权利后，子女的学习状况正在成为农民工下一步关注的焦点。

此外，随着时间的推移，大龄农民工子女的数量逐渐增加，使他们在义务教育完成后的继续教育问题突显出来。2012年8月，国务院转发教育部等四部门《关于做好进城务工人员随迁子女接受义务教育后在当地参加升学考试工作的意见》，提出各省（区、市）要根据城市功能定位、产业结构布局和城市资源承载能力，根据进城务工人员在当地的合法稳定职业、合法稳定住所（含租赁）和按照国家规定参加社会保险年限，以及随迁子女在当地连续就学年限等情况，确定随迁子女在当地参加升学考试的具体条件，制定具体办法。这为农民工随迁子女的异地中考和高考提供了政策基础，但是满足准入条件的农民工随迁子女的比例并不高，特别是在一些大型城市中，异地升学的条件相当复杂。

第三节 企业社会工作服务农民工的主要内容

复杂的农民工问题，意味着针对农民工的社会工作服务，需要整合在就业场所开展服务的企业社会工作、针对农民工子女教育问题的学校社会工作、面向农民工群体的婚姻家庭社会工作以及将社区和社区居民作为对象的社区社会工作等，形成一个全面系统的综合性服务框架和体系。本节将聚焦于企业社会工作，从农民工的工作领域来讨论开展农民工服务的主要内容和项目，并延伸到一些相关问题的讨论。

国内企业社会工作的发展历史并不长，企业社会工作对农民工的服务更是最近几年才开始得到重视。2010年深圳富士康公司发生的农民工连续跳楼事件，对企业社会工作开展农民工服务提出了极大的需求。事后，深圳社工界也积极参与到"富士康事件"的危机处理当中，二十多家社会工作专业机构、几百名社会工作者进驻富士康，对员工提供情绪疏导、康娱活动、员工需求调查等服务，以其良好的专业素养赢得了企业及员工的认可。东莞、广州、上海、浙江等沿海经济发达城市是农民工的主要聚集地，也是农民工问题最为集中的地区，因此这些城市的企业社会工作首先得到了重视和推广。在深圳，2011年7月，已有4家社会工作服务机构得到9家企业20多份社工"订单"（包括富士康的两家企业）（管亚东、王冠，2011），基本服务对象主要是来自全国各地的农民工。南开大学社会工作与社会政策系在天津和深圳对52位社会工作人员的调查发现，他们已经在各个方面开展了对农民工的服务，涉及的服务内容相当广泛，包括进行有关农民工的调查研究、帮助农民工进行心理调适、帮助农民工提高权利意识、帮助农民工融入本地社会、帮助农民工维权、帮助农民工建立社会支持网络，等等。

基于农民工群体的生存和发展现状、存在的特殊困难和需求，以及企业社会工作的性质和特点，本节将企业社会工作服务农民工的重点领域概括为以下五个方面。

一 农民工的权益维护与劳动关系协调

劳动关系是最基本的社会关系之一。近年来，我国劳动关系领域的矛盾和冲突不断增加，成为影响经济发展与社会和谐的主要社会矛盾之一。其中，农民工权益实现中存在一些亟待解决的问题，有可能成为引发劳动关系矛盾的重要因素。2001～2007年间，劳动争议以年均3.3万件的速度增加，到2009年达到了68.4万件，是2000年9.4万件的7倍多（中国工会研究所，2011：74）。而集体停工等职工群体性事件也在不断发生，特别是在2008年之后，一些群体性事件产生了较大影响，在全国范围内引起了多方关注。2010年5月，广东佛山的南海本田汽车零部件公司发生了集体停工事件，在随后的6、7月里，类似的停工事件亦有发生。可以说，与就业相关的权益问题，是当前我国农民工进城就业和安身立命所面对的首要问题，也是企业社会工作服务农民工的核心问题。

在争取和维护农民工劳动权益的方面，企业社会工作的内容主要包括四个方面。第一，协同工会组织和其他社会组织，积极参与劳动关系领域的法律法规和相关政策的制定。社会工作者要充分运用专业身份和专业知识，表达农民工的利益诉求，反映农民工的权益问题，倡导农民工的平等权利，增进政策的科学性和有效性。第二，开展劳工权益方面的咨询服务。农民工文化程度低、维权意识薄弱等特征，是农民工基本权益受侵害的重要原因。企业社会工作开展农民工维权服务的一个重要方面是提高农民工的维权意识、增加农民工的法律知识、拓展农民工的维权渠道。社会工作者可以与工会工作者、志愿者等进行合作，通过开展宣传讲座、出版农民工维权的书籍、设立热线电话等方式积极开展农民工法律法规咨询服务，为农民工提供维权的信息和途径。第三，建立农民工与企业的有效沟通网络。企业经营者和农民工由于利益、立场的不同，存在矛盾和冲突属于正常现象，重要的是要建立起化解矛盾和冲突的正常机制，最大限度地实现企业和员工双方的互利共赢。社会工作者可以在企业经营者与农民工之间建立多种形式的沟通渠道，帮助双方了解对方的想法和需求，增进合作和互信，解决矛盾和纠纷，实现劳动关系的和谐稳定。第四，加强农民工的组织化维权。工人的力量一方面来自由自身人力资本决定的在劳动力市场中的讨价还价能力，另一方面则是经由联合起来而发挥的组织力量。各国经验表明，工会制度是劳工维权的有效手段之一。在这一方面，企业社会工作者要提高农民工的组织意识，培育其团队精神。从工会组织的角度出发，企业社会工作者要协助和推动工会组织吸纳农民工加入工会，利用工会的力量维护农民工的合法权益；从企业角度看，企业社会工作者要倡导和督促企业按照《工会法》的规定建立和健全工会组织，建立集体协商、民主管理等相关制度。

二　农民工的教育和技能培训

农民工社会工作的最终诉求是要在未来实现他们的能力提升和城市社会融入，由此决定了对农民工的教育培训是社会工作服务农民工的中心工作之一。企业社会工作在农民工教育培训方面的服务内容主要包括职业培训、素质提升和培养自我发展能力。

首先，职业培训是不可忽视的一项主要内容。目前，农民工大多数就业于城市社会的次级劳动力市场，技术含量少，工作条件差，劳动报酬低。造成这种状况的原因，一方面有社会体制的因素，另一方面也有农民工自身素质的因素。在经济结构转型的大背景下，市场越来越需要知识和技术含量较高的劳动力。2003年开始在珠三角地区首度出现的所谓"民工荒"现象，一种解释即认为出现"民工荒"的地区，实际上是陷入了一个低技术的陷阱，"民工荒"实质上是

"技工荒",很多企业缺乏具备一定专业技能和工作经验的技术工人(谢建社,2005:153)。

对农民工来说,知识和技能不足,对就业的稳定性和职业地位的提升产生了较大的负面影响。要在未来的城市劳动力市场中获得就业机会和竞争优势,就必须不断提升自己的文化技术素质,以适应经济发展方式转变后的市场需要。从宏观社会结构的转型来说,由于农民工已经成为产业工人的主体,因此提高他们的文化素质和技能水平,对提高未来我国社会中产阶层的比重、促进经济社会的持续发展意义重大。在服务过程中,社会工作者要与政府劳动部门、企业人力资源管理部门、工会组织等保持紧密联系,充分利用政府资源、社会资源和企业资源开展多种形式的农民工技能培训。目前我国农民工就业的流动性强、短期化现象比较突出,多数企业没有开展有效的人力资本建设,因此特别需要社会工作者动员相关政府部门的力量,从提高国家整体劳动力素质的角度,整合各种社会资源加强农民工的职业培训。

其次,提高农民工的文明素质和现代意识。农民工仍然带有较强的乡土意识,进入城市的初期通常不适应城市的生活方式。培养农民工的城市生活方式和法制观念,提高他们对自身权益的认知,是保护农民工的各项权益、促进农民工融入城市社会的重要方面。

工作场所是农民工在城市社会中工作和生活的主要空间,很多农民工,如建筑业农民工,他们的就业单位既是他们的劳动空间,也是他们主要的生活空间。企业社会工作可以在城市生活方式培养方面发挥重要的作用,对农民工开展城市生活方式的教育培训,开展法律意识和法律知识普及的教育培训,包括自身维权、预防犯罪以及文明健康安全生活所需要的其他法律法规知识。

最后,提高农民工在城市中的自我发展能力,包括就业能力、学习能力、自我保护能力等。企业社会工作要以企业平台为核心,整合社区、群团组织和民间组织等资源,通过组织团体活动等方式提高农民工的参与意识和组织意识,通过不同的教育培训方式为农民工提供城市生活的基本知识,提高他们的信息获取能力,并引导他们树立主动学习意识。

三 农民工的社会支持和社会融入

农民工进入城市社会后,他们原有的乡土社会关系网络受到弱化,同时未能建立起有效的城市社会关系。在应对工作和生活困难时,农民工的社会支持体系显得非常无力。在就业过程中，农民工对于把他们从乡村社会带出来的关系网络仍具有高度的依赖性。亲属、老乡群体不仅为他们提供流入地的就业信息，甚至在选择职业的过程中为他们提供多种直接性的帮助。有调查显示，在面对困难的时候，农民工的应付能力非常不足，有45.6%的农民工选择了在遇到困难时会自己努力想办法解决。对于求助对象的选择，他们主要考虑的是向亲友求助，有42.7%的农民工表示如此，此外，求助于工作同事的比例较高，选择的人数有23.9%，而利用政府机构、媒体、法律等正式渠道解决自身难题的农民工只有很小的比例（叶鹏飞，2013：66）。可见，农民工在城市社会的工作生活中仍然保留了较强的乡土社会联系，亲缘、地缘关系仍然在农民的生活中发挥着重要的支撑作用。因此，对于企业社会工作来说，如何聚焦于农民工的就业和工作场所，整合企业资源和社区资源，建构农民工城市工作和生活的新的支持体系，是农民工市民化过程中的重要议题。

社会支持方面的服务可以从以下几个方面开展。

一是通过组织团队活动的方式，在农民工的血缘和地缘关系之外，扩大农民工的社会交往范围。社会工作者要创造一个企业内部不同职业、不同部门和不同地区的员工共同参与的团队环境，增加企业员工之间的联系和交流，协助农民工在工作领域建立起广泛而有效的人际关系。

二是整合企业资源以及农民工居住社区的资源，针对农民工在工作和生活中遇到的问题和困难，建立起社会工作者、社区、企业、政府相关部门、工会组织和志愿服务机构等多方协作的长效帮扶机制。通过建立有效的社会支持网络，实现社区和谐、企业发展和农民工个人发展的紧密结合。例如，可以在社区层面建立由企业、工会组织和社工机构共同参与的就业服务平台，为农民工提供就业信息和就业辅导。在这个过程中，社会工作者还要致力于改变过去歧视农民工的观念，帮助企业、本地市民和农民工等不同人群，树立平等就业的观念，积极推动农民工与本地市民就业机会的平等化。此外，对于农民工面对的其他困难和问题，如家庭经济困难、子女入学难、恋爱婚姻家庭问题、健康问题、城市生活适应问题、意外事件等，也可以通过这样的社会支持体系加以解决。

三是社会工作者通过协调企业、社区和其他组织力量，促进社区和当地居民对农民工的认同和接纳。城市社区的接纳是一种与社会排斥相反的力量，对于新进社区的农民工来说，是一种明显的社会支持。社会工作需要动员相关资源，通过各种方式促进城市社区组织和社区居民从心理上、文化上和交往上理解和接纳农民工，帮助他们融入城市社区。同时，社会工作者要鼓励和推动农民工的社区参与。一方面，促进社区组织和本地居民为农民工提供参与的机会，防止在社区公共事务中排斥和忽略外来农民工；另一方面，培养农民工的社区参与意识，促进农民工参与社区的选举和表达意见。

四 农民工的心理健康和文化生活服务

农民工的心理问题是一个非常重要但没有引起社会注意的重大问题。由于各种因素的存在，农民工既受到城市居民的歧视，又受到制度方面的排斥，很容易产生一些负面的心理情绪。同时，农民工离开家乡和亲人来到陌生的城市，面临着诸多不适应，在工作、生活、婚姻、家庭等各方面都可能遇到困难而产生心理压力。特别是新生代农民工，对于人际沟通和情感交流的需求更加迫切。此外，精神文化生活的匮乏，使农民工的心理压力和紧张情绪得不到有效缓解。大多数农民工都在制造业、建筑业、服务业等行业中从事长时间、高强度和高负荷的工作，常常感到身心疲惫、孤独寂寞。因此，如何丰富农民工工作之外的业余生活，如何为农民工提供积极的心理辅导和情感支持，是企业社会工作不能忽视的重要领域。

首先，企业社会工作要通过心理咨询和辅导、行为矫正等方式，促进农民工形成积极、健康的心理状态和行为模式。具体的做法包括：对农民工的家庭问题提供专业辅导；引导农民工理性地面对与资方的矛盾和冲突；重视农民工的性心理和健康问题，提高农民工的疾病防护意识；对农民工特别是新生代农民工，通过多种形式提供恋爱婚姻辅导，帮助他们解决恋爱婚姻中遇到的各种问题，排解心理压力。总之，要通过改善环境、提供辅导、提高农民工自身心理调适能力，帮助他们增强对生活的信心，提高他们在城市中的生存能力和适应能力。

其次，要充分借助企业资源和社区资源，开展体育、休闲和娱乐活动，为农民工打造温馨、放松的业余生活模式。休闲娱乐服务的目的在于使农民工及家属能在工作之余，通过适当的休闲活动，缓解紧张情绪、恢复体力，并充实生活内容，增加生活的意义与价值。社会工作者可以协同工会组织，建议和推动企业投入更多的资源来改善职工的文化生活，如建设职工书屋、购买运动设施等；举办不同形式的团体活动，增进员工之间的沟通和交流，增强他们对企业的认同。同时，由于农民工自身才是文化活动的主体，社会工作者需要注重激发农民工的自主性，引导他们重视业余文化生活，鼓励他们积极参与到健康有益的文化生活中去。

五 特殊农民工群体的服务

在农民工群体中，有一些亚群体因其特殊情况而需要更多的或特别的服务，包括处于失业和贫困中的农民工、新进城的农民工、新生代农民工以及女性农民工等。企业社会工作需要对这些特殊群体给予特别的关注，针对不同群体的特征和需求，开展有针对性的服务活动。

首先，企业社会工作应重视对失业和贫困农民工的服务。企业社会工作的主要任务，是结合社区社会工作、协同工会组织，为困难农民工提供就业服务，包括传递信息、开展培训、提供辅导等；争取资源，为他们提供必要的生活扶助。

其次，企业社会工作应重视对新进城农民工的服务。新进城农民工往往会遇到许多问题，包括寻找就业岗位、寻找住处等方面的难题，他们尚未在城市中建立起社会关系网络，因此遇到困难时往往更缺乏社会支持。社会工作者需要对新进城的农民工集中提供特定的服务，包括就业服务、生活服务、城市社会知识服务以及必要的法律、健康和生活知识服务等。社会工作者可以联合劳动部门、工青妇等组织，依托劳动力市场建立新进城农民工服务站，兼顾就业服务的重点和其他综合性的服务。事实上，社区社会工作、学校社会工作等也都应该将新进城的农民工及其子女作为服务的重点。同时，做好新进城农民工的工作还应该建立城乡联动机制，在他们入城前就做起各种服务工作。

最后，企业社会工作应加强对新生代农民工的服务。新生代农民工在其身份上仍然是农民工，但是这些"80后""90后"新一代农民工在思想意识、价值观念、进城的目标以及对城市生活的态度和期望值等方面与其父辈已经有很大不同。新生代农民工对我国未来经济与社会发展将具有重大的影响，他们的素质和职业稳定性将直接影响我国未来能否实现在转变经济发展方式基础上的进一步发展。新生代农民工的问题已经引起了社会的关注，但目前针对这一群体的实际工作还没有全面开展。企业社会工作对这一群体开展的服务，首先要根据他们的心理特征，特别关注他们的自我意识和自主性，更多地尊重他们的权利和选择；其次，要重点在职业培训、职业生涯规划等方面为他们提供指导和帮助，促进他们自身能力的提升；最后，要更多地重视他们在城市社会中的融入，拓展他们在城市中的关系网络。当然，这些工作需要与社区社会工作、婚姻家庭社会工作等结合起来。

此外，企业社会工作应重视对女性农民工的服务。尽管女性农民工从数量上比男性农民工少，但相对于男性农民工来说，女性农民工具有更加特殊的困难和需要，因此企业社会工作应当具备性别意识，考虑农民工在各种需要和问题上的性别差异。社会工作服务农民工的性别视角应该是全方位的，包括就业服务、教育培训、健康、恋爱婚姻与家庭、预防犯罪等，应该根据女性农民工的特殊性而提供专门的或特别的服务。从目前情况看，以下两个方面需要得到特别关注：一是女性农民工的就业权益和就业保护问题；二是女性农民工的健康服务。

第四节　企业社会工作服务农民工的模式与方法

西方国家的企业社会工作已经发展了一百多年，形成了一些比较成熟的工作模式，如企业外模式、工会模式、员工服务模式、企业社会责任模式、公共政策模式等（王瑞华，2008）。我国改革开放后，由于农民工问题的突显及其复杂性，很多沿海经济发达地区的企业也在不断尝试通过企业社会工作解决与企业生产相关的一系列农民工问题。这些实践经验体现了不同社会工作模式在农民工服务中的运用，也是对西方社会企业社会模式的应用和拓展，各有自己的特点和成效。

一　企业社会工作的服务模式

依据企业社会工作服务来源输送的不同，可分为以下三种模式。

一是企业内模式，主要是由企业主动设立专门的社会工作服务部门，聘请专门的社会工作者任职，开展企业的社会工作服务。我国的很多企业都通过在企业内设立员工活动中心、图书馆和员工热线等具体的责任部门，以企业内的运作方式开展对农民工的服务。这种模式的运作水平和效果依赖于企业管理者的意识、态度和资源投入力度。

二是工会服务模式，是由工会聘用专职的社会工作者来为工会服务，并以工会为载体来为企业员工提供人文关怀和社会支持。这种模式在工会组织发达的西方国家，能够有效地代表和维护员工权益、与资方进行协商和谈判，但在中国工会组织对农民工群体的实际覆盖范围尚十分有限。进入 21 世纪后，中国工会针对工人阶级结构的巨大变化，特别是农民工成为工人阶级的主要组成部分，日益重视农民工的权益保护问题。未来，在中华全国总工会和地方各级工会的推动下，企业社会工作的工会服务模式将会发挥越来越重要的作用。

三是企业外模式，主要是通过企业的管理层与企业外部的民间专业社会工作机构订立合同，接受和享用专业服务。大多数企业社会工作者不驻企业内部，企业的管理人员或普通员工需要服务时，可直接到机构寻求支持；也有一些企业为了获得方便、快捷、高效的专业服务，为企业外部的专业社会工作者提供进驻企业的工作条件和办公设施，社会工作者可以在企业提供的临时办公场所接案、转介或提供直接服务。这种模式既依赖于企业管理者对于社会工作的态度，也受到企业社会工作专业机构的成熟程度的影响。

从总体上看，我国企业社会工作的理论建设和实践经验尚有不足，同时，农民工问题本身的综合性和复杂性，决定了我国企业社会工作介入农民工服务的有效模式还需要进行长期的实践探索。在当前中国城镇化、工业化的过程中，农民工问题是一个涉及社会结构变迁、农村和城市社会发展、教育制度和社会保障制度改革等诸多方面的复杂问题。企业社会工作对农民工的服务活动，如果脱离了时代背景，就不可能真正地实现对农民工问题的关照和解决。因此，需要超越企业社会工作的专属领域，建立一个多平台综合服务模式，整合企业、社区、学校、工青妇、民间组织和相关政府部门等多种社会力量，构建出能够有效解决问题、满足对象多元需求的整体问题解决方案。这样一种整体服务模式可以依托社区、企业和工会服务机构为平台来进行建构。有学者提出的"企业社会工作的社区综合发展"新模式，即是一种由政府在社区搭建的企业社会工作综合服务平台，由民间社工服务机构与企业合作开展企业社工综合服务（李晓凤，2011）。其实务运作思路是：政府首先出资，在劳动密集型的工业社区建立企业社会工作综合服务中心，并由民间社工机构整合社区不同层面的资源，为劳务工与企业提供专业服务。当然，这种多平台综合服务模式目前尚未在实践过程中得到有效的推广和应用，但或许代表着企业社会工作开展农民工服务的实务模式的未来发展趋势。

二　企业社会工作的服务方法

企业社会工作介入农民工服务是一个多层面的过程，既涉及对农民工困难个体的支持，包括关注物质贫困、心理健康和劳动纠纷等问题，也涉及从法律、制度和政策的角度，改变农民工所处的不利社会环境。这就意味着在介入农民工服务的过程中，企业社会工作实务要将个体干预的方法与宏观的政策诉求结合起来。

首先是社会政策的介入和倡导。对于农民工问题来说，这种方法既是间接性的，也是根本性的。我国目前出现的众多农民工问题，根本原因还在于制度设置的不公平，特别是户籍制度以及与之相关的就业、教育、医疗和社会保障等城乡分割的体系。因此，对于宏观层面的公平的社会政策诉求，是企业社会工作服务农民工的重要方式之一。企业社会工作者有能力也应当成为农民工利益的代表者和倡导者，把握农民工问题的现状以及问题产生的根本原因，通过专业机构，协同劳动部门、工会组织和企业等，对修改、完善各种法律法规和政策措施提出相应的建议，倡导建立健全城乡一体化的社会发展体制，促进解决农民工所面临的制度不平等问题。

其次是个案工作。个案工作的目的是帮助个人和家庭减少压力、解决问题，达到个人和社会的良好福利状态。对农民工来说，技能不足和资源短缺导致他们难以改变所处的弱势社会地位，需要来自外界的特定支持。一是针对农民工的就业信息、就业途径不足等问题，企业社会工作者可以针对不同农民工的不同需求，提供相应的就业信息，促进农民工求职方式的多元化；在信息提供的过程中，注重提供必要的咨询，组织经验交流，以提高他们在求职中的竞争力和工作适应性。二是针对农民工现代意识较弱的现状，企业社会工作者可以围绕一些重要的法律知识和农民工最常遇到的侵权问题，进行专题辅导或宣讲，提高农民工的法律意识和维权意识，鼓励他们在权益受侵害时，通过制度化的渠道理性维权。

再次是团体工作。团体工作是通过特定的团体活动，促进团体成员的能力发展，来更有效地处理个人、团体或社区问题。对于农民工问题，一个最可行的途径是有学者提到的建立不同形式的互助小组（安民兵，2007）。一方面，企业社会工作者可以把那些有着不同背景，但又有着共同需要和问题的农民工召集在一起，建立起一个联系密切的团队，彼此分享生活、就业和维权等方面的信息和资源，并通过召开座谈会、专题讨论会等多种形式交流情感和经验；另一方面，企业社会工作者可以邀请那些曾经遇到过相似的问题但目前已取得成功的农民工加入团队，通过他们对自身经历和经验的讲述，加深农民工对问题的自主理解，培养他们的行动意识，并由此提高他们融入城市社会的信心。这种小组和团队活动，容易在农民工之间产生心理上的共鸣，从而调动他们的积极性和主动性，培养他们的参与意识和主动意识。

最后是社区工作。社区工作是以整个社区及其居民为服务对象,提供助人、利他的服务方法。农民工进入城市后,不仅自身面临众多困难,而且也给城市社区居民和城市社区管理工作带来了一些影响和问题。目前,随着城市社区的发展和成熟,农民工受到的排斥日益减少,他们的生活也逐步被纳入社区体系中。因此,以社区为基本单位,积极开发、利用社区资源,立足于提高包括农民工在内的社区居民的凝聚力,是社会工作者的使命之一,也是本章提出的多平台综合服务模式的重要组成部分。

社会工作者可以协助开展的社区工作项目主要有两个方面:一是在与社区居民、社区组织等建立专业关系后,逐步改变社区原有城市居民对农民工的排斥心理,引导他们树立理性的态度,正确对待农民工进城所带来的问题和贡献;二是整合各种社区资源,协助农民工在城市社区重新建立有效的社会支持网络,使他们拥有一个良好的生活环境,同时也能够参与到社区活动和社区服务当中。

第十六章 企业社会责任

近些年,有关"企业社会责任"(Corporate Social Responsibility,简称 CSR)的关注和讨论,已经成为我国社会各界的一个热门话题,越来越多的企业开始重视自身社会责任的履行问题。对于企业社会工作者来说,企业社会责任在一定程度上可以成为一个非常好的专业工作切入点,因为它能很好地体现出企业社会工作的一个原则——注重企业利益相关者的利益协调和发展:在促进企业发展、增进股东利益的同时,也注重员工、消费者、社区等各方面的利益。

第一节 企业社会责任的产生、争论与反思

一 企业社会责任的产生和发展

人们或许会将企业社会责任简单地理解为企业对慈善事业的参与,并由此将企业社会责任的源头追溯到 19 世纪甚至更早。商业活动出现之后,不少企业家或商业活动家开始积极从事各种慈善活动。19 世纪,有大量的企业家积极参与到社区建设、兴办教育、捐助穷人中。不过,这些慈善活动并不能理解为是在履行某种企业社会责任,因为,其行动主体不是企业,而是企业家个人或其家族。事实上,19 世纪,人们对企业社会责任或慈善活动的态度是消极的,认为在市场竞争环境下,企业要专注于如何获得最大的利润,以回报其投资者。而慈善活动,则不是企业所需要考虑的责任或义务,而是由企业家个人的良知来决定是否履行。因此,企业社会责任与企业家的慈善行为是两个不同的概念。

一般认为，企业社会责任的概念最早是由美国学者谢尔顿（Oliver Sheldon）在1924年提出，不过这个概念当时并没有引起人们的关注。1953年，另一学者鲍恩（Howard R. Bowen）出版《企业家的社会责任》一书后，企业社会责任才逐渐广为人知（李淑英，2007）。在此过程中，曾出现了三种支持扩大企业社会责任的观点：第一种观点是"受托人观"，认为管理者是受托人，公司赋予他们相应的权利和地位，他们的行为不仅要满足股东的权益，而且要满足顾客、雇员和社会的需要；第二种观点是"利益平衡观"，认为管理者有义务来平衡那些与企业有关联的集团之间的利益，企业管理者就是各种各样的互相冲突的利益团体之间的利益协调人；第三种观点是"服务观"，认为企业有义务承担社会项目去造福或服务公众，而管理者个人也可以通过成功地运营企业来减少社会不公、贫穷、疾病，从而为社会做出贡献（陈宏辉、贾生华，2003）。

1963年，斯坦福研究所首次提出了另一个概念，"利益相关者"概念，并明确指出"企业对界定清晰的利益相关者负有社会责任"。这一概念的提出，在很大程度上推动了企业社会责任的发展。利益相关者理论认为，企业的发展离不开各种利益相关者的投入或参与，因此企业发展追求的应该是利益相关者的整体利益，而不只是股东或某些利益主体的利益。至于企业的利益相关者，不仅包括了企业的股东、债权人、员工、消费者、供应商等，还包括了政府部门、本地居民、当地社区、媒体、环境保护主义者等压力集团，甚至有学者认为还应包括自然环境、人类后代、非人物种等受到企业经营活动直接或间接影响的客体（陈宏辉、贾生华，2003）。

从20世纪60年代开始，在美国开始形成了对企业社会责任的普遍关注，越来越多的企业开始参与到履行企业社会责任的队伍中。20世纪80年代以后，企业承担的社会责任范围不断扩大，有的企业甚至开始实施大范围的社会行动，涉及教育、公共健康、就业福利、住房、城区改造、环境保护、资源保护、双职工家庭的婴儿护理中心，等等。在每一个领域，企业所实施的项目多达几千个，同时涌现出了一批积极承担社会责任、主动关注利益相关者利益要求的企业。与此同时，衡量一个企业经营活动优劣的指标也从早期单纯的经济指标发展为综合性的"企业社会绩效指标"（陈宏辉、贾生华，2003）。

进入20世纪90年代后，经济全球化进一步加强，但也暴露出了一些与跨国公司有关的"血汗工厂"问题，其中一个著名的例子就是美国牛仔裤制造商Levi-Strauss在类似监狱一般的工作条件下使用年轻女工，该制造商为了挽救其形象，推出了第一份公司社会责任守则。紧接着，其他一些跨国公司为了应对激烈的全球化竞争，也纷纷效仿。1997年，长期从事社会与环境保护的非政府组织经济优先委员会（CEP）成立认可委员会（CEPAA），2001年更名为社会责任国际（SAI），并根据《国际劳工组织公约》、《世界人权宣言》、《联合国儿童权利公约》等国际公约制定了全球第一个企业社会责任的国际标准，即SA8000标准及其认证体系（李淑英，2007）。SA8000社会责任国际标准的具体内容有：禁止企业雇用童工、禁止强迫性劳动，必须为工人提供基本的医疗和健康福利、安全的生产环境，保障结社自由及集体谈判权利，严禁性别和种族歧视、严禁对员工进行惩戒性措施，工作时间不得超过所在国规定，超过部分必须按照要求予以补偿，保障工人获得的报酬不低于所在国最低薪酬标准等，旨在通过道德的约束改善全球工人的工作条件（刘瑛华，2006）。

二 企业社会责任的相关争论

作为一种经济组织，企业责任的内涵和外延究竟是什么？企业社会责任究竟是企业责任的内在组成部分，是其传统的内涵和外延的发展？还是根本就是社会对企业的过度要求，是一种没有意义的额外负担，并可能会对企业组织的生存和发展造成负面影响？这种疑问以及由此带来的争论，一直与企业社会责任的发展并存。

经济学界存在着对企业社会责任或利益相关者理论的批评声音，其中最为著名的，莫过于1976年诺贝尔经济学奖获得者米尔顿·弗里德曼（Milton Friedmen）。在其20世纪60年代出版的一本著作中，他明确指出，"企业有一个并且只有一个社会责任——使用它的资源，按照游戏的规则，从事增加利润的活动，只要它存在一天，它就如此……如果企业管理者接受这种（广泛的）社会责任的观念，而不是尽可能地为股东创造价值的话，那就几乎没有什么倾向能如此彻底地破坏我们这个自由社会的基础了。这种（利益相关者的）观点基本上是一种败坏社会的信条"（转引自陈宏辉、贾生华，2003）。可见，弗里德曼拒斥所谓的企业社会责任的观点，认为企业只有经济责任。

不过，经济学界也存在大量赞同企业社会责任的观点。比如，现代企业理论中的综合性契约理论认为，企业是不同个人之间一组复杂的显性契约和隐性契约的交汇所构成的一种法律实体，在这种法律实体中，交汇的契约既有经营者与所有者之间的契约、经营者与雇员之间的契约，也有企业作为债权人与债务人之间的契约、企业作为供应商与消费者之间的契约、企业作为法人与政府之间的契约。这样，企业的行为实际上就成了一组复杂契约系统的均衡行为，这种复杂的契约系统的主体就是一系列目标不同且可能相互冲突的利益相关者（陈宏辉、贾生华，2003）。

在指出企业是一种多方利益主体的综合性契约的法律实体后，这种综合性企业理论还特别指出了其中的契约存在显性契约和隐性契约之分。在理想状态下，契约的签订应该尽可能明确、具体、翔实，但是在现实中这是不可能的，因为契约的签订存在签订成本或交易成本，这包括了签订各方的信息收集和分析成本、彼此间不断讨价还价的成本等，特别是对于未来行动及其可能后果的信息，更是不可能得到的，因此各方之间只能围绕一些基本的、可以明确的问题达成显性契约，而更多的问题则通过隐性契约来对双方进行约束。这种隐性契约的内容则可能会随着时代的发展而变化，这其中包括了社会对企业责任的期待。

接下来的问题是，企业社会责任对企业来说究竟有什么意义？这里至少存在两种相对的观点。一种观点可被称为"工具性观点"，其核心论点是企业之所以要承担社会责任、关注利益相关者的利益要求，是因为这样做将使企业变得更有利可图，可以将其作为一种实现企业经营目的的手段和工具。第二种观点可被称为"规范性观点"，其核心论点是不论企业的经营状况如何，它都有一种伦理性的社会责任，应当对利益相关者的要求做出恰当的回应，因此，它不是将关注利益相关者的利益要求当作是一种手段和工具，而是超出对企业成本－收益的分析逻辑，换言之，关注利益相关者的利益，本身就是企业的目的了（陈宏辉、贾生华，2003）。

也有一些争论的声音是来自法学界。反对方的观点是，企业社会责任这一提法有悖于企业的本质和企业法的传统，而且其含义不可识别，从而不能获得大家的一致认同，也就更不能成为法律上可操作的概念。有学者曾经指出，对企业社会责任的大部分批评，是因为它隐含着这样一种信念，即对于因企业所带来的众多困扰社会的问题，企业负有直接的责任，而且企业有能力单方面解决这些问题。另外，也有学者认为，企业社会责任一词含义模糊，至少在法律意义上来说，单凭这一点它就失去了存在的意义，因此，企业社会责任只不过是一种宣传工具而已：它从没有对企业的行为标准做出过明确的、具体的描述，仅仅是充当企业、管理者及消费者团体之间相互斗争的武器罢了（卢代富，2001）。

韩国商法学者李哲松教授就反对将企业社会责任视为法律上的概念，乃至引入公司法，主要有以下三个理由（卢代富，2001）。

其一，企业社会责任的说法有悖于企业的本质。因为企业是纯粹的营利性组织，如果公司法引入企业社会责任，则很容易使公司法的架构逐渐变为公益性质，而当政治权力迎合一般民众对企业积累财富的反感时，这又必将进而成为制裁企业营利的借口。其二，企业社会责任的义务内容具有模糊性。企业社会责任的观点没有明确赋予企业任何明确的、具体的责任或义务，无法起到行为规范的作用。其三，企业社会责任的义务对象并不存在。对于社会责任向谁承担，谁可以作为权利人请求履行这些义务等问题，企业社会责任理论迄今皆未给出令人满意的回答，而只是笼统地以消费者、一般大众、企业所属的社会等作为答案，但这些笼统的集团是不能作为现实的权利人而存在的。

不过，也有赞同的声音。有学者指出，企业社会责任是一个精妙的词汇，企业社会责任所指的内容，或许在不同人的心目中并非总是一致，有人仅仅把它看作是慈善捐赠行为，也有人认为它指的是一种社会良心，但不管怎样，大量的拥护者共同地把它当作是正当性的同义语。当然，也有少数人将它看作一种信义义务，或者是一种比赋予一般民众的行为标准要求更高的义务。这本身就表明该概念具有合理性。

虽然在企业社会责任的发展过程中存在着这些争议，而且这些争议至今也仍存在，但是，从主导的趋势来看，企业社会责任已经深入人心。当前，围绕企业社会责任的争议，与其说是关于企业社会责任该不该存在，是否具有合理性的争议，倒不如说是关于企业社会责任究竟包含有哪些内容的争议，这将是下一节的主要内容。

三　企业社会责任的研究现状及反思

从20世纪90年代起，有关企业社会责任的研究焦点已集中于跨国公司，特别是进入发展中国家的跨国公司。一些研究者认为，随着世界贸易、国际投资的增长和民族国家的退却，跨国公司已成为全球化阶段最强势的组织机构。因为跨国公司具有全球化的活动范围和影响力，仅凭某一民族国家的政府，已经不能有效地对其进行监管了。而这又与发展中国家劳动密集型产业的迅速发展密切相关，后者为了争取投资，以极低廉的成本在国际资本市场进行竞争，跨国公司的国内承包商与供应商之间开展残酷的竞争，竞相削减劳动力成本，同时也带来了巨大的环境污染和破坏。有一份研究报告揭示了"血汗工厂"所导致的后果：

"（发展中国家的）劳工通常会遭受企业的压榨，包括没有福利、拖欠工资、超时工作、性骚扰、强制性孕检、语言和身体的污辱、肉体惩罚和非法解雇等。在工厂经常可以发现伴随其父母一起辛苦劳作的童工，他们甚至承担有害身心成长的工种。很多劳工反映不被允许休息，甚至不能饮食和饮水。"这种情形已经激起了广泛的社会谴责、媒体批评、非政府组织调查和消费者对跨国公司的抵制。此后，许多大型跨国公司对企业社会责任做出了积极响应，并试图通过建立一套制度以避免损害环境、虐待劳工和牺牲供应链中承包商的经济利益（林锡俊、菲利浦斯、叶克林，2007）。

随着企业社会责任在世界范围取得基本共识，跨国公司对自己上下游生产和供应链条的督促，政府和社会各界对企业的监督，企业本身为了自身的发展以及争得社会合法性和社会声望的动力，共同推动了企业社会责任的发展和实践。

最后，我们对企业社会责任的产生和发展做一个总结，这里借用国内研究者李伟阳和肖红军（2011）对企业社会责任缘起的一项综合性研究观点。他们总结出了以下9种原因或动力。

（1）企业社会责任源于自愿的慈善行为。这种观点将企业社会责任归结为企业家或企业在纯粹道德良知的驱动下支持公益慈善事业，其背后隐含了一种企业盈利目标与社会责任二元对立或权衡观。

（2）企业社会责任源于社会对企业行为的期望。这种观点将企业社会责任归结为社会对企业的期望，希望企业能够以负责任的方式参与解决社会问题，对经济、社会、环境的发展做出贡献。

（3）企业社会责任源于企业对社会的影响。这种观点认为，尽管企业作为一种经济组织，主要提供产品和社会服务，但是它们已经日渐对我们社会生活的方方面面产生了直接或间接的影响，特别是大型企业的出现，已经大大改变了传统的企业作为经济组织对社会产生的狭窄影响局面，这样，企业就应该对自己、对社会产生的影响做出回应，承担起责任和义务。

（4）企业社会责任源于对契约精神的遵循。这种观点遵循的是新制度经济学中有关企业的契约理论，认为企业是一组契约的联结点，这一组契约包括企业与管理者、员工、所有者、供应商、客户及社区等利益相关方之间的契约，由此企业成为"所有利益相关方之间的一系列多边契约"，利益相关者理论要求企业不仅仅追求"股东利润最大化"目标，而且应同时关注和考虑所有利益相关方的利益要求，这就是企业的社会责任。

（5）企业社会责任源于社会权利与社会义务的匹配。这种观点的代表理论是企业公民理论，认为企业如同自然人一样，是社会中的公民之一，社会为其生存和发展提供了相应的资源并赋予其一定的公民权利。那么，企业就必然要像公民一样履行与这项权利相对应的义务，即需要承担相应的社会责任。

（6）企业社会责任源于企业对社会压力的回应。这种观点在逻辑上就完全从企业自愿的道德追求转向自利选择了，其问题在于它完全抛弃了道德维度，某种意义上也就抛弃了企业社会责任概念，而只是体现企业风险管理的"工具理性"而已。

（7）企业社会责任源于企业对社会风险的管理。这种观点认为企业社会责任是内在于企业管理之中的，是用以应对企业在经营过程中可能遇到的社会和环境风险的有效工具与方式，这种企业社会责任观转向了管理维度和企业自利选择方面，也基本上抛弃了道德维度，而完全体现为企业全面风险管理的"工具理性"。

（8）企业社会责任源于企业对综合目标的平衡。这种观点认为，企业的目标既包括了为私有利润服务，也包括了为公共利益服务，这种综合性的目标也就必然要求企业承担社会责任，其中比较著名的代表就是"三重底线"模型。它要求企业致力于实现盈利目标、社会目标和环境目标的平衡，认为企业成功运行至少需要满足财务目标的盈利底线要求、社会目标的社会公正底线要求和环境目标的生态环境保护底线要求。

（9）企业社会责任源于企业对最大化社会福利的贡献。这种观点的关注视角从企业转向了企业与社会的互动，即企业有基于社会价值本位改进行为方式的意愿、社会期望企业选择基于社会价值本位的更优行为方式。

第二节　企业社会责任的内容

尽管对于企业是否应该履行社会责任的问题，已经基本达成了共识，但是对于企业社会责任的具体内涵和外延，仍然存在各种观点，正如学者斯特瑞耶所指出的那样："由于企业社会责任概念是变化着的——依社会寄予企业的新的期望而在社会生活中不断进行调适，因此，仅凭一份企业社会责任名目表，不能提供一个合适的企业社会责任定义。"（转引自李淑英，2007）

因此，斯特瑞耶还对企业社会责任预设了三个构成要件：①灵活性，即企业社会责任的定义必须能够适应社会的需求以及社会对企业的期望的不断变化；②外部性，即企业社会责任的定义必须由企业界的局外人来赋予，而不应由企业界的业内人士向社会公众提出，这样才能让"企业社会责任"这一概念具有公正性和合理性；③合理边界的存在，即企业社会责任的定义必须承认和尊重企业的其他责任形式，不能将企业社会责任界定为压倒其他一切的企业责任形态（李淑英，2007）。

根据这一要求，在本节中，我们有选择地介绍几种具有代表性的观点。

一 美国经济开发委员会的企业社会责任界定

在1971年发布的《上市公司的社会责任》报告中，美国经济开发委员会明确表示："企业的职责是得到公众的认可，企业的基本目的就是积极地服务于社会的需要——达到社会的满意"。报告用三个同心圈、两个大类来对企业社会责任这一概念的外延加以描述（李淑英，2007；卢代富，2001）。

同心圈的最里圈是企业必须有效履行的经济职能方面的基本责任（见图16-1），如产品、就业以及经济增长等；中间一圈是企业在执行经济职能时，对社会价值观和优先权的变化应采取积极态度的责任，如尊重员工、对消费者负责和保护环境等；最外一圈则是指那些新出现的尚不明确的责任，它要求企业必须自觉地参与到改善社会环境的活动中来。

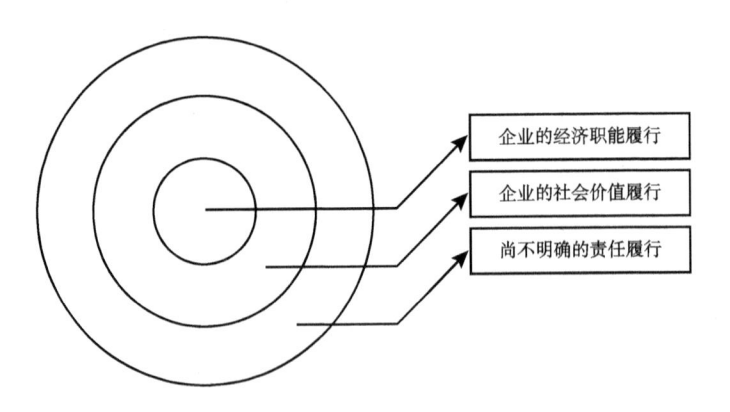

图16-1 企业社会责任的同心圈模型

美国经济开发委员会还把企业社会责任行为区分为两个基本类别：其一是纯自愿性的行为，即由企业主动实施且企业在实施中发挥主导作用；其二是非自愿性的行为,这些行为由政府借助激励机制的引导,或者通过法律、法规的强行规定而予以落实。

在企业社会责任的具体内容上,《上市公司的社会责任》报告中列举出了58种旨在促进社会进步,要求公司付诸实施的行为,一共涉及10个领域:经济增长与效率,教育,用工与培训,公民权利与机会均等,城市建设与开发,污染防治,资源保护与再生,文化与艺术,医疗服务,对政府的支持。

二 卡罗尔的企业社会责任金字塔

美国企业社会责任专家阿尔奇·卡罗尔(Archie B. Carroll)对企业社会责任内涵和外延的界定具有很大的影响力。他首先给出了一个具有代表性的定义,认为"企业社会责任意指某一特定时期社会对组织寄托的经济、法律、伦理和自由决定(慈善)的期望"(转自李淑英,2007)。卡罗尔认为,企业社会责任是社会寄希望于企业履行的义务:社会不仅要求企业实现其经济上的使命,而且期望其能够遵守法度、重伦理、行公益,因此完整的社会责任(Total Corporate Social Responsibility)是企业经济责任(Economic Responsibility)、法律责任(Legal Responsibility)、伦理责任(Ethical Responsibility)与其自主决定履行与否的责任(或慈善责任)(Discretionary/Philanthropic Responsibility)的总和(卢代富,2001)。

卡罗尔还用一个四个层次的金字塔图形对企业社会责任给以形象的说明(见图16-2):经济责任是企业的基本责任,处在金字塔的最底部;法律责任处于第二层,是社会关于对错的法规集成,企业只能在法律的约束下进行活动;伦

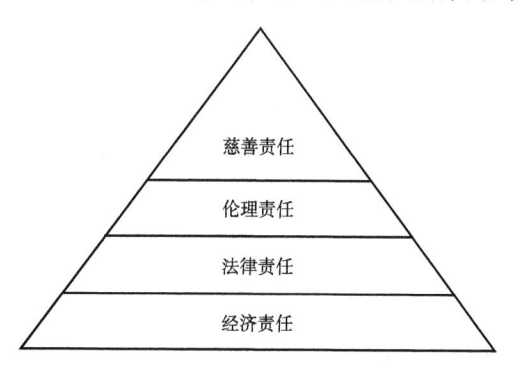

图 16-2 企业社会责任的金字塔

理责任处于第三层，它是虽未上升为法律但企业应予履行的义务，要求企业避免或尽量减少对利益相关者利益的损害；慈善责任位居金字塔的最高层，它表达了社会要求企业成为出色的社会公民的愿望。

卡罗尔进一步指出，经济责任反映的是企业作为营利性经济组织的本质属性，尽管把经济责任作为社会责任对待似乎有悖传统，并有些奇怪，但事实上本该如此。因为使企业成为营利性的经济组织，这是资本主义制度的内在要求，而让企业尽可能营利，又是自由企业制度的应有之义，因此，在理解企业社会责任时，不能像有些企业管理者和学者那样，将企业的经济功能与企业的社会功能对立起来，而应把它们作为相互匹配、相互补充的两个方面，共同纳入企业社会责任的框架之中。卡罗尔还指出，社会允许企业通过生产、销售产品以赚取利润，造就并维持着我们的经济制度，但是企业对利润的追求并非是无所限制的，社会同样要设置一定的规则和法律，企业只能在法律的约束下实现其经济职能，这样也就有了企业的法律责任。企业法律责任在某种意义上就是编辑成典的伦理，因为它包含着正义这一基本的伦理道德观念。与企业法律责任不同，企业伦理责任是未上升为法律但企业应予履行的义务，它包含了更为广泛的企业行为规范和标准，这些企业行为规范和标准体现了对消费者、雇员和当地社区心目中的正义价值观的全面关注，也反映了尊重和保护股东权利的道德精神。至于所谓的由企业自主决定其履行与否的责任（或企业的慈善责任），卡罗尔则认为，这是指企业参与非强制性的或者非由法律和伦理所要求的社会活动的义务，其背后的理念是，企业应按社会的要求，成为出色的法团公民（卢代富，2001）。

三　企业社会责任维度的其他界定及中西方比较

除了上述两种非常具有代表性的观点外，也还有很多其他观点。这里不再一一列举，不过需要指出另一种不同于前两者的观点，这种差异与其说是内容上的，倒不如说是逻辑上的。

在对前两者的介绍中，我们已看到，企业社会责任相对来说是一个综合性的概念，经济责任、法律责任等内容都包含其中。但是也有人对这种逻辑提出批评，认为应该把这几种责任并列起来，而它们共同构成了"企业责任"。按照这个逻辑，有学者指出，应该将企业责任划分为四种：企业经济责任、企业法律责任、企业道德责任和企业社会责任（卢代富，2001）。

考虑到不同国家的经济和社会发展水平差异,以及法律、文化和社会风俗习惯等差异,不同国家的企业社会责任不尽相同。简单地说,发达国家的企业可能会包含更多的、更高层次的社会责任,比如,承担对员工职业生涯规划的责任,负有对社区和周边地区的教育、文化和社会参与的责任等;但是对于落后国家的企业来说,社会责任的层级可能更低些,比如,还停留在尽可能给员工以合理的劳动条件和工资,不拖欠工资,不污染环境等。所以,国内研究者徐尚昆和杨汝岱(2007)曾专门对当前我国企业社会责任的维度进行系统的整理,并与西方目前主要的企业社会责任的维度进行了比较(见表16-1)。

表16-1 中西方企业社会责任维度对比

西方企业社会责任维度	中国企业社会责任维度
共有的维度	
经济责任	经济责任
创造财富和利润	提高经济效益、创造财富
为社会提供有价值的产品和服务	有效率地提供合格产品和服务
经济增长与效率	促进国家和地方经济发展
确保企业可持续发展	企业可持续发展
	强调技术与创新
法律责任	法律责任
在法律允许的范围内经营	遵守国家各项法律法规/合法经营
	纳税
环境保护	环境保护
不应以环境的恶化和生态破坏为代价	加强环保,减少污染
对环境和生态问题承担治理的责任	加强环境污染治理
环境保护	节约资源,提高资源利用率
顾客	客户导向
产品、服务的质量	产品质量和安全
产品使用过程中的消费者安全	质量是企业之本
不提供虚假广告,信息公开	消费者权益
	货真价实

续表

员工	以人为本
员工健康与工作安全	安全生产与职业健康
员工技能开发与培训	员工学习与教育
身心健康与工作满意、意义感	禁用童工
发展和晋升机会	员工合法权益、福利、保险
保障体系以及稳定的收入	最低工资标准及工资及时发放
	工会、人权
社会捐赠、慈善事业	公益事业
积极开展慈善活动	捐助和慈善事业
积极参与慈善事业	支持和参加社会公益事业
关注社会弱势群体	关心弱势群体、希望小学
支持教育和文化艺术事业	
独特的维度	
西方独有的企业社会责任维度	中国独有的企业社会责任维度
股东	就业
为股东创造利润	增加就业机会
信息透明、防治交易腐败	安排下岗失业人员
保护中小股东利益	缓解国家就业压力
完善治理结构	给残疾人提供就业岗位
平等	商业道德
种族平等(种族歧视)	遵守商业道德
性别平等(性别歧视)	诚信经营、守合同
弱势群体机会平等	社会稳定与进步
地区发展机会平等(垄断)	保证社会稳定与和谐
	服务和回馈社会、促进社会进步
	支持文化科教事业
	爱国主义、促进国家繁荣

资料来源：徐尚昆、杨汝岱，2007。

从表16-1中可以清楚地看到，一方面，中西方企业社会责任的内容具有很多的共性，尽管可能在细微的表达上有所差别，但另一方面也反映出，由于我国仍处于发展中国家水平，在一些项目上仍然处于发展当中，因此有些标准可能偏低。以西方的"员工"与中国的"以人为本"为例，在我国，还在强调

"禁用童工"、"最低工资标准及工资及时发放"等问题时，西方国家已经强调员工的"发展和晋升机会"、"保障体系以及稳定的收入"等问题了。另外，与我国当前处于社会转型时期的特点有关，企业社会责任中还有西方所不具有的"社会稳定与进步"维度和"就业"维度，企业同时要承担起"增加就业机会"、"安排下岗失业人员"、"缓解国家就业压力"，以及"保证社会稳定与和谐"等社会责任。

第三节　我国企业社会责任现状与企业社会工作介入

一　市场化改革带来的企业社会责任问题

改革开放以前，我国城镇中的企业基本上以公有制为主体，尽管当时工资收入比较低，但是企业中各种福利补贴很多，对很多职工家庭来说，企业提供的各种非工资收入，大大缓解了家庭的经济压力。当时整个国家处于较低的经济发展水平，与乡村相比城市具有相对的经济和社会地位优势，城镇内贫富分化程度较低，当时企业内并不存在改革后的那种紧张的劳动关系。更何况，当时企业中的劳动关系，主要还是一种行政关系，各种企事业单位（尤其是国家机关和国有企事业）基本上是国家政权机关在基层的延伸，它们不仅要履行自己的本职职能，而且还要履行各种社会和行政（或政治）职能，所以当时城镇国有部门往往被称为"单位"，这种城镇体制被称为"单位制"。在单位制下，各个单位是一种综合性组织，发挥了政治、经济和社会等各种职能，这后来被批评为"企业办社会"、"政企不分"现象。在这种情形下，企业社会责任问题也就不会凸显出来，因为当时的企业甚至都不能称为严格意义上的企业，本身就是一种综合性组织，履行了各种职能，承担了各种责任。

改革开放以来，企业改制以及非公企业的兴起，使得我国劳动关系从行政主导向市场主导转变。在这过程中，由于市场体制不健全，特别是法律体制的不健全，社会环境不完善，大量的经济、社会、环境等问题开始涌现。

首先就是劳动关系的紧张。这一方面来自国有企业改制导致的上千万职工下岗失业所带来的问题，这些下岗职工因为国家产业结构的调整而被迫失业，通常难以实现正规的再就业，并且还面临着社会保险的接续和缴纳等问题；另一方面来自非公企业的兴起所带来的劳资矛盾，特别是在加入世界贸易组织之后，我国逐渐成为"世界工厂",发展了大量劳动密集型产业,而这些产业作为整个价值链的生产终端,利润空间已经非常有限,再加上来自跨国公司的利润挤压,使得作为供应商的大量中小型企业的劳资关系变得非常恶劣,甚至出现了不少"血汗工厂"。国家统计部门提供的相关数据明显地反映了这种紧张的劳动关系。

《中国劳动统计年鉴(2006)》的数据显示:1996~2005年这10年间,劳动争议的案件数从4.8万增长到了31.4万,年平均增长23.6%;涉及人数从18.9万增长到了74.4万,年平均增长18.4%。其中,集体劳动争议案件数及涉及人数,也分别从0.3万和9.2万,增长到了1.6万和41.0万,年平均增长率分别是23.5%和22.1%。

除了劳动关系紧张外,伴随着这30多年来经济快速增长的问题,还包括环境污染、产品假冒伪劣、偷税漏税、贪污受贿等问题,而这些问题都是与我们前面所指出的企业社会责任相悖的。也正因为如此,这些年来,对企业社会责任的呼声越来越高,如何尽快提升我国企业社会责任也变得越来越迫切。

二 我国企业社会责任履行现状和问题

目前,关于我国企业社会责任的履行现状尚缺乏一个比较全面、权威的数据结果,因此我们只能介绍国内研究者的几项调查结果,以间接反映我国企业社会责任的现状和问题。

中国企业家调查系统(2007)曾组织实施了"2006年中国企业经营者问卷跟踪调查",该调查主要是针对以企业法人代表为主的企业经营者群体,共收回有效问卷4586份。调查结果如下。

(1)企业经营者普遍认同"优秀企业家一定具有强烈的社会责任感",企业在创造利润的同时,也在为社会创造财富,促进国家的发展。

(2)企业经营者认识到企业履行社会责任对企业的持续发展非常重要,并认为近年来企业社会责任意识在不断提高。

(3)企业经营者高度认同企业履行经济、法律、伦理、公益这四个方面社会责任的重要意义,其中,对经济责任认同度最高,其他依次为伦理责任、法律责任、公益责任;对股东、员工等内部利益相关者的责任意识高于对客户、社区等外部利益相关者的责任意识。

(4)大中型企业、上市公司、营利企业、处于成长阶段企业的经营者对企业社会责任的认同程度相对较高;另外,学历比较高的企业经营者对企业社会责任的认同程度也较高。

（5）大多数企业经营者较关注履行社会责任的成本，69.7%的企业经营者同意"履行企业社会责任会增加企业的成本"；还有部分企业经营者（占40.8%）认为，社会责任是企业发展到一定阶段才能顾及的事。在企业经营者看来，企业履行社会责任的首要动因是"提升企业品牌形象"，其他被选项目按照比重从高到低的顺序依次是"为社会发展做贡献"、"获得政府认同"、"建立持续竞争优势"、"树立企业家个人形象"和"实现企业家个人价值追求"。

（6）目前企业不履行社会责任的表现主要是"污染环境"、"制造销售假冒伪劣产品"、"偷税漏税"、"不正当竞争"、"发布虚假广告欺骗消费者"、"拖欠货款"、"拖欠或压低员工工资"、"不顾员工的安全和健康"、"商业贿赂"等。而之所以出现这些问题，企业经营者认为，"缺乏良好的社会诚信环境"是首要外在原因，因此，促进企业更好地履行公益责任，不仅需要提高企业自身的经济实力，提高企业经营者的社会责任感，而且需要健全相关的制度，创造良好的社会文化环境和舆论环境。

另一项针对中国上市公司100强所进行的企业社会责任的信息状况调查分析发现（黄群慧、彭华岗、钟宏武、张蒽，2009）：中国企业社会责任整体水平低下，发展指数平均仅为31.7分，1/5的企业刚刚"起步"，超过2/5的企业仍在"旁观"；中国企业责任管理落后于责任实践，在责任实践中市场责任领先于社会责任和环境责任；中央企业、国有金融企业的社会责任指数远远领先于民营企业、其他国有企业和外资企业；电网、电力行业处于相对领先地位，通用设备制造业、食品、第一产业、纺织业等行业还处于"旁观"阶段。以与员工相关的企业社会责任信息的披露为例，57.4%的企业披露了"员工培训"信息，44.7%的企业披露了"安全生产"信息，22.3%的企业披露了"员工伤亡人数"信息，至于"员工满意度"和"员工流失率"的披露则分别只有3.2%和5.3%。

另外，也有研究者专门针对浙江的民营企业做过调查（陈旭东、余逊达，2007），结果显示：现阶段民营企业的社会责任意识仍处于初级阶段，他们对企业法律责任的认同要高于对企业伦理责任和慈善责任的认同；此外，民营企业的社会责任行为并不出于单纯的利他动机，而是具有一定的战略意识，即将企业社会责任作为企业发展的一项战略布局，帮助推动企业的发展壮大。

三 企业社会责任与企业社会工作的介入

企业社会责任本身所包含的理念和内容,与企业社会工作的理念和内容具有较高的一致:对员工(及其家庭)的工作、生活和发展的全面关怀,对企业所在社区的融入,对消费者的质量和服务承诺,对环境的保护,等等。因此,企业社会工作者在企业中积极参与推动企业社会责任,是一个非常好的工作切入点。在本节中,我们将重点介绍社会工作如何参与设计一项完整的企业社会责任推行方案。

国内研究者钟宏武曾经对日本企业推行企业社会责任的方案进行过非常翔实的介绍,在此,我们把他的方案援引过来。因此,以下有关方案的介绍,主要来自钟宏武(2008)的研究。日本企业主要从理念、组织和实践三个方面来推进企业社会责任(CSR):在理念方面,关键目标是获得高层对企业社会责任的认知和支持;在组织方面,是建立组织体现支持 CSR 的活动;在实践方面,关键点是员工对 CSR 的理解和实践。

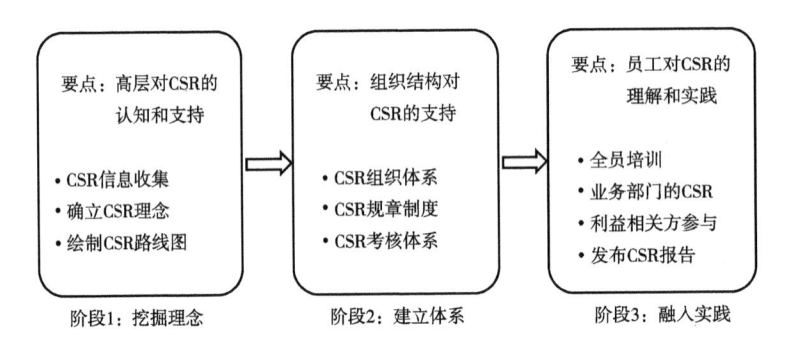

图 16-3　日本企业推动 CSR 的三个阶段

资料来源:钟宏武,2008。

具体每个阶段的推动方案如下。

1. 阶段 1:挖掘企业社会责任理念

(1) 企业社会责任信息收集。通过收集大量相关信息,让企业负责人,至少是企业社会责任负责人,对于企业社会责任的基本含义和发展趋势有一定的认识和理解,并将企业社会责任担当者所获得的信息扩大渗透到经营管理层、业务部门、员工等企业内部利益相关方中去,然后付诸实践。

（2）形成企业特色的责任观。为使员工更好地理解和贯彻企业社会责任，需要挖掘企业文化中的责任 DNA，形成符合企业战略、业务和文化特色的社会责任观。具体做法上，第一步是回到原点，日本企业系统梳理了创始人及历代领导人的责任理念，结合最新的企业社会责任动向来加以改进，形成了具有企业特色的责任观。例如，理光提出的"三爱"（爱国家、爱友邻、爱工作），NEC 的"自然（Nature）、教育（Education）和社区（Community）"，三井物产的"良心仕事"，等等。第二步是重构 MVV，即重新整理企业的使命（Mission）、愿景（Vision）和价值观（Value），强化社会责任的内容。例如，三井物产以"致力创造一个地球居民梦想的美好未来"为使命，以客户的全球商业伙伴为愿景，以光明正大、以人为本、挑战与创新为价值观。

（3）绘制企业社会责任发展路线图。企业根据自己的实际情况，制定本企业社会责任的发展规划，并以此为基础，绘制企业社会责任的发展路线图，指导每年企业社会责任的具体实践。

2. 阶段2：建立企业社会责任组织和保障体系

（1）建立企业社会责任组织体系。日本企业的社会责任推进体系一般是"CSR 推进委员会 + CSR 推进部"的架构。CSR 推进委员会是一个社会责任的高层管理和协调机构，一般由总裁亲自负责，成员包括各副总裁和业务部长；CSR 推进部是一个日常办事机构，典型社会责任推进部的内部组织包括业务规划室、环境管理室、社会贡献室、责任沟通室。每个月社会责任部都要召开"CSR 推进担当者会议"，讨论企业社会责任如何与各业务、各部门的具体工作相结合，如何有效地推进社会责任工作。

（2）建立企业社会责任规章制度。企业制定企业社会责任宪章，以及与宪章相适应的集团行动标准。日本企业除了出台企业社会责任总体政策以外，还分别出台了社会贡献政策、环境政策、员工行为守则、供应链责任采购守则等，使企业社会责任能切实地与企业的日常经营相结合。

（3）探索建立企业社会责任的考核体系。如果社会责任不落实到定量考核层面，就容易走向虚化。只是目前建立这样的体系比较困难，往往只能落到部门层面，而难以落到个人层面。

3. 阶段3：融入实践

（1）全员社会责任培训。宣导、培训、提升员工的社会责任理念是企业社会责任推进工作的重点。以三井物产为例，社会责任培训是一项全员参与的工作。三井物产给每个员工都发了两本特殊的企业社会责任教材：一本是《三井之魂》，系统梳理了创始人及历代领导人的责任理念；另一本是《DPF的警示》，记录了DPF（柴油发动机汽缸过滤器）事件的全过程，要求员工时刻谨记这个教训。为了使社会责任与日常工作紧密结合，2006年，三井物产组织公司所有员工（6000多人）参加名为"良心仕事——我们的过去、你们的未来"的讨论，每个人都要结合自己的工作来发言，以此来普及知识、深化认识。此外，企业还有合规培训周、社会责任月度讲座、社会责任轮训等项目，各种高密度、互动性、创新性的责任培训实现了对公司全员、全方位、全过程的覆盖。

（2）推动业务部门参与企业社会责任实践：要求各部门和分支机构在制定各自的长远规划和年度计划时也要全面考虑企业社会责任的相应内容。仍以三井物产为例，在企业社会责任部门的推动下，采购部门在2007年11月出台了供应链责任采购标准；另外，工会与人力资源部在公司总部大楼底层先后建立了超市和幼儿园以方便员工，显著提升了员工士气，增强了企业凝聚力。

（3）尝试利益相关方参与机制：引入类似西方的社会责任对话机制，邀请外部社会责任专家、大学教授、环境组织和社会团体代表与企业高管对话，就企业社会责任报告和社会责任工作提出意见和建议。

（4）发布企业社会责任报告。2003年以前，日本大企业大多发布了环境报告，此后，纷纷更名为"社会·环境报告"、"可持续发展报告"、"企业社会责任报告"等。此外，还有越来越多的企业开始使用企业社会责任网页、分发宣传册、举办恳谈会等形式，向企业内外积极公开诸如环境、法律遵守、公司治理、人权、社会捐赠等多方面的企业社会责任活动。

以上是研究者钟宏武所概括出来的日本企业推进企业社会责任的具体方案和步骤，虽然我们不能完全照搬，但还是值得我们借鉴的。反观我国目前的情况，我国先进企业的企业社会责任概念仍较为理论化、过于抽象复杂，不便于传播和理解，因此应该像日本企业那样，鼓励企业回到原点，总结各自企业的社会责任发展历史，找到自身社会责任的原点，再结合企业战略发展和业务特点，挖掘出生动具体、简单明了、独具特色的企业社会责任观（钟宏武，2008）。

参考文献

一 中文文献

(一) 著作类

常凯:《劳权论——当代中国劳动关系的法律调整研究》,中国劳动社会保障出版社,2004。

谷照明:《产权改革与员工持股》,北京大学出版社,2002。

郭咸纲:《西方管理思想史》,经济管理出版社,1999。

姜颖:《劳动争议处理教程》,法律出版社,2003。

金树人:《生涯咨询与辅导》,高等教育出版社,2007。

雷五明:《绝不迷茫——青年职业心理测评与生涯规划》,华中科技大学出版社,2005。

李果等:《员工持股制度理论与实践》,经济管理出版社,2002。

林清文:《大学生生涯发展与规划手册》,心理出版社股份有限公司(台北),2001。

刘丰:《员工综合素质》,时事出版社,2007。

马惠娣:《休闲,人类美丽的精神家园》,中国经济出版社,2004。

彭剑锋、荆小娟:《员工素质模型设计》,中国人民大学出版社,2003。

钱宁:《社会正义、公民权利和集体主义:论社会福利的政治与道德基础》,中国社会科学出版社,2007。

乔东:《工会如何推进职工文化建设》,中国职工音像出版社,2012。

乔东:《企业职工文化理论与实践》,中国工人出版社,2013。

王毅杰、高燕:《农民工子女与城市社会融合》,社会科学文献出版社,2010。

谢建社：《新产业工人阶层：社会转型中的农民工》，社会科学文献出版社，2005。

颜运秋等：《劳动合同争议处理程序》，法律出版社，2007。

杨德敏：《我国劳动争议处理机制的反思与重构》，江西人民出版社，2006。

叶鹏飞：《农民工的城市认同与定居意愿研究》，光明日报出版社，2013。

约翰·巴德：《劳动关系：寻求平衡》，机械工业出版社，2013。

岳经纶等：《中国社会政策》，格致出版社，2009。

张静：《法团主义》，社会科学文献出版社，1998。

张军、周黎安：《为增长而竞争——中国增长的政治经济学》，上海人民出版社，2008。

张西超：《员工帮助计划——中国EAP的理论与实践》，中国社会科学出版社，2006。

周雪光：《组织社会学十讲》，社会科学文献出版社，2003。

（二）期刊类

安民兵：《社会工作的介入：解决农民工问题的一种有效途径》，《中共桂林市委党校学报》2007年第1期。

白新民：《我国困难职工帮扶制度分析》，《商场现代化》2010年第10期。

柏乔阳、郑全全：《工作背景下的情绪研究综述》，《人类工效学》2006年第2期。

曹大友、熊新发：《构建和谐劳动关系进程中的政府角色分析》，《重庆行政》2005年第6期。

常凯：《现代企业制度与劳动关系》，《公运研究》1994年第13期。

陈炳富、李非：《论企业文化——兼谈传统文化的影响及管理的个性化》，《经营与管理》1986年第12期。

陈成文、孙嘉悦：《社会融入：一个概念的社会学意义》，《湖南师范大学社会科学学报》2012年第6期。

陈宏辉、贾生华：《企业社会责任观的演进与发展：基于综合性社会契约的理解》，《中国工业经济》2003年第12期。

陈微波：《利益分析视角下我国国有企业劳动关系的定位思考》，《当代经济研究》2011年第10期。

陈旭东、余逊达：《民营企业社会责任意识的现状与评价》，《浙江大学学报》（人文社会科学版）2007年第2期。

方舒：《工业社会工作与员工精神福利》，《华东理工大学学报（社会科学版）》2010年第6期。

关信平：《社会工作介入农民工服务：需要、内容及主要领域》，《学习与实践》2010年第4期。

郭晓飞：《基于社会心理学视角的群体性事件剖析》，《绍兴文理学院学报》2009年第2期。

何雪松、陈蓓丽：《当代西方社会工作的十大发展趋势》，《南京师范大学学报（社会科学版）》2005年第6期。

黄群慧、彭华岗、钟宏武、张蒽：《中国100强企业社会责任发展状况评价》，《中国工业经济》2009年第10期。

孔庆常：《以铁人精神塑造价值理念，全面加强企业文化建设》，《商业文化》（学术版）2009年第4期。

李路路：《当代中国社会分层的制度化结构》，《教学与研究》1996年第6期。

李淑英：《企业社会责任：概念界定、范围及特质》，《哲学动态》2007年第4期。

李维武：《文化与文化学》，《社会科学家》1990年第3期。

李伟阳、肖红军：《企业社会责任的逻辑》，《中国工业经济》2011年第10期。

李晓凤：《我国企业社会工作的历史演进及实务运作模式初探——以珠江三角洲地区为例》，《社会工作》（学术版）2011年第3期。

李正：《企业社会责任与企业价值的相关性研究——来自沪市上市公司的经验证据》，《中国工业经济》2006年第2期。

林锡俊、菲利浦斯、叶克林：《CRS"品牌"：以企业社会责任提升国家形象》，《学海》2007年第3期。

刘斌志、沈黎：《工业社会工作：美国经验与本土探索》，《华东理工大学学报》（社会科学版）2006年第4期。

刘春玲、刘孝全：《员工的情绪管理》，《现代企业文化》2010年第8期。

刘丽微：《我国私营企业劳动关系浅析》，《经济研究导刊》2013年第2期。

刘瑛华：《从SA8000看国际企业社会责任运动对我国的影响》，《管理世界》2006年第6期。

刘咏梅、卫旭华、陈晓红：《情绪智力、冲突管理与感知凝聚力关系研究》，《科研管理》2011年第2期。

卢代富：《国外企业社会责任界说述评》，《现代法学》2001年第3期。

卢磊：《充权取向社会工作在农民工劳动权益维护中的应用研究》，《社会工作》2014年第3期。

马惠娣：《"八个零"：折射中国农民工休闲生活境况之忧》，《毛泽东邓小平理论研究》2010年第12期。

马歇尔：《公民权与社会阶级》，刘继同译，《国外社会学》2003年第1期。

马耀东：《企业工会与职工文化建设》，《现代企业文化（上旬）》2011年第8期。

乔雁：《略谈职工文化的显性内容与隐性内容》，《天津市工会管理干部学院学报》2012年第1期。

卿前龙：《什么是休闲——国外不同学科学者对休闲的理解》，《国外社会科学》2006年第4期。

邱爱芳：《企业社会工作服务模式探析》，《社会工作》2011年第2期。

任玉昌：《铁人精神与新时期企业文化建设》，《大庆社会科学》2008年第6期。

沈黎：《台湾工业社会工作的发展经验与启示》，《南方论丛》2009年第2期。

师海玲、范燕宁：《社会生态系统理论阐释下的人类行为与社会环境——2004年查尔斯·扎斯特罗关于人类行为与社会环境的新探讨》，《首都师范大学学报》（社会科学版）2005年第4期。

施平：《企业社会责任报告与企业价值——基于678家上市公司的实证分析》，《江海学刊》2010年第6期。

石军伟、胡立君、付海艳：《企业社会责任、社会资本与组织竞争优势：一个战略互动视角——基于中国转型期经验的实证研究》，《中国工业经济》2009年第11期。

史铁尔：《单位体制下的福利——以M单位为例》，《华东理工大学学报（社会科学版）》2007年第3期。

苏勇：《企业文化及其中国的实践》，《探索与争鸣》1989年第5期。

孙恩泽：《企业情绪管理的意义和途径》，《山西财经大学学报》2009年第2期。

王丽霞：《"情绪管理"内涵的探讨》，《社会心理科学》2010年第6期。

王全兴、侯玲玲：《我国制定"就业促进法"的若干问题初探》，《中国劳动》2004年第7期。

王瑞华：《国外的企业社会工作模式》，《中国社会导刊》2008年第18期。

王晓慧：《论企业工会引入社会工作的意义及应用》，《甘肃理论学刊》2011年第4期。

魏翔、韩元君：《"工作——闲暇平衡"问题研究新进展》，《经济学动态》2009年第7期。

魏翔、孙迪庆：《闲暇经济理论综述及最新进展》，《旅游学刊》2008年第4期。

文太林：《中国企业年金20年》，《发展研究》2011年第10期。

吴建平：《制度资源与组织载体：社会工作本土化的理论思考》，《中国青年政治学院学报》2011年第1期。

徐尚昆、杨汝岱：《企业社会责任概念范畴的归纳性分析》，《中国工业经济》2007年第5期。

杨冬梅：《工会在劳动争议调解中作用的思考》，《中国劳动关系学院学报》2007年第6期。

杨菊华：《流动人口在流入地社会融入的指标体系——基于社会融入理论的进一步研究》，《人口与经济》2010年第2期。

于宝国：《对职工文化建设问题的几点认识》，《当代工人》（精品版）2009年第2期。

余明勤：《我国劳动关系调整的方向》，《中国改革》2000年第2期。

张德：《企业文化建设的心理机制》，《清华大学学报》（哲学社会科学版）1989年第2期。

张建卫、刘玉新：《企业反生产行为：概念与结构解析》，《心理科学进展》2009年第5期。

张静宜：《浅议铁人精神与新时期国有企业文化建设》，《学理论》2012年第1期。

赵芳：《浅论如何做企业工会扶贫帮困工作》，《实践与探索》2010年第21期。

赵文祥、于静淼：《辽宁省职工文化建设调查报告》，《中国职工教育》2012年第15期。

折晓叶：《村庄边界的多元化》，《中国社会科学》1996年第3期。

折晓叶、陈婴婴：《资本怎样运作》，《中国社会科学》2004年第4期。

折晓叶、陈婴婴：《产权怎样界定》，《社会学研究》2005年第4期。

郑国贤、李洪福：《"铁人"与大庆油田企业文化建设》，《企业文明》2011年第10期。

中国企业家调查系统：《企业家对企业社会责任的认识与评价——2007年中国企业经营者成长与发展专题调查报告》，《管理世界》2007年第6期。

钟宏武：《日本企业社会责任研究》，《中国工业经济》2008年第9期。

周道华：《政府与劳资关系的和谐》，《福建论坛》（人文社科版）2006年第2期。

周沛：《一项急需而有价值的社会工作介入手法——论企业社会工作》，《社会科学研究》2005年第4期。

周祖城、张漪杰：《企业社会责任相对水平与消费者购买意向关系的实证研究》，《中国工业经济》2007年第9期。

邹广文：《全球化时代职工文化的价值定位》，《当代工人》（精品版）2009年第2期。

（三）翻译类

Gilliland, B. E.、James, R. K.：《危机干预策略》，肖水源译，中国轻工业出版社，2000。

Reardon 等：《职业生涯发展与规划》，侯志瑾等译，高等教育出版社，2005。

埃德加·沙因：《组织文化与领导》，马红宇等译，中国人民大学出版社，2011。

奥西普、菲茨杰拉德编《生涯发展理论》，顾雪英等译，上海教育出版社，2010。

查尔斯·K. 布赖特比尔：《休闲教育的当代价值》，陈发兵等译，中国经济出版社，2009。

查尔斯·扎斯特罗：《社会福利与社会工作》，张英阵等译，台北：洪叶文化事业有限公司，1998。

丹尼尔·贝尔：《后工业社会的来临》，王宏周、魏章玲译，（台北）桂冠图书股份有限公司，1995。

凡勃伦：《有闲阶级论》，蔡受百译，商务印书馆，2009。

杰弗瑞·戈比：《你生命中的休闲》，康筝译，云南人民出版社，2000。

卡梅隆·奎恩：《组织文化诊断与变革》，谢晓龙译，中国人民大学出版社，2006。

克里斯·布尔、杰恩·胡思、迈克·韦德：《休闲研究引论》，田里等译，云南大学出版社，2006。

拉尔夫·多戈夫、弗兰克·M. 洛温伯格、唐纳·哈林顿：《社会工作伦理：实务工作指南》，隋玉杰译，中国人民大学出版社，2005。

拉里·L. 史密斯等：《社会工作概论》，隋玉杰等译，中国人民大学出版社，2005。

雷恩：《管理思想的演变》，李柱流等译，中国社会科学出版社，1997。

马尔库塞：《单向度的人：发达工业社会意识形态研究》，刘继译，上海世纪出版集团、上海译文出版社，2000。

斯蒂芬·P. 罗宾斯：《组织行为学》，清华大学出版社，2005。

斯蒂芬·P. 罗宾斯、玛丽·库尔特：《管理学》（第 7 版），孙健敏等译，中国人民大学出版社，2004。

约翰·凯利：《走向自由——休闲社会学新论》，赵冉、季斌译，云南人民出版社，2000。

约翰·科特等：《企业文化与经营业绩》，曾中等译，华夏出版社，1997。

约瑟夫·皮珀著：《闲暇：文化的基础》，刘森尧译，新星出版社，2005。

（四）编、主编、编著类

"当代中国"丛书编辑部编《当代中国职工的工资福利和社会保障》，中国社会科学出版社，1987。

常凯主编《劳动关系学》，中国劳动社会保障出版社，2005。

常凯主编《中国劳动关系报告》，中国劳动社会保障出版社，2009。

程延园编《劳动关系》，中国人民大学出版社，2011。

高钟、王丰海主编《企业社会工作实务》，中国社会出版社，2012。

高钟主编《企业社会工作概论》，社会科学文献出版社，2007。

顾东辉主编《社会工作概论》，上海译文出版社，2005。
关彬枫主编《中国劳动争议现状、问题的思考》，中国工人出版社，2004。
何洁云、阮曾媛琪编《迈向新世纪——社会工作理论与实践新趋势》，八方企业文化公司，1999。
李怀康、刘雄主编《社会保险和职工福利概论》，北京经济学院出版社，1990。
李琪编《产业关系概论》，中国劳动社会保障出版社，2008。
李小勇编《100个成功的人力资源管理》，机械工业出版社，2004。
李晓凤主编《社会工作：原理·方法·实务》，武汉大学出版社，2008。
李新建编《企业雇员薪酬福利》，经济管理出版社，1999。
李迎生主编《社会工作概论》，中国人民大学出版社，2004。
李增禄编《社会工作概论》，（台北）巨流图书公司，2002。
李仲广、卢昌崇编《基础休闲学》，社会科学文献出版社，2004。
刘丰主编《员工综合素质》，时事出版社，2007。
罗森布鲁姆编著《员工福利手册（第五版）》，杨燕绥、王瑶平等译，清华大学出版社，2007。
孟昭兰主编《普通心理学》，北京大学出版社，1994。
孟昭兰主编《情绪心理学》，北京大学出版社，2005。
民政部社会工作司编《社会工作视角下的农民工问题》，中国社会出版社，2010。
钱宁、张默编《工业社会工作》，高等教育出版社，2009。
仇雨临编《员工福利管理》，复旦大学出版社，2004。
仇雨临编《员工福利概论》，中国人民大学出版社，2007。
全总基层组织建设部编《〈企业工会工作条例（试行）〉指导读本》，中国工人出版社，2006。
沙莲香主编《社会心理学》，中国人民大学出版社，2002。
宋大成编著《做有用的体系——职业安全健康管理体系理解与实施》，化学工业出版社，2006。
宋大成编著《职业事故分析：原因分析、统计分析、经济损失分析》，煤炭工业出版社，2008。
苏景辉编《工业社会工作》，（台北）桂冠图书股份有限公司，1989。

王俊治主编《职业安全教育通用教材》，中国工人出版社，2012。

王思斌主编《社会工作导论》，高等教育出版社，2004。

王思斌主编《社会工作概论》，高等教育出版社，2006。

夏征农主编《辞海》（中），上海辞书出版社，1999。

谢鸿钧编《工业社会工作实务：员工协助方案》，台北：桂冠图书股份有限公司，1996。

徐震、林万亿编《当代社会工作》，台北：五南图书出版公司，1999。

许莉娅主编《个案工作》，高等教育出版社，2004。

袁方、姚裕群编《劳动社会学》，中国劳动社会保障出版社，2003。

张连营主编《职业健康安全与环境管理》，天津大学出版社，2006。

张荣主编《职业安全教育》，化学工业出版社，2009。

张喜亮编《新中国工会四十年》，海洋出版社，1990。

张岩松、周瑜弘、李健编《人力资源管理案例精选精析》，中国社会科学出版社，2006。

张一驰编《人力资源管理教程》，北京大学出版社，1999。

赵琛徽主编《员工素质测评》，海天出版社，2003。

中国工会研究所编《劳动关系与工会运动研究文选（2010）》，中国工人出版社，2011。

中国工运研究所编《新生代农民工：问题·研判·对策建议》，中国工人出版社，2011。

中华全国总工会编《2004年中国工会维护职工合法权益蓝皮书》，中国工人出版社，2005。

中华全国总工会保障工作部编《工会帮扶工作资料选编》，中国工人出版社，2009。

中华全国总工会集体合同部编《协调劳动关系工作问答》，中国工人出版社，2006。

周沛、高钟主编《企业社会工作》，复旦大学出版社，2010。

周永新编《社会工作新论》，香港中华书局，1997。

朱眉华主编《社会工作实务（上）》，上海社会科学院出版社，2003。

（五）文章类

林联章：《工厂员工适应问题服务措施之研究》，《企业社会发展之探讨》，台湾东海大学社会研究所，1982。

阮曾媛琪：《香港职业社会工作》，载周永新主编《社会工作学新论》，香港商务印书馆，1994。

沈黎：《美国工业社会工作的发展历程与启示》，载米有录主编《社会工作文选·总第六辑》，中国社会出版社，2008。

王晓慧：《员工闲暇生活》，载钱宁、张默编《工业社会工作》，高等教育出版社，2009。

邹学银、卢磊：《制度化建设与中国社会工作发展》，载王杰秀、邹文开主编《中国社会工作发展报告（2011~2012）》，社会科学文献出版社，2013。

（六）研讨会论文

民政部社会工作司：《全国企业社会工作实务发展战略研讨会交流材料》，2013。

深圳市民政局：《政府主导下的多主体合作模式——深圳企业社会工作发展综述》，2013。

《首届（深圳）全国企业社会工作建设研讨会综述》，深圳，2011。

香港社会服务联会社区发展部：《企业社会工作资料及未来发展方向》咨询文件，1999。

（七）其他（文件、网站新闻、报刊新闻等）

常凯：《劳动关系研究讲义》，中国人民大学劳动关系研究所，2002。

高靖、龙锟、王纳：《富士康管理也"钓鱼"》，《广州日报》2010年5月13日A21版。

管亚东、王冠：《企业社工：离开襁褓开始蹒跚学步》，《深圳商报》2011年7月25日A14版。

国家安全监管总局：《2011年全国安全生产情况》，http：//www.chinasafety.gov.cn/newpage/Contents/Channel_20712/2012/0114/162939/content_162939.htm，2012年1月14日。

国家安全监管总局：《2012年全国各行业领域、各地区安全生产控制指标实施情况表》，http：//wenku.baidu.com/view/4c909a05650e52ea551898ee.html，2013年7月19日。

国家技术监督局：《职业安全卫生术语》（GB/T15236-1994），http：//wenku.baidu.com/view/e3d7dad028ea81c758f5785d.html，2012年2月20日。

国家统计局:《中华人民共和国2010年国民经济和社会发展统计公报》,2011。

国家统计局:《2012年我国农民工调查监测报告》,http://www.stats.gov.cn/tjsj/zxfb/201305/t20130527_12978.html,2013年5月。

国家统计局:《中华人民共和国2013年国民经济和社会发展统计公报》,2014。

国家卫生和计划生育委员会:《卫生部通报2010年职业病防治工作情况和2011年重点工作》,http://wsb.moh.gov.cn/mohwsjdj/s5854/201105/51676.shtml,2011年4月18日。

凌月:《冲突与宽容》,《中国青年报》1997年1月18日,转引自李强《农民工与中国社会分层》,社会科学文献出版社,2004。

《探索适合中国土壤的企业社工成长模式,"至诚"三块"试验田"长势喜人》,《深圳商报》2012年10月15日A10版。

魏杰、李东红:《我国管理学研究的回顾与展望》,《光明日报》2008年12月23日。

邢梅:《企业文化不是虚的》,《中国证券报》2008年1月9日。

《中国2012年共报告职业病2.7万余例 尘肺病占近九成》,http://news.ifeng.com/gundong/detail_2013_09/16/29653496_0.shtml,2013年9月16日。

中国质检总局、国家标准化管理委员会:《职业安全卫生术语》(GB/T15236-2008),http://wenku.baidu.com/view/429e61ea102de2bd960588b4.html,2012年4月16日。

中华全国总工会职工收入分配专题调研组:《企业职工收入分配存在五大问题》,《社会科学报》2010年4月22日第2版。

王玉普:《学习贯彻党的十七届六中全会精神进一步做好新形势下职工思想政治工作》,http://www.hbzgh.org.cn/2011-11/15/cms500796article.shtml,2011年11月15日。

二 英文文献

Becker, G. S. 1975. *Human capital: A theoretical and empirical analysis with special reference to education* (2nd ed.). New York: Columbia University Press.

Blau, P. M. & Ducan, O. D. 1967. *The American occupational structure.* New

York: Wiley.

Brewer, B. 1993. An analysis of Hong Kong' Health Policy. *Journal of Health and Social Policy*, 4 (3), 93 – 114.

Brown, D. & Brooks, L. 1991. *Career counseling techniques.* Boston: Allyn & Bacon.

Crites, J. O. 1969. *Vocational psychology.* New York: McGraw-Hill.

Crites, J. O. 1978. *Theory and research handbook for the career maturity inventory.* Monterey, CA: CTB, MaGraw-Hill.

Dawis, R. V. & Lofquist, L. H. 1984. *A psychological theory of work adjustment: An individual differences model and its applications.* Minneapolis: University of Minnesota Press.

De Vido, A. 2006. The Catholic church and social work in Taiwan. *Renlai Magazine*, 10, 1 – 9.

Dobbin, Frank & John R. Sutton. 1993. Equal opportunity law and the construction of internal labor markets. *American Journal of Sociology*, Vol. 99 No. 2: 396 – 427.

Donzelot, Jacques. 1993. The promotion of the social. In Gane, M. and Terry Johnson (Eds.), *Foucault's new domains.* London: Routledge, pp. 106 – 138.

Dunlop, J. T. 1958. *Industrial relations systems.* New York, Henry Holt.

Everly, G. S. & Boyle, S. 1999. Critical Incident Stress Debriefing (CISD): Ameta-analytic review of effectiveness. *International Journal of Emergency Mental Health*, 1 (3): 165 – 168.

Fitzgerald, L. F., Fassinger, R. E., & Betz, N. E. 1995. Theoretical advances in the study of women's career development. In W. B. Walsh & S. H. Osipow (Eds.), *Handbook of vocational psychology* (2nd ed.). Hillsdale, NJ: Lawrence Erlbaum Associates.

Gerber, Larry G. 1988. Corporatism in comparative perspective: The impact of the First World War on American and British labor relations. *The Business History Review*, Vol. 62, No. 1.

Gerber, Larry G. 1995. Corporatism and state theory: A review essay for historians. *Social Science History*, Vol. 19, No. 3.

Gordon, J. E. 1949. The epidemiology of accidents. *American Journal of Public Health and the Nations Health*, 39 (4), 504 – 515.

Gospel, Howard F. and Gill Palmer. 1993. *British industrial relations* (2nd edition). London and New York: Routledge, pp. 11 – 33.

Gottfredson, L. S. 1981. Circumscription and compromise: A developmental theory of occupational aspiration. *Journal of Counseling Psychology*, 28, 545 – 579.

Heinrich, H. W. 1959. *Industrial accident prevention*. New York: McGraw-Hill Company, Inc.

Hoff, L. A. 1995. *People in crisis : Understanding and helping*. San-Francisco: Jossey Bass, pp. 1 – 30.

Holland, J. L. 1997. *Making vocational choices: A theory of vocational personalities and work environments* (3rd ed.). Odessa, FL: Psychological Assessment Resources, Inc.

Krumboltz, J. D. & Baker, R. D. 1973. Behavior counseling for vocational decision. In H. Borrow (Ed.), *Career guidance for a new age* (pp. 235 – 284). Boston: Houghton-Mifflin.

Marshall, T. H. 1965. Citizenship and social class. In Marshall, T. H., *Class, citizenship, and social development*. New York: Anchor Books: pp. 71 – 134.

Martin Jr., G. T. 1985. Social services and women's work. *Social Service Review*, 62 – 74.

Mckenna, Frank P. 1983. Accident proneness: A conceptual analysis. *Accident Analysis and Prevention*, 15 (1), 65 – 71.

Michal, E. M. and David, B. 2000. *Social services in the workplace: Repositioning occupational social work in the New Millennium*. Haworth Press.

Morgan, K. S. & Brown, L. S. 1991. Lesbian career development work behavior and vocational counseling. *The Counseling Psychologist*, 19, 273 – 291.

Morris, J. A. & Feldman, D. C. 1996. The dimensions, antecedents, and consequences of emotional labor. *Academy of Management Review*, 21 (4): 966 – 1010.

Oi, Jean C. 1992. Fiscal reform and the economic foundations of local state corporatism in China. *World Politics*, Vol. 45, No. 1: 99 – 126.

Panitch, Leo. 1980. Recent theorizations of corporatism: Reflections on a growth ndustry. *The British Journal of Sociology*, Vol. 31, No. 2.

Paul, Maiden R. 2001. The evolution and practice of occupational social work in the united states. *Employee Assisstance Quarterly*, 17（1/2）, 119 – 161.

Schmitter, Philippe C. 1974. Still the century of corporatism? *The Review of Politics*, Vol. 36, No. 1, pp. 85 – 131.

Super, D. E. 1951. Vocationaladjustment: Implementing a self-concept. *Occupations*, 30: 88 – 92.

Super, D. E. 1957. *The psychology of career.* New York : Harper &Row.

Super, D. E. 1976. *Career education and the meaning of work: Monographs on career education.* Washington, DC: The Office of Career Education, U. S. Office of Educaion.

Super, D. E. 1980. A life-span, life space approach to career development. *Journal of Vocational Behavior*, 16: 282 – 298.

Super, D. E. 1984. Career and life development. In D. Brown & L. Brooks（Eds.）, *Career choice and development*（pp. 192 – 234）. San Francisco: Jossey-Bass.

Super, D. E. 1990. A life-span, life space approach to career development . In M. L. Savickas & R. W. Lent（Eds.）, *Career choice and development*（2nd ed.）（pp. 197 – 261）. San Francisco, CA: Jossey-Bass.

Surry, J. 1969. *Industrial accident research: A human engineering appraisal.* University of Toronto, Department of Industrial Engineering.

Tiedeman, D. V. & O'Hara, R. P. 1963. *Career development: Choice and adjustment.* New York: College Entrance Examination Board.

Wigglesworth, E. C. 1972. A teaching model of injury causation and a guide for selecting countermeasures. *Occupational Psychology*, 46（2）, 69 – 78.

图书在版编目(CIP)数据

企业社会工作/张默主编.—北京：社会科学文献出版社，2014.8
（2019.3 重印）
（社会工作硕士专业丛书）
ISBN 978 - 7 - 5097 - 6469 - 5

Ⅰ.①企… Ⅱ.①张… Ⅲ.①企业 - 社会工作 - 研究生 - 教学参考资料　Ⅳ.①F270 - 05

中国版本图书馆 CIP 数据核字（2014）第 201303 号

·社会工作硕士专业丛书·

企业社会工作

主　　编 / 张　默
副 主 编 / 王晓慧　吴建平

出 版 人 / 谢寿光
项目统筹 / 童根兴　杨桂凤
责任编辑 / 杨桂凤　常庆玲

出　　版 / 社会科学文献出版社·群学出版分社（010）59366453
　　　　　 地址：北京市北三环中路甲 29 号院华龙大厦　邮编：100029
　　　　　 网址：www.ssap.com.cn
发　　行 / 市场营销中心（010）59367081　59367083
印　　装 / 北京虎彩文化传播有限公司

规　　格 / 开 本：787mm × 1092mm　1/16
　　　　　 印 张：19.5　字 数：360 千字
版　　次 / 2014 年 8 月第 1 版　2019 年 3 月第 2 次印刷
书　　号 / ISBN 978 - 7 - 5097 - 6469 - 5
定　　价 / 39.00 元

本书如有印装质量问题，请与读者服务中心（010 - 59367028）联系

版权所有 翻印必究